Karl Lengheimer
Wien –
Bürgertum ade?

Karl Lengheimer

Wien – Bürgertum ade?

Ibera verlag, wien

Die Deutsche Bibliothek – CIP-Einheitsaufnahme
Lengheimer, Karl:
Wien – Bürgertum ade? / Karl Lengheimer. – Wien:
Ibera Verlag/European University Press GmbH., 2001
ISBN 3-85052-122-2

1. Auflage

Umschlagfoto: APA/Tanzer Richard
Herstellung: Graphik & Buchdesign
Druck & Bindung: Obersteirische Druckerei, Leoben

ISBN 3-85052-122-2

www. ibera.at

Inhalt

Vorwort

Vor 25 Jahren stürzte die Wiener Reichsbrücke ein. Dieses Unglück bewirkte einen unerwarteten Aufschwung der politischen Vertretung des Wiener Bürgertums, der Wiener ÖVP. Inzwischen ist der einstige Höhenflug nach einem katastrophalen Sturz in einen langsamen Gleitflug auf äußerst bescheidenem Niveau übergegangen.

Die fortwährende Auseinandersetzung über die politische Richtung, die egoistische Selbstzerfleischung in Personalfragen und die institutionellen Mängel prägen die jüngere Geschichte der Wiener ÖVP. Ihr Schicksal zeigt aber auch, daß eine politische Partei über den Tellerrand einer Legislaturperiode hinausschauen muß, um erfolgreiche Trägerin einer politischen Bewegung zu werden. Wer liebgewordenen Traditionen nachtrauert, am einmal errungenen Besitztum festhält und sich im übrigen mit der braven Verwaltung der ihm eingeräumten Aufgaben begnügt, wird politisch erfolglos bleiben.

Als einer, der lange Jahre hindurch als Obmann der ÖVP-Bezirksvorsteher in dieser Partei eine führende Position bekleidete, ist mir deren politische Zukunft nicht gleichgültig. Für Schönreden oder schamhaftes Verschweigen der gegenwärtigen Lage besteht aber deshalb kein Anlaß. Und auch nicht für Schadenfreude der politischen Mitbewerber. Sind doch viele der geschilderten Unzulänglichkeiten typische Fehlhaltungen unserer an sich bewährten Parteiendemokratie, die sich auch in anderen Fraktionen finden.

Die Risiken und Chancen einer politischen Bewegung des Wiener Bürgertums anhand erlebter Geschichte zu analysieren, ist das Ziel dieses Buches. Ob und inwieweit die Wiener ÖVP doch noch in der Lage sein sollte, aus ihrer eigenen Geschichte zu lernen, mag die Zukunft zeigen.

Ich danke allen, die durch ihre Erzählungen meinen Einblick erweitert haben. Ebenso danke ich für manches Schweigen, das mitunter noch beredter war. Vor allem danke ich dem IBERA-Verlag für das Interesse an diesem Thema und nicht zuletzt meiner früheren Sekretärin Uschi Hofmarcher, die in vielen Stunden ihrer Freizeit das Manuskript hergestellt hat.

Karl Lengheimer
Wien, im September 2001

Sturz aus der Bedeutungslosigkeit

1. August 1976. Einer jener langweiligen Hochsommer-Sonntage, den diensthabende Zeitungs- oder Rundfunkredakteure so fürchten. Kurioseste Meldungen aus den hintersten Weltwinkeln müssen zur Auffüllung der Zeitungsspalten herhalten. Die Schlagzeile des Sonntags-Kuriers *„In Klagenfurt wurden alte Partisanen mit Orden überhäuft“* eignet sich auch kaum, schläfrige Leser aus ihren Liegestühlen hochfahren zu lassen. Und die zweite Spitzenmeldung vom Absprung eines Sowjetathleten aus dem Arbeiter- und Bauernparadies anläßlich der Olympischen Spiele in Montreal ist für damalige Verhältnisse ebenfalls nicht gerade sensationell. Da bleibt man schon eher im Lokalteil an einer amüsanten Reportage über eine Wahlkampfveranstaltung der Wiener ÖVP in der Favoritner Fußgängerzone hängen. *„Schleichts eich, es Schwoazzn“, „Der Bauring*[1] *is a alter Kas“* und *„Es Schwoazzn und die Kommunisten g'hörts z'samm“* müssen sich die wackeren ÖVP-Funktionäre, die die Leute zum Protest gegen die Erhöhung der Straßenbahntarife animieren wollen, vom Favoritner Publikum sagen lassen.

Weit mehr erregt den Leser am Tag des Großen Preises von Deutschland am Nürburgring wohl ein Interview mit Automobilweltmeister Niki Lauda im Sportteil. *„Wenn einer sagt, er fährt gern hier, weil's ihm Spaß macht, dann ist er ein Lügner oder ein Vollidiot“*, dekretiert der Formel-1-Star in gewohnt flapsiger Manier, und der bekannte Motorjournalist Helmut Zwickl fragt angesichts bundesdeutscher Häme über den „feigen Ösi“ etwas ratlos, ob der Nürburgring denn tatsächlich so gefährlich sei …

Doch bevor noch die meisten Leser diese Sonntagsausgabe in die Hand kriegen, ist die österreichische Welt eine andere geworden. Im Morgengrauen stürzt die Wiener Reichsbrücke, damals

1 Bauring-Skandal: Strafrechtliche Vorgänge um ein Wiener Baufirmenkonsortium im Bereich der Gemeinde Wien

Wiens wichtigster Donauübergang, in sich zusammen. Einige Stunden später verbrennt der Rennfahrer Niki Lauda beim Grand Prix am Nürburgring um ein Haar in seinem Fahrzeug. Zwei Unglücksfälle, für die zunächst einmal die Weisheit von Friedrich Torbergs „Tante Jolesch“ gilt, daß Gott alles verhüten möge, was „gerade noch ein Glück ist“. Denn dank der frühen Morgenstunde eines Sommersonntags fordert der Einsturz des am stärksten frequentierten Donauüberganges „nur“ ein Todesopfer, und Niki Lauda wird, wenn auch schwerstverletzt, im letzten Moment aus dem brennenden Wrack geborgen.

Die Spuren des schrecklichen Unfalls stehen dem ehemaligen Rennfahrer und späteren Luftfahrtunternehmer noch heute ins Gesicht geschrieben. Die Folgen des katastrophalen Brückeneinsturzes haben auch das Antlitz der Wiener ÖVP lange Zeit hindurch geprägt. Zum Unterschied von Niki Laudas Brandmalen drohen sie jedoch zu verblassen. Ob ein von einer 25jährigen Reise nach Wien Zurückgekehrter heute überhaupt noch einen Unterschied zu erkennen vermöchte?

Die Wiener ÖVP im Sommer 1976. Ein Monument wie der Esterházy- oder Arenbergbunker. Weder schön noch zweckmäßig, eher an Vergangenes gemahnend, ohne rechte Zukunft und doch vertraut und aus dem Wiener Stadtbild nicht wegzudenken. Den letzten Vizebürgermeister hatte die Wiener ÖVP in den sechziger Jahren mit Heinrich Drimmel gestellt. Jener Heinrich Drimmel, der seinen Übertritt von der Bundes- in die Wiener Kommunalpolitik als „Abstieg in die B-Liga“ bezeichnet haben soll. Er, der auch als Unterrichtsminister lange Zeit noch nicht Mitglied der ÖVP war und der, wenn man seinen Weggefährten glauben darf, gedankliche Probleme mit der Parteiendemokratie hatte. Nach der katastrophalen Wahlniederlage am 27. April 1969, welche die Wiener ÖVP – wohl auch im Sog des kurz vor der Abwahl stehenden ÖVP-Kabinetts Klaus – fünf Mandate und damit den Sessel des Vizebürgermeisters kostete, wurde bei den (vorgezogenen) Gemeinderatswahlen 1973 Fritz Hahn Spitzenkandidat der Wiener ÖVP. Die politische Ausgangslage war noch nie so günstig gewesen, zeigte sich doch bei Landtagswahlen ein Protesttrend gegen die unter Bruno Kreisky auf Bundesebene mit absoluter Mehrheit regierenden Sozialdemokraten. Hinzu kam, daß eine selbstherrliche Wiener SPÖ unter ihrem Bürgermeister Felix Slavik, gestärkt durch ihren Wahlerfolg 1969 und im Kielwasser einer SPÖ-Alleinregierung auf Bundesebene die Anfang der siebziger Jahre aufkeimenden Bürgerinitiativen ignorierte. Erst aufgrund einer Unterschriftenaktion von 16.000 Wienern sah man sich schließlich im Mai 1973 zu einer Volksbefragung über die Verbauung des Sternwarteparks veranlaßt. Und obwohl mit der Fragestellung[2] den Stimmbürgern eine Zustimmung in den Mund gelegt wurde, stimmten 235.000 Wiener oder 57,4 Prozent gegen die Verbauung des Sternwarteparks. Die eines Widerspruchs der Bevölkerung gänzlich entwöhnte SPÖ reagierte so, wie österreichische Sozialisten im Krisenfall meist zu reagieren pflegen: mit einem Wechsel ihres Spitzenmannes. Felix Slavik mußte gehen, und für ihn kam Leopold Gratz. Die Rechnung ging – wie oft auch später – auf. Gegen den sympathischen, anglophilen und so gar nicht machtbesessen wirkenden Bundespolitiker mit dem echt wienerischen Vornamen hatte der von den bürgerlich-intellektuellen Döblinger Regimentern mitleidig belächelte Straßenbahnersohn Fritz Hahn nicht viel zu bestellen. Die Wahl am 21. Oktober 1973 brachte der Wiener ÖVP zwar den Gewinn von eineinhalb Prozent und eines 31. Mandates, die SPÖ legte aber um mehr als drei Prozent zu und schaffte mit 66 Mandaten das beste Ergebnis seit 1945.

Wer Fritz Hahn am Abend dieses Wahltages in den von Scheinwerfern erhellten Festsälen des Wiener Rathauses beobachtete, mußte klar erkennen: Für diesen Mann ist eine (seine) Welt zusammengestürzt. Er wird zwar weiterhin ob seines Fachwissens eine wichtige Stütze seiner Partei bleiben, als Spitzenkandidat ist er aber nicht mehr tragbar. Und dennoch brachte die Wiener ÖVP fast drei Jahre lang keine personelle Veränderung zuwege. Man hatte es sich eben eingerichtet, als genügsame

---

2 „Sind Sie damit einverstanden, daß 3.615 m², das sind 6,14 Prozent des 58.891 m² großen Sternwartegeländes in Wien-Währing, für den Neubau eines zoologischen Instituts der Universität Wien verwendet werden, wobei auch ein Teil des bisher abgeschlossenen Gebietes als Park gestaltet und der Öffentlichkeit zugänglich gemacht wird?“

Opposition seiner Majestät, des Königs Poldl (Gratz), der zum Unterschied von seinem Vorgänger im Wiener Rathaus mehr hofhielt als verwaltete. Der Geist, der über den Sitzungen der zahllosen ÖVP-Gremien wehte, war oft eher der des Weines als der Erneuerung bürgerlicher Stadtpolitik.

So wäre man wohl noch lange zufrieden gewesen in der trauten Einigkeit der Stadtroten mit den kleinen stadtschwarzen Oppositionellen am Gängelband. Wenn nicht am 1. August 1976 dieses schreckliche Unglück passiert wäre. Der Einsturz eines Wahrzeichens der Wiener-Stadt war zu bedeutend, um politisch ausgesessen werden zu können. Leopold Gratz bot seinen Rücktritt als Bürgermeister an, was ihn zweifellos ehrt, von seiner Partei aber in dieser schwierigen Lage aus guten Gründen panisch zurückgewiesen wurde. Die Tatsache, daß der für die Brücken zuständige und gerade urlaubende Amtsführende SP-Stadtrat Fritz Hoffmann mangels heutiger Kommunikationstechnologie erst zwei Tage nach dem Unglück gefunden werden konnte, ermöglichte es der waidwunden SPÖ, dem zürnenden Volk ein vergleichsweise billiges Opfer darzubringen. Denn die öffentliche Erregung, in einer seit vielen Jahren absolut regierten Stadt zu leben und nicht einmal deren wichtigste Brücken ohne Gefahr für Leib und Leben betreten zu können, war enorm.

Nur die ÖVP zeigte keinerlei Reaktion. Sei es aus Ergebenheit gegenüber der als gottgewollt empfundenen sozialistischen Stadtherrschaft, sei es aus mangelnder Einsicht in die Bedeutung des Ereignisses oder schlicht aus Bequemlichkeit: Die oppositionelle ÖVP verhielt sich auffallend zahm und still. Diese für eine Oppositionspartei angesichts der Schwere des Vorfalls doch eher seltsame Verhaltensweise gab sogar zu obskuren Gerüchten Anlaß. So vermutete etwa die türkische Zeitung „HÜRRIYET“ hinter dem Brückeneinsturz ein Attentat der Opposition. War deshalb der ÖVP-Spitzenmann Hahn zunächst einmal in seinem Wochenenddomizil in Neulengbach verblieben? Hatte er sich deshalb bei der Fernsehdiskussion mit dem Bürgermeister recht „schmähstad“ verhalten? So ganz unverständlich, wie dies angesichts der biederen ÖVP scheinen mag, waren derlei Spekulationen auch wieder nicht. Immerhin versicherte der Wiener ÖVP-

Obmann Franz J. Bauer eilfertig, daß das Ganze keinerlei Grund für eine Neuwahl in Wien sei, und fügte noch trotzig hinzu: *„Für uns ist die Frage des Spitzenkandidaten für die nächste Wahl schon entschieden. Da müßt' was weiß ich geschehen."* Nach dem politischen Supergau des Sternwartepark-Volksaufstandes die „natürliche" Katastrophe des Zusammenbruchs einer der wichtigsten kommunalen Bauwerke: Für die Wiener ÖVP-Opposition noch lange kein Grund, aus dem nicht sonderlich bequemen aber zur Gewohnheit gewordenen Bettchen aufzustehen und gröbere politische Konsequenzen zu versuchen. Noch dazu im Monat August, wo jeder echte Wiener im städtischen Strandbad oder in seiner Sommerfrische jedwede politische Irritation als Sakrileg empfinden muß.

Man wäre gern zur Tagesordnung übergegangen. Allein die öffentliche Meinung und vor allem die Medien beharrten darauf, daß ein derart augenfälliges, ja lebensbedrohendes Desaster städtischer Verwaltung nicht ohne Folgen bleiben dürfe, und besorgten energisch jene Aufgabe der Kritik und des Protestes, die eigentlich der Opposition angestanden wäre. Die Wiener Sozialdemokraten reagierten geschockt, beleidigt, aber auch kampfeslustig. Bei der Wiener Konferenz rief Gewerkschaftsbundpräsident Anton Benya mit dem berühmt gewordenen Satz *„Sie werden uns peitschen, weil sie uns hassen"* zum Widerstand gegen die Journalisten und zur Einheit der Partei auf.

Und so erlebte man in jenen Tagen auf der Politbühne ein kurioses Schauspiel, das sich in den folgenden Jahren noch oft wiederholen sollte: Im Herrschaftsbereich der SPÖ bricht ein Unglück aus, welches die Genossen noch stärker zusammenrücken läßt, während die ÖVP darob zu streiten beginnt. Auch im August 1976 machen die Wiener Sozialdemokraten die Schotten dicht, und in der Wiener ÖVP bricht ein nicht mehr einzudämmender Streit aus. Der Wirtschaftsflügel der Partei fordert Konsequenzen. Von allen Wiener Bahnhöfen werden in einer konzertierten Aktion Telegramme an den ÖVP-Bundesparteiobmann Josef Taus mit der Forderung geschickt, seinen Generalsekretär Erhard Busek zum neuen Wiener Parteiobmann vorzuschlagen. Der Wiener ÖAAB legt sich sofort quer. Insbesondere die Ayatollahs Fritz König und Walter Schwimmer, die auch später unter Berufung auf die reine Lehre – oder was sie dafür hielten – viele sachliche und personelle Erneuerungen in der Wiener ÖVP zu bremsen wußten, sprechen sich gegen eine Änderung aus. Doch der in der Politik so oft unter seinem Wert gehandelte Josef Taus setzt sich durch, freilich ohne die Sache vorher mit seinem Generalsekretär besprochen zu haben. Noch im August wird Erhard Busek zum neuen Wiener Parteiobmann designiert. Busek überlegt kurz. Das Amt eines Wiener ÖVP-Obmannes mit 31 Mandaten ist nicht unbedingt das Lebensziel eines jungen aufstrebenden ÖVP-Bundespolitikers. Vielleicht mag dem Generalsekretär auch der Spruch Heinrich Drimmels vom Abstieg in die B-Liga durch den Kopf gegangen sein. Schließlich siegt der Reiz des Neuen, die Chance auf eine eigenständige politische Tätigkeit. Nach dem Grundsatz *„Besser der Erste in Gallien als in Rom der Zweite"* sagt er ja.

Am 15. Oktober 1976 ist es schließlich so weit. Nach einer larmoyanten Abschiedsrede des scheidenden Obmannes Franz Bauer, der auch zu diesem Zeitpunkt kein Hehl aus seiner Distanz zum Nachfolger macht, wird Erhard Busek mit 96,7 Prozent der Delegiertenstimmen zum neuen Wiener Obmann gewählt. Tags darauf schreibt Walter Schwarz im Kurier: *„Buseks wahre Chance ist die Totalreform der Wiener ÖVP. Im Grund genommen braucht Busek eine neue Partei."* Diese Worte hätte man dem neuen Wiener Obmann ins Stammbuch schreiben müssen.

Höhenangst

Erhard Buseks Wahl zum Parteiobmann löste an der Parteibasis fast rauschartige Glücksgefühle aus. Hatte man doch nach dem bescheidenen Wahlergebnis Fritz Hahns, des gestandenen Wieners vom Grund, resignierend zur Kenntnis genommen, daß die Wähler schon aufgrund ihrer sozialen Schichtung für alle Zeiten immer nur den Sozialdemokraten die Pfründe der Macht anvertrauen. Von der blauen Erstürmung roter Hochburgen hätte in den siebziger Jahren wohl nicht einmal der große Vorausdenker Busek (alb-) zu träumen vermocht.

Teile des ÖAAB beäugten das bunte Treiben hingegen finster und vermuteten in der Obmannschaft Buseks eine frevelhafte Machtübernahme durch den „feindlichen" Wirtschaftsbund. Die alten Apparatschiks sahen ihre liebgewonnenen Gewohnheiten bedroht. Anstelle der angestammten Vertreter der ÖVP-Teilorganisationen versammelte der neue Obmann leitende Mitarbeiter und qualifizierte Persönlichkeiten zu regelmäßigen Postsitzungen. *„Des neuen Obmannes Grünapostel ersetzten die Landessekretäre der bündischen Gliederungen"*, wie Johannes Prochaska, späterer Landessekretär der damals noch mächtigen ÖAAB-Organisation, bitter beklagte.[3]

Über die Wege, die Erhard Busek als Wiener ÖVP-Obmann seiner Heimatstadt und seiner Partei gewiesen hat, ist vieles geschrieben worden, Wahres und Falsches, Aufrichtiges und Hinterhältiges, Verständnisvolles und Verbohrtes. Es scheint müßig, den unzähligen Analysen eine weitere hinzuzufügen. Für das Verständnis der Geschichte der Wiener ÖVP sei jedoch das Rollenbild des Stadtpolitikers Erhard Busek der Übersichtlichkeit halber mit drei Strichen skizziert. Es sind dies die Erneuerung politisch konservativer Wertehaltungen, die Einstellung zur Stadt und der versuchte Friedensschluß zwischen Politik

3 Christa Dertnig, Die Wiener ÖVP, Diss. Wien 1987

und Bürgern – mit der logischen Folge einer Reform der Parteienstruktur.

In den siebziger Jahren erwies sich der Glaube an den ewigen Fortschritt von Wirtschaft und Technik immer mehr als unerfüllbarer Traum. Noch in der zweiten Hälfte der sechziger Jahre hatten die Professoren an der Wiener Universität die Theorie des nicht endenden Wirtschaftswachstums gelehrt. Mit der Prophezeiung einer baldigen Stagnation (von den Vorläufern heutiger „Spindoktoren“ später als „Nullwachstum“ oder gar „Minuswachstum“ schöngeredet) hätte man damals in Nationalökonomie keine Prüfung bestanden. Dann aber kamen der Ölschock, die dunklen Weissagungen des „Club of Rome“, die Skepsis gegenüber der Atomenergie. Es entstanden die ersten politischen Grün-Bewegungen, und spätestens als die Wiener mittels Pickerl hinter der Windschutzscheibe einen autofreien Tag akzeptieren mußten, hatte sich das ewige Wachstum von Wohlstand und Glück auch für das breite Publikum als Schimäre erwiesen. Frühlingserwachen also für eine an christlichen Werten orientierte konservative Partei, für welche die Unvollkommenheit und Vergänglichkeit dieser Welt, das Erfordernis der Genügsamkeit und die Bereitschaft zur Solidarität Grundlagen ihres politischen Wollens sind? Erhard Busek, der Nicht-CVer, der aber vielleicht tiefere Erkenntnisse über das Zusammenwirken von Religion und Gesellschaft gewonnen hat als manche seiner in der kirchlichen Hierarchie weitaus angeseheneren Parteifreunde, hatte diese Chance einer Kursbestimmung für christlich-konservative Parteien erkannt. Die Bewahrung der Natur vor Zerstörung durch hemmungsloses Gewinn- und Genußstreben, die Förderung von Toleranz und Ehrfurcht vor dem Menschen und seinen Anschauungen, das Eintreten für persönliche Freiheit und gegen Staatsallmacht – was sonst sollen Werte und Ziele einer christlich-konservativen Partei sein? Freilich, in den Programmen und Leitlinien der ÖVP konnte man derlei immer nachlesen. Die spürbare Kluft zwischen Programm und politischem Alltagsgeschäft ist es erst, die für die Abneigung vieler Menschen gegenüber Politikern und Parteien verantwortlich zeichnet. Wenn Alois Mock den Slogan „Der selbständige Mensch“ propagierte, während die verschiedenen ÖVP-nahen Verbände um staatliche Subventionen für ihre Mitglieder wetteiferten, wenn die Bürgergesellschaft idealisiert wird und auch ÖVP-dominierte Parlamente den Initiativen freier Vereine fortwährend neue legislative Fesseln anlegen, beginnt auch der gläubigste Anhänger an seiner Überzeugung irre zu werden.

Busek versuchte zumindest in dem abgegrenzten Bereich der Wiener Kommunalpolitik, den modernen wertkonservativen Programmsätzen Leben einzuhauchen. Er berücksichtigte dabei, daß moderne Kommunalpolitik in einer Großstadt zuallererst Dienstleistung sein muß. Bis dahin und leider auch vielfach heute noch wurde und wird Wiener Stadtpolitik als Regionalausgabe ideologischer Auseinandersetzungen betrachtet, die von der Freiheit und Unantastbarkeit des Eigentums über die Grundwerte der Menschlichkeit bis zu religiösen Fragen reichen. Liest man in typischen Pressemeldungen des Wiener ÖVP-Klubs von „verordneter Gottlosigkeit" und „pseudoliberalen Bilderstürmern", so vermeint man die Verteidigung des christlichen Abendlandes wie einst bei den Wiener Türkenbelagerungen als Hauptbeschäftigung konservativer Wiener Stadtväter (und -mütter) auszumachen. Ob der politisch neutrale Stadtbürger (und Wechselwähler) wirklich mit solchen ideologischen Auseinandersetzungen zur ÖVP-Stimmenabgabe bei kommunalen Wahlen zu gewinnen ist? Oder, um es in Abwandlung des altbekannten Karl Kraus-Zitates zu sagen: *„Von einer Stadt erwarte ich mir, daß sie Gas, Wasser und Verkehrseinrichtungen bereitstellt, eine unaufdringliche, aber effiziente Daseinsvorsorge betreibt und eine Vorstellung von der Lösung städtischer Zukunftsfragen hat; eine Weltanschauung bilde ich mir selber."* Die Bürgerinnen und Bürger Wiens erwarten sich von ihren politischen Vertretern nicht nur ein reibungsloses Funktionieren der städtischen Dienste, sondern darüber hinaus auch noch die Lösung ihrer Alltagssorgen vom Arbeitsplatz bis zum sicheren Schulweg, von der städtischen Grünoase bis zum Autoabstellplatz. In welchen Verfahren, nach welchen Grundsätzen und vor welchen ideologischen Hintergründen das geschieht, ist den meisten egal. Die Wiener ÖVP, die oft und gerne nach ideologischer Grundsatztreue ruft, sich aber beispielsweise bis heute nicht zu einer einheitlichen Auffassung betreffend die Bewirtschaftung öffentlicher Autoabstellplätze durchringen konnte, dürfte dieser Einstellung der Menschen nicht ganz entsprechen. Mancher Wiener Politiker, der den Schwerpunkt seiner stadtpolitischen Aktivität in ideologischen Auseinandersetzungen sucht oder sich der Kommunalpolitik völlig sachfremde Themen wie das Homosexuellenschutzalter aufzwingen läßt, wäre daher gut beraten, ins Bundesparlament zu wechseln oder – noch besser – die philosophischen und theologischen Fakultäten mit seiner Geistesschärfe zu bereichern; Gemeinderatswahlen wird er mit seinen unbestreitbaren Kenntnissen und Fähigkeiten heutzutage kaum gewinnen.

Erhard Busek hat bereits in den siebziger Jahren diesen Trend erkannt. Nicht, daß Busek auf die ideologische Auseinandersetzung mit den politischen Mitbewerbern verzichtet hätte, aber diese Auseinandersetzung mußte sich aus den Sachfragen ergeben, die einer Lösung harrten. Sind die politischen Gegensätze nicht in der praktischen kommunalen Arbeit zu erkennen, dann helfen auch wortgewandte ideologische Diskurse nicht, um die Menschen zu gewinnen. Busek bündelte die wichtigsten kommunalen Themenbereiche seiner Zeit und machte sie mit vier einprägsamen Schlagworten zu seinem Programm: die Gesundheit („Gesundheit darf im Ernstfall nicht dem Zufall überlassen bleiben"), das städtische Wohnen („Wohnen ist mehr als vier Wände und ein Dach über dem Kopf"), die Lösung städtischer Verkehrsprobleme („Mehr Freizeit durch weniger Fahrzeit") und die Erhaltung der Umwelt und damit der Lebensgrundlagen („Grün ist gut für die Augen, gut für die Lungen, gut für Wien") waren damals die wichtigsten Aufgaben einer Stadtpartei und sind es – mit gewissen Modifikationen – auch noch heute.

Busek mußte – so grotesk das klingen mag – der Wiener ÖVP zuallererst eine positive Einstellung zu Wien vermitteln. Wien ist eine wunderbare Stadt. Das kulturhistorische Erbe der ehemaligen Residenz einer Großmacht ist eine glückhafte Symbiose mit der Hauptstadt eines mitteleuropäischen Kleinstaates eingegangen. Wien hat nicht die Nachteile einer Weltstadt wie New York, Tokio oder Schanghai. Wien ist aber noch immer viel „größer" als Zürich, Kopenhagen oder Lissabon. Die Wiener Sozialdemokraten haben sich diesen Umstand immer wieder zunutzegemacht und jedwede Kritik an ihrer Regierungstätigkeit in eine Nestbeschmutzung und Mißachtung Wiens uminterpretiert.

Die ÖVP ist diesem „Wiener Schmäh“ der Sozialdemokraten, die ganze Stadt für sich zu vereinnahmen, Jahrzehnte hindurch auf den Leim gegangen. Zuweilen meinte man, sich seiner Rolle als kritische politische Alternative erinnernd, mit der roten Regierung die ganze Wiener-Stadt angreifen zu müssen, was bei der Gemeinderatswahl 1973 in dem ungeschickten Wahlslogan gipfelte: „Diese Stadt ist krank.“ Dann wiederum enthielt man sich jedweder Kritik an Wien und auch der regierenden SPÖ, um bei offiziellen Anlässen als folgsame Ministranten den Hochämtern sozialdemokratischer Selbstbeweihräucherung zu assistieren. Auch in der Politik gibt es nämlich das aus der forensischen Psychologie bekannte „Stockholmsyndrom“. So wie Geiseln nach längerer Freiheitsberaubung Sympathien für ihre Peiniger zu entwickeln beginnen, tendieren auch politische Minderheiten bisweilen zur Untertanenmentalität gegenüber langjährigen Machtträgern.

Jedenfalls versuchte die Wiener ÖVP kaum ernsthaft, einen klaren Trennungsstrich zwischen den Institutionen der Stadt und ihrer sozialdemokratischen Wiener Mehrheitspartei zu ziehen. Man unterstützte vielmehr aus Bequemlichkeit und mangelnder Antriebslust das Bemühen der Regierungspartei, sich als die wahren Besitzer dieser Stadt ins rechte Licht zu setzen. Errichtete die Stadtverwaltung allgemein zugängliche Pensionistenklubs, die hauptsächlich von SPÖ-Parteigängern besucht wurden und gleichzeitig auch der lokalen SPÖ-Organisation als Sektionslokal dienten, so versuchte die bürgerliche ÖVP nicht etwa, standfeste und rüstige Pensionisten ausfindig zu machen, um diese unzulässige Vermengung von Stadt und Partei zu unterwandern. Nein, aus lauter Angst vor dem unüberwindlichen Parteiapparat der SPÖ, der sich freilich mit den Jahren und anläßlich einiger für die SPÖ recht peinlich ausgegangener Volksbefragungen immer mehr als zahnloser Papiertiger erwies, kapitulierte man, bejammerte gebetsmühlenartig – und daher für Journalisten langweilig – die Vereinnahmung der Stadt durch die SPÖ und strickte weiter an dem Netz, mit dem die Sozialdemokraten die Wiener-Stadt umgarnt hielten.

Die Tendenz, die Stadt der regierenden Sozialdemokratie zu überlassen, ist freilich nicht nur in der Feigheit vor deren übermächtiger Organisation begründet. Es gehört in gewissen bürgerlichen Kreisen zum guten Ton, über die eigene Stadt zu schimpfen. Wenn Nicht-Wiener bisweilen betonen, daß sie in dieser Stadt nicht würden leben wollen, mag dies verständlich sein, weil sie eben anderswo ihre Heimat haben. Wenn allerdings „Eingeborene" wegen mangelnder Parkplätze oder schlecht plazierter Müllcontainer gleich den Schluß ziehen, hier nicht mehr leben zu können, sollte man sie auf das Grundrecht des freien Aufenthalts aufmerksam machen und ihnen empfehlen, so schnell wie möglich auszuziehen, um für jene Platz zu schaffen, die hier gerne leben möchten. Als Bezirksvorsteher habe ich mich dies nie zu sagen gescheut, auch wenn mich das vielleicht die eine oder andere Wählerstimme gekostet haben mag.

Zur Distanzierung der Wiener ÖVP von ihrer eigenen Stadt mag schließlich auch die für manche ÖVP-Sympathisanten typische bürgerliche Noblesse beitragen, städtische Einrichtungen möglichst zu meiden. Wer seine Kinder von öffentlichen Kindergärten als „Brutstätten marxistischer Sozialisierung" fernhält, kann dieselben leicht verteufeln. Wer städtische Wohlfahrts- und Freizeiteinrichtungen als rote Einrichtungen vorverurteilt, trägt dazu bei, daß dort die SPÖ tatsächlich dominiert. So arbeitete die Wiener ÖVP jahrelang aus Mangel an Selbstvertrauen jener sozialdemokratischen Absicht zur Verschmelzung von Stadt und Partei in die Hände, die sie so wortreich verurteilte.

Gewiß, das Los einer Oppositionspartei ist traurig. Eine Minderheitspartei hat bei konsequenter Fernhaltung von jeglichem politischen Einfluß seitens der Mehrheit beste Chancen, jahrelang im Schatten dahinzuvegetieren und zu verdorren. Dagegen scheint nur eine beinharte populistische Opposition zu helfen, die rücksichtslos den sogenannten politischen Grundkonsens in Frage stellt, sofern man sich nicht damit zufrieden geben möchte, die Herrschaft der Mehrheit gottergeben als unabänderlich in Kauf zu nehmen. Erhard Busek hat zwischen der Not einer unseriösen Fundamentalopposition und dem Elend der immerwährenden Unterwerfung unter den politisch Stärkeren einen interessanten Ausweg gezeigt. Statt Totalopposition zu betreiben oder die bescheidene Rolle seiner Majestät des Herrn Bürgermeisters Oppositionsführers – oder in den letzten viereinhalb Jahren: Zukunftsforscher und Spektakelreferent – zu spielen, suchte er sich dem Publikum gleichsam als Schattenbürgermeister darzubieten. Kein leichtes Unterfangen, wenn man von der Regierungspartei mit kalter Konsequenz von jeglichem Einfluß penibel ferngehalten wird. Schließlich wurde dem Obmann der damals immerhin noch mit Abstand zweitstärksten Wiener Partei und kontrollierendem Stadtrat anfangs nicht einmal das Rederecht im Gemeinderat zugestanden. Mit dem politischen Einfühlungsvermögen und Scharfsinn Buseks und der poesievollen Kreativität seines kongenialen Partners Jörg Mauthe wurde ein Feuerwerk von Aktionen und Ideen vor dem staunenden Publikum entzündet, das den Eindruck vermittelte, hier sei nicht mehr eine trotzige Oppositionspartei am Werk, sondern eine junge Künstler- und Architektengruppe, die am laufenden Band jene Entwürfe produzierte, welche eine Weile später die Stadtgewaltigen in die alltägliche Praxis umsetzten. In der Tat war es so, daß die Stadtroten einige der besten Ideen von Buseks Mannschaft – ein wenig verändert und rot eingefärbt – frech entwendeten. Während die meisten dies jedoch schamhaft leugneten, bekannte sich Helmut Zilk ganz offen zum politischen Plagiat.

Busek wußte, daß seine Wiener ÖVP den Narrenturm der politischen Selbstbespiegelung verlassen, die Klostermauern der Selbstgerechtigkeit überwinden und aus dem Irrgarten politischer Ideologien den Ausweg zu den Menschen finden müsse. Er verordnete der Parteiorganisation daher eine Radikalkur. Statt in den sorgsam abgeschirmten Parteilokalen auf bedeutungsschweren Thronsesseln die servile Annäherung interessierter Wähler zu erwarten, sollten sich die Funktionäre unter das von ihnen gefürchtete Volk mischen. So schrieb der forsche Parteichef seinen Schäflein vor, in gewöhnlichen Wirtshäusern, schwärmerisch Beiseln genannt, dem dort verkehrenden einfachen Volke Rede und Antwort zu stehen. Für noble bürgerliche

Würdenträger, die ihr Date üblicherweise in den Aufenthaltsräumen Wiener Luxushotels abhielten, eine nur mit äußerster Disziplin zu bewältigende Dressurübung. Welch Labsal mag es da gewesen sein, als der spätere Obmann Görg die hohen Würdenträger seiner Partei samt Journalisten wieder im standesgemäßen Hotel Sacher empfing …

Leichter taten sich naturgemäß jene, die schon bisher gewohnt waren, auch mit einfachen Menschen zu verkehren, und erfreut zur Kenntnis nahmen, daß man mit dem Wähler auch außerhalb der in den Amtsräumen eines Parteihauses festgesetzten Sprechstunden reden könne.

Damit aber nicht genug. Der Neue trieb die Parteisoldaten aus den – wenigstens noch windgeschützten – Räumen eines ÖVP-nahen Beiselwirts, um sie der Unbill der Wiener Gassen und Straßen auszusetzen. Bürgerversammlungen und Wahlkampfveranstaltungen im Freien waren angesagt, vor allem aber die sogenannten Grätzelfeste, bei denen die Funktionäre ihre Wähler nicht nur mit kreativen stadtpolitischen Ideen, sondern auch handfest mit Speis und Trank zu bewirten hatten. Höhepunkt dieses Outings war zweifellos die Erfindung des Wiener Stadtfestes. Die Idee, sich um den 1. Mai nicht mehr ängstlich in die eigenen vier Wände oder ins niederösterreichische Wochenendhaus zurückzuziehen und die Straßen und Plätze der Stadt den Sozialdemokraten zu überlassen, sondern selbst zum Feiern auf die Straße zu gehen, war eine der markantesten Aktivitäten Buseks neuer Stadtpartei. Wer gesehen hat, wie begeistert die Wiener Bürgerlichen auf einmal von den öffentlichen Räumen ihrer Stadt Besitz ergriffen, wer beobachten konnte, wie die Wiener Sozialdemokraten darauf reagierten, indem ihr Maiaufmarsch mehr und mehr zum Familienfest mutierte und schließlich als Antwort auf das Wiener Stadtfest das vergleichsweise freilich weniger ideenreiche und teurere Donauinselfest entstand, wer verwundert mit ansah, mit wieviel liebevoller Kreativität trockene ÖVP-Bezirksfunktionäre ihre Standln am Wiener Kohlmarkt ausstatteten und dabei eigene kleine Bezirksfeste arrangierten, dem wurde bewußt, wozu eine bürgerliche politische Bewegung entgegen resignativer Schicksalsergebenheit imstande sein kann. Inzwischen ist das Wiener Stadtfest zum reinen Kulturspektakel mutiert, das die Wiener Volkspartei nach monarchischer Herrentradition beim einfachen Schaustellervolk „arbeiten läßt“, während sie sich auf einen Honoratiorenempfang in einer stillen Ecke beschränkt.

Die mehr oder weniger große Begeisterung seiner Parteisoldaten genügte Busek freilich nicht zur Verwirklichung seiner ehrgeizigen Ziele. Die Gründung der Organisation „Pro Wien“ leitete eine neue Phase der Wiener Stadtpolitik ein. Sie sollte der ÖVP-Rakete die nötige Schubkraft verleihen. Auch die des Lateinischen nicht kundigen ÖVP-Funktionäre, die mit der Vorsilbe „pro“ vor allem die Wörter „Prosit“ oder „Promille“ oder die freundschaftliche Namenskürzung des früheren Jugend- und späteren Klubobmannes Prochaska assoziierten, begriffen sehr wohl, nun nicht mehr gegen, sondern für ihre eigene Vaterstadt arbeiten und der SPÖ deren Alleinbesitz streitig machen zu sollen.

Um frischen Wind in die verstaubten ÖVP-Organisationen zu blasen, bedurfte es auch an der Basis neuer Leute. Da dem jungen Parteiobmann eine umfassende Neuorganisation schon statutarisch nicht möglich war und wohl auch nicht gestattet worden wäre, ließ er sich die „Pro-Wien-Referenten“ einfallen. In jedem Bezirk sollte – unabhängig von den dortigen statutarischen Partei-Würdenträgern – ein junger, Buseks Ideen gegenüber aufgeschlossener Referent den Geist der neuen Führung verbreiten helfen und vielleicht auch für Informationen sorgen, welch freundliche oder ablehnende Aufnahme die Neuerungen bei den lokalen Parteigranden fänden. Bei der Durchführung der Idee ging der neue Obmann freilich die ersten Kompromisse ein. Nur in einigen wenigen Fällen wurde nämlich tatsächlich ein echter Quereinsteiger mit dieser Aufgabe betraut. Meist wurden Leute als „Pro-Wien-Referenten“ eingesetzt, die in der jeweiligen ÖVP-Organisation tätig waren und deren Bestellung den Segen des jeweiligen Bezirksparteiobmannes fand. Auf diese Weise gelangten Mitarbeiter wie der spätere Margaretner Bezirksparteiobmann König zu höheren Ehren, der sich als einer der schärfsten und unversöhnlichsten Kritiker Buseks entpuppen sollte.

Die Pro-Wien-Referenten wurden, soweit sie nicht ohnedies zum Partei-Establishment ihres Bezirkes gehörten, entweder von der herrschenden Organisation inhaliert oder in einem mehr oder weniger schmerzvollen Prozeß über kurz oder lang als Parteifremdkörper abgestoßen. Auf diese Weise legte sich die Partei ein janusköpfiges Erscheinungsbild zu, mit dem sie lange Zeit gut zu leben vermochte. Wenn Busek für mehr verkehrsberuhigte Zonen oder für Radfahren in der Stadt eintrat, vereitelten seine Bezirkskaiser oder -prinzen anläßlich der praktischen Umsetzung jedweden derartigen Versuch. Wenn Busek Toleranz predigte, verharrten die Basisfunktionäre in altbewährter „mir san mir"-Mentalität. Wenn Busek mehr Liberalismus beschwor, igelten sich die Kammer- und Interessenvertreter in ihrem Machtbereich ein. Die breite Öffentlichkeit und die Medien applaudierten den fortschrittlichen Ideen des ÖVP-Obmannes und waren zufrieden. Die Funktionäre machten weiter im alten Trott und waren ebenfalls zufrieden. Die alte Wiener ÖVP-Tante hatte einen jungen, feschen Bräutigam bekommen, den alle Welt bewunderte. Aber es war alles andere als eine Liebesheirat. Hinter der Potemkinschen Fassade der „ÖVP-NEU" wurde dasselbe alte Stück gespielt.

Ein typisches Beispiel, das bis heute nachwirkt, ist die ÖVP-Frauenpolitik. Es ist ja allgemein bekannt, daß die meisten Parteien in Frauenfragen das verkrampfte Verhalten eines pubertierenden Jünglings an den Tag legen, der seine Unsicherheit gelegentlich durch forsches Auftreten zu kaschieren sucht. Entweder versteht man es, Frauen von jedwedem politischen Einfluß fernzuhalten, oder man verfällt ins Gegenteil und wählt Frauen auch dann, wenn ein höher qualifizierter männlicher Kandidat vorhanden wäre. Beliebt sind Quotenregelungen, die beweisen, daß der Vernunft gelegentlich nur durch Vorschriften zum Durchbruch verholfen werden kann. Wie lang es wohl noch dauern wird, bis bei der personellen Auswahl das Geschlecht ebensowenig Bedeutung hat wie Haarfarbe, Gewicht oder Hobby?

Busek wußte um dieses Manko seiner ÖVP und suchte ihm einerseits durch attraktive Gemeinderatskandidatinnen und andererseits durch neue Foren für Frauen entgegenzuwirken. So entstand schließlich der „Club Alpha“. Aber während dort liberal gesinnte und auch jüngere weibliche Jahrgänge an einer neuen ÖVP zimmerten, pflegten die konservativen Parteidamen in den Bezirksorganisationen der Frauenbewegung ihr geliebtes Puppenheim. Der personifizierte Widerspruch ist wohl die langjährige Wiener ÖVP-Frontfrau Maria Rauch-Kallat, die es verstand, gleichzeitig den modernen Supermarkt für weibliche Selbstverwirklichung in der Stubenbastei und die gemütlicheren, aber spinnwebverhangenen Gemischtwarenhandlungen in den Bezirken zu betreiben. Dort durften brave, von keiner Emanzipationswelle angekränkelte Bezirksfunktionärinnen weiterhin die Dienstleistungen an der Partei erbringen und bei Sitzungen, Grätzelfesten oder Seniorennachmittagen das Publikum mit Speis und Trank versorgen.

Warum hat Erhard Busek – so fragt man sich – die Partei nicht wenigstens nach seiner ersten Bewährungsprobe, seinem triumphalen Wahlerfolg im Jahre 1978, gründlich reformiert? Am 8. Oktober 1978 hatte die Wiener ÖVP, erstmals unter Buseks Führung, 4,5 Prozent der Stimmen bei den Gemeinderatswahlen dazugewonnen, was für damalige Verhältnisse einen politischen Erdrutsch darstellte. Mit 35 statt bisher 31 Mandaten eroberte man auch den Sessel des Vizebürgermeisters zurück. Warum hat er nicht von seiner politischen Stärke Gebrauch gemacht, lange Zeit hindurch der einzige zu sein, der über das Wohl und Wehe dieser bürgerlichen Wien-Partei bestimmen konnte? Warum schleppte er als Alleinunterhalter des aus dem Dornröschenschlaf erwachten Wiener Bürgertums eine hypertrophe und weitgehend für seine politischen Ziele unbrauchbare Organisation mit sich herum, wie eine überdimensionierte Zimmerpflanze, deren junge grüne Triebe durch riesige welke Blätter verdeckt werden?

Eine plausible Antwort kann nur geben, wer die Struktur der altösterreichischen Parteienlandschaft im allgemeinen und die der Volkspartei im besonderen kennt. Ein Parteiführer der Volkspartei muß titanische Kräfte aufbringen, um das Spinnennetz von Bünden, Interessengruppen, lokalen Klüngeln und eingebildeten Potentaten zu zerreißen. Erhard Busek sah – wie er mir später einmal sagte – keine Notwendigkeit für einen dermaßen übermenschlichen Kraftaufwand. Er hatte ja gewonnen, viel mehr, als ihm die Hierarchie je zugetraut hätte. Und deshalb war es für ihn kein Problem, seine personellen Erneuerungswünsche zu verwirklichen, ohne deshalb die alteingesessenen müden Krieger ins Ausgedinge schicken zu müssen. Dieses Versäumnis, das man wohlwollend als Zeichen christlicher Mitmenschlichkeit deuten kann, sollte sich später bitter rächen.

Busek begnügte sich nicht damit, den Parteiapparat durch eine Parallelorganisation zu ersetzen. Eine Fülle weiterer Organisationen und Aktionen wurden gegründet, die allesamt den Zweck verfolgten, möglichst viele Menschen an sich zu binden, die zwar mit der ÖVP der späten siebziger und frühen achtziger Jahre nicht viel anzufangen wußten, aber bereit waren, zwecks Durchlüftung der muffigen Stadtstrukturen mit dem neuen Obmann in ähnlicher Weise „ein Stück des Weges gemeinsam zu gehen", wie sie dies einige Jahre zuvor mit Bruno Kreisky auf Bundesebene getan hatten. Der neue Obmann gewann auf diese Weise einen beachtlichen Stab neuer Sympathisanten, die später in die Dienste der Partei eintraten oder von außen der Busek-ÖVP Schützenhilfe leisteten.

Busek suchte darüber hinaus den direkten Kontakt zu seinen Bürgern und möglichen Wählern. Nicht, daß ihm, dem Hochintellektuellen, das Gespräch mit der Basis so leicht von den Lippen gekommen wäre wie anderen erfolgreichen Spitzenpolitikern. Im Gegenteil, sogar bei seiner Abwahl in Oberlaa gaben einige kleine Parteifunktionäre als Begründung für die Wahl Petriks an, daß Busek sie nicht gegrüßt hätte. Nicht das lustvolle Bad in der Menge war Antrieb seines Handelns, sondern die intellektuelle Überzeugung, „daß viel mehr Wiener an der Gestaltung der Stadt mitarbeiten würden, wenn man sie nur einlüde". Direkte Demokratie und Bürgermitbestimmung waren in der Zweiten Republik jahrelang Begriffe, mit denen nur Verfassungsrechtler etwas anzufangen wußten. Durch das Rundfunkvolksbegehren und später die Volksabstimmung über das Atomkraftwerk Zwentendorf kam der Umschwung. In den siebziger Jahren fanden auch in Wien teils auf Initiative der Bürger, teils durch Gemeinderatsbeschluß Volksbefragungen statt, wie es sie vorher und auch nachher nicht gegeben hat. Nach der Volksbefragung über die Verbauung des Sternwarteparks, welche zum Rücktritt von Bürgermeister Felix Slavik führte, stimmten die Bürger im März 1980 für den Vorrang des öffentlichen Verkehrs, gegen die Aufstellung von Dreieckständern außerhalb der Wahlzeiten, gegen eine Westeinfahrt über den Flötzersteig und gegen die Schließung alter Ortsfriedhöfe. Im November 1981 stimmten 90 Prozent der Befragungsteilnehmer für den Vorrang der Stadterneuerung und gegen den Bau des UNO-Konferenzzentrums, und im Dezember 1981 durften die befragungswilligen Wiener aufgrund eines Mehrheitsbeschlusses des Gemeinderates über eine Reihe von No-Na-Fragen wie sozialer Wohnbau oder Vollbeschäftigung abstimmen, wobei der einzig spannende Abstimmungspunkt, die Verbauung der Steinhof-Gründe, mit knapper Mehrheit abgelehnt wurde.

Busek war als Wiener ÖVP-Obmann – wie alle erfolgreichen Politiker – machtbewußt und auch ein wenig autoritär, wobei ihm die Grenzen seiner Macht immer bewußt waren. Schmunzelnd berichtete er von Parteivorstandssitzungen, bei denen er „die Pistolen auf den Tisch gelegt habe", voll der guten Hoffnung, niemand würde bemerken, daß sie ungeladen sind. Dank seiner visionären Fähigkeiten war ihm aber klar, daß die in der Demokratie so notwendige Übereinstimmung zwischen Politik und Volk nur durch das Bewußtsein der Menschen erzielt werden könne, in ihren ureigensten Angelegenheiten mitreden zu können und „denen da oben" nicht hilflos ausgeliefert zu sein. „Der Bürger soll sich in seine eigenen Angelegenheiten einmischen dürfen" war die Devise. Es hat mich zeit meiner politischen Tätigkeit immer wieder fasziniert, wie wenig diese bewußt so einfach formulierte Devise in der praktischen Politik beachtet wird. Busek erkannte, daß gerade die Kommunalpolitik mit ihren einfachen und leichter überschaubaren Fragestellungen besonders geeignet ist, die Last der Entscheidung von der Politik auf die Bürger abzuwälzen. Warum sollen die Menschen auch nicht selbst entscheiden dürfen, wie ihre Gasse aussieht, welche Spielgeräte im Park stehen oder wie der Müll gesammelt wird?

Vor allem die Volksabstimmung über das Atomkraftwerk Zwentendorf, die der damalige Bundeskanzler Kreisky verlor, um wenig später bei der Wahl wieder die absolute Mehrheit zu gewinnen, hatte deutlich gemacht, wie wichtig Mitbestimmung für den politischen Erfolg sein kann. Die österreichische Innenpolitik hat leider nicht die richtigen Lehren daraus gezogen. Die zentrifugalen Kräfte haben in der Folge die Oberhand behalten. Es ist kein Zufall, daß es in Wien zum Unterschied von den achtziger Jahren heute keine Volksbefragungen mehr gibt. Es ist nicht einmal grotesk, daß die Sozialdemokraten, die neuerdings das Wahlrecht schon für Sechzehnjährige propagieren, gleichzeitig mit Beharrlichkeit selbst jene bescheidenen Demokratiereformen verhindern, die sie im Regierungsübereinkommen mit der ÖVP im Jahr 1996 unterschrieben haben. Schließlich hat auch die Wiener ÖVP diese ganze Periode der neuen Zusammenarbeit hindurch nicht ernsthaft auf der Weiterentwicklung des Persönlichkeitswahlrechtes, der Direktwahl der Bezirksvorsteher oder dem Antragsrecht der Bürger in der Bezirksvertretung bestanden, sondern sich damit begnügt, die Einsetzung von parlamentarischen Untersuchungsausschüssen als großen demokratiepolitischen Erfolg zu feiern. Die derzeitigen Antworten auf Politikverdrossenheit heißen nicht mehr Einbindung der Menschen in politische Entscheidungen, sondern Führerkult und Stimmenmaximierung. Die einen (beileibe nicht nur die Freiheitlichen) propagieren den starken politischen Führer als Placebo fürs Volk, der gegen „die da oben keift“ und – wenn er selbst oben sitzt – gegen die nebenan oder gegen die da draußen oder unten. Die anderen wollen das Wahlrecht nicht qualitativ, sondern quantitativ weiterentwickeln, auf daß möglichst viele wählen dürfen, namentlich solche, die den eigenen Anteil an der politischen Macht zu mehren versprechen. Mit Bürgermitbestimmung haben all diese Ideen soviel zu tun wie Waschmittelwerbung mit sauberer Wäsche.

Am 24. April 1983 gewann die Wiener ÖVP unter Busek zum zweiten Mal die Gemeinderatswahl und stockte ihre Mandatszahl auf 37 auf. Die SPÖ kam mit einem Minus von 1,7% und einem Mandat relativ glimpflich davon, zumal die Freiheitlichen auf den historischen Tiefstand von 2 Gemeinderatsmandaten fielen. Andere Parteien waren im Wiener Gemeinderat nicht vertreten. Bei der am selben Tag abgehaltenen Nationalratswahl verlor die SPÖ unter Bruno Kreisky die absolute Mehrheit, die sie seit zwölf Jahren innegehabt hatte. Bemerkenswerterweise war der VP-Stimmenanteil für den Wiener Gemeinderat – völlig unüblich – höher als der für den Nationalrat.

Der Glanz des neuen Sozialismus hatte seine Strahlkraft verloren. Das Volk hatte längst aufgehört, an den Segen der sozialistischen Allmacht zu glauben. Der frische Reformwind, mit dem Bruno Kreisky am Beginn der siebziger Jahre die Amtsstuben der Republik durchlüftet hatte, war bereits zum abgestandenen Geruch einer selbstgerechten und trägen Altpartei verkommen. Die Androsch-Affäre, das absolutistische Gehabe der roten Landesfürsten im Burgenland und in Kärnten und schließlich die personelle Schwäche des kleinen Mehrheitsbeschaffers, der Steger-FPÖ, welcher die alten FPÖ-Sympathisanten in Scharen mit unbekanntem Ziel davonliefen, waren die unübersehbaren Zeichen an der Wand für den Niedergang einer einstens unzweifelhaft populären politischen Bewegung. Der Sieg Kurt Waldheims bei der Bundespräsidentenwahl 1986 machte später deutlich, daß die Mehrheit der österreichischen Bevölkerung keineswegs auf Gedeih und Verderb dem sozialistischen Lager verbunden ist, wie dies einige Schmalspurdenker der Volkspartei zwecks Rechtfertigung eigener Erfolglosigkeit ihre Umgebung glauben machen wollten. Die Zeit für einen Wechsel, wie er in Deutschland mit der Wahl Helmut Kohls zum Bundeskanzler geschah, war auch in Österreich reif. Was es dazu gebraucht hätte, wäre eine bürgerliche, wertkonservative Partei gewesen, die den Österreichern eine neue Zukunftsvision verheißen hätte. Welch andere Entwicklung hätte unsere Republik vielleicht genommen? Gäbe es heute die Freiheitliche Partei in dieser politischen Stärke? Hätte ein ÖVP-Kanzler schon früher und unter besseren Startbedingungen das Land ins dritte Jahrtausend geführt? Wären die Sozialdemokraten – nach einer oppositionellen Regenerationsphase – vielleicht schon wieder im Aufschwung?

Es ist müßig, solchen Spekulationen nachzuhängen. Eine ÖVP, die den Menschen neue Perspektiven aufgezeigt hätte, gab es damals nicht. Die ÖVP der siebziger und frühen achtziger Jahre war ähnlich dem Deutschen Bund des neunzehnten Jahrhunderts eine lose Gemeinschaft regionaler und kommunaler Fürstenthrone, die mit Hilfe der Trutzburgen von Kammern und Interessenvertretungen dem im Lande weit verbreiteten Sozialismus heroischen Widerstand zu leisten suchten. Von Erneuerung, Kreativität, Zukunftsperspektive war wenig zu spüren. Wenn Alois Mock vom selbständigen Menschen, von der Ehrlichkeit in der Politik und ähnlich hehren Zielen sprach, nickten alle beiläufig gemäß der alten Volksweisheit, daß man den Herrgott – und den Parteichef – einen guten Mann sein lassen müsse. Kein Wunder, daß zu dieser Zeit das Bonmot die Runde machte, die ÖVP wolle eigentlich gar nichts wirklich anders machen als die sozialdemokratische Kanzlerpartei. Sie wolle es nur endlich wieder einmal selber tun dürfen.

Augenfällig wurde die tiefere Bedeutung dieser Spottrede bei der politischen Affäre um den Bau eines Kraftwerkes in der Hainburger Au zu Weihnachten 1984. Getrieben von der noch immer Zwentendorf-geschädigten Energielobby und unterstützt durch eine juristisch äußerst fragwürdige Bewilligung des niederösterreichischen SP-Naturschutzlandesrates, wollte man mit den für den Kraftwerksbau notwendigen Rodungen in der Hainburger Au beginnen. Durch ungeschickte Vorbereitung und überfallsartig brutales Vorgehen geriet das vom Standpunkt des Rechtes und des Naturschutzes ohnedies äußerst problematische Vorhaben innerhalb kurzer Zeit zu einer Abrechnung mit den ungeliebten etablierten Mächten dieses Staates. Mir ist noch heute in Erinnerung, wie eine gutbürgerliche und den grünen Ideen keineswegs besonders zugeneigte ältere Dame seufzend meinte: „Wäre ich nur ein paar Jahre jünger, ich würde mich auch in die Hainburger Au setzen und gegen die Gewerkschaftsbonzen demonstrieren." In diesem veritablen politischen Konflikt, der um ein Haar zur größten blutigen Auseinandersetzung zwischen Bürgern und Obrigkeit seit den unseligen Tagen der Ersten Republik geführt hätte, blieb die ÖVP als Oppositionspartei völlig untätig. Man war zwar Opposition, man war sich des ungeschickten Vorgehens der Sinowatz-Steger-Regierung bewußt, aber eigentlich wollte die von ihrem Wirtschafts- und Gewerkschaftsflügel dominierte Partei das Kraftwerk ja auch. Hainburg wurde schließlich nicht gebaut, die Staatskrise blieb aus und die Regierung Sinowatz-Steger vorläufig noch am Leben.

Die Ereignisse von Hainburg waren nach dem Einsturz der Reichsbrücke der zweite durch einen äußeren Anlaß geschaffene Meilenstein auf dem Weg der Wiener ÖVP. Die Galionsfigur unter den Demonstranten, der später als Auhirsch titulierte Günther Nenning bot damals Erhard Busek die Gründung einer neuen Partei an. Daß Busek die spürbar in der Luft liegende Chance zur Erosion des erstarrten Parteiensystems nicht nutzte, ist wohl seiner – trotz prophetischem Weitblick, scharfem Verstand und lockeren Sprüchen – bürgerlich-konservativen Erziehung zuzuschreiben, die es ihm verbot, seine politische Kraft zum tödlichen Stoß gegen die eigene Partei zu führen.

Ob die Entscheidung Erhard Buseks richtig oder falsch war, ist heute müßig zu erörtern. Sicher ist allerdings, daß die Chance dieser Tage, ein neues, von einem jungen städtischen Bürgertum getragenes politisches Lager in der Bundeshauptstadt zu schaffen, ungenutzt vorüberging. Alle jene, die gleichermaßen frustriert von der schwachen rot-blauen Koalitionsregierung wie von den unbeweglichen Parteihierarchien der Noch-Großparteien nach dem Etappensieg in der Hainburger Au auf eine politische Wende hofften, blieben enttäuscht. Die ÖVP als Ganzes aber hat es bis heute nicht geschafft, abseits von romantisch-nostalgischem Altkonservativismus und einer Kapitulation vor dem linken Zeitgeist Motor einer neuen politischen Bewegung zu werden. Darüber können zaghafte, im Parteienalltag nicht wirklich verankerte Modelle wie die "Bürgergesellschaft" ebensowenig hinwegtäuschen wie die strategische Meisterleistung zur Wiedereroberung des Ballhausplatzes.

Kurze Zeit nach Hainburg, bei den Nationalratswahlen 1986, begannen rechts wie links neue politische Gruppen ihren kometenhaften Aufstieg, in deren Sog die etablierten Parteien in einem in der Zweiten Republik noch nie dagewesenen Ausmaß reduziert wurden und der auch vor der Wiener ÖVP nicht halt machte.

Das Imperium schlägt zurück

Gemeinderatswahl 1987, Wahlkampfveranstaltung in einem Wiedner Kaffeehaus: Heute ist ein Treffen des ÖVP-Spitzenkandidaten mit Jugendlichen angesagt. Gekommen ist eine Handvoll gutgekleideter junger Menschen, schon auf den ersten Blick als Söhne und Töchter der berühmten Döblinger Regimenter, des betuchten Wiener Bürgertums erkennbar. Hier werden keine Fragen nach Arbeitsplatz oder Ausbildungsmöglichkeiten gestellt. Man bringt keine Wohnungs- oder sonstige Existenzsorgen vor. Den jungen Damen und Herren geht es um Ideologie. Ob der Herr Vizebürgermeister nicht auch erkenne, daß man mit dem Linksabweichlertum Schiffbruch erlitten habe und daß die ÖVP nur Erfolg haben würde, wenn sie endlich wieder zur reinen Lehre einer streng konservativen Partei zurückkehre. Busek versucht zu argumentieren, merkt aber bald, daß seine Gesprächspartner mit ihm gar nicht diskutieren wollen. Sie wollen ihm ihre Meinung sagen, an deren Richtigkeit ihnen kein Zweifel möglich scheint. In seinen guten Tagen hätte der Vizebürgermeister darauf humorvoll reagiert. Er hätte den jungen Schnöseln anhand der schwindenden Mitgliederzahlen ihrer Organisationen listig nachgewiesen, wie wenig Ahnung sie von den Problemen der (jungen) Menschen haben. Heute aber ist er dazu nicht in der Lage. Er reagiert unwirsch, aggressiv und bricht das Gespräch recht bald unter Hinweis auf andere Termine ab.

Busek spulte diesen Gemeinderatswahlkampf mit lustloser Routine ab. Er und alle, die nur ein wenig Herz und Verstand hatten, wußten: Dem dritten Versuch, das Wiener Bürgertum aus seiner fad-noblessen Ruhe aufzuscheuchen und die überheblichen Feudalherren des Rathauses von ihren versteinerten Thronen zu stürzen, wird kein Erfolg mehr beschieden sein. Busek ist – wie er selbst einmal sagte – „durch das Tor gegangen“. Jenes Tor, durch welches er das Traumparadies einer neuen politischen Bewegung verließ, um in den harten Alltag der politischen Realität zurückzukehren. Busek erlitt das tragische Schicksal all jener phantasie- und intellektbegabten Geschöpfe, denen die Erfüllung ihrer Ideen durch Unverstand der Mitmenschen oder durch ein böses Geschick verwehrt bleibt. Ein Dichter kann mit der Kraft seiner Worte Erfolg haben, ein Wissenschaftler mit gelungenen Experimenten, ein Politiker nur mit seinen Taten. Man nehme einem Dichter seine Verbreitungsmöglichkeit, dem Wissenschaftler sein Experimentierfeld und dem Politiker jeden Anteil an Regierungsgeschäften, und man kann gewiß sein, damit deren Kreativität zu vernichten.

Erhard Busek versuchte, dieser Gefahr zu entrinnen. Im Herbst 1985 führte er mit dem Vorsitzenden der SPÖ, Leopold Gratz, Bürgermeister Helmut Zilk und Vizebürgermeister Hans Mayr Gespräche über eine Bereichskoalition. Mit der Neugestaltung des Donauraums samt geplantem Kraftwerk in der Freudenau, der Errichtung eines Zentralbahnhofes, der Idee einer Weltausstellung in Wien, der Stadterneuerung und der Reform des Gesundheitswesens lagen eine Reihe notwendiger Entscheidungen für Wien am Tisch, denen eine Zusammenarbeit der sozialdemokratischen Alleinregierung mit den Bürgerlichen, vor allem deren geistigem, kulturellem und wirtschaftlichem Potential, im Interesse der Stadt durchaus gut getan hätte. Erhard Busek erkannte seine letzte Chance, einige der von ihm so lange Zeit erfolgreich propagierten Ideen zu verwirklichen. Er wußte aber auch, wie gering die Wahrscheinlichkeit ist, daß die Sozialdemokratie auch nur ein Quentchen einmal errungener Herrschaftsbereiche zur Verfügung stellt, selbst wenn es zum allgemeinen Besten ist. Jörg Mauthe, Buseks bester Stadtrat, im Herbst 1985 schon von seiner tödlichen Krankheit gezeichnet, schreibt dazu in seinem erschütternden Abschiedswerk „Demnächst“: *„In dem Punkt ist B. skeptisch. Er glaubt nicht an die Koalition, die das erforderte, bei den Roten wird die Basis es nicht zulassen, und Bürgermeister ist nun einmal einer, der über seine nächsten Fernsehauftritte nicht hinaussehen kann und dessen gockelhafte Eitelkeit jede Gemeinsamkeit so schwierig macht.“* Aber es kommt zu Verhandlungen, und wenige Tage später schreibt Mauthe euphorisch in sein Tagebuch: *„Und dann gehe ich ins Konkrete* *und male, indem ich etliche der Mayr'schen Ideen (als einziger in seiner Fraktion hat er tatsächlich welche) gleich mit einbeziehe, das Donauraum Wien-Bild, nämlich die vollkommene Neuordnung der Wiener Donaubezirke vom Praterstern bis womöglich Kagran ... und dann müßten die besten Architekten der Welt her und noch einmal: Das sei eine so nicht wiederkehrende einzigartige urbane Aufgabe und, wie gesagt, eine Jahrtausendchance, damit könnte sich Wien auf überraschendste Weise berühmt machen, und alles das und was damit zusammenhängt, die erforderliche Kreativität und die kommerziellen Konsequenzen, das erfordere hinsichtlich dieses Großprojekts doch Gemeinsamkeit, ja sei ohne eine solche gewiß nicht einmal denkbar. Der Mayr stimmt mir zu. Ja, das könne er sich vorstellen. Ja, das sehe er auch.*" [4]

Trotz mehrerer Treffen, sogar einer gemeinsamen Amerika-Reise wurde nichts aus dem Projekt. Keine Koalition, nicht einmal eine „Bereichs-Zusammenarbeit". Die Jahrtausend- oder auch nur Jahrhundertchance für Wien scheiterte an der Machtverliebtheit der SPÖ-Basis, wohl auch an der schwächlichen rotblauen Sinowatz-Steger-Bundesregierung, die diesen Spaltpilz nicht glaubte verkraften zu können, letztlich und vor allem aber an Buseks eigenen Leuten im ÖVP-Klub, die offensichtlich das nahende Ende seiner Erfolgsstory nicht abzuschätzen vermochten oder denen dasselbe völlig gleichgültig war.

Wenige Wochen später traf Erhard Busek, der – freilich schon seit Monaten zu erwartende – zweite Schicksalsschlag. Stadtrat Jörg Mauthe erlag am Beginn des Jahres 1986 seinem Krebsleiden. Die Beziehung zwischen Busek und Mauthe war wohl eine jener Männerfreundschaften, die den beruflichen Erfolg eines Mannes mehr zu fördern vermögen als die Beziehung zu einer geliebten Frau. Es gibt einige Beobachter, die Buseks unerwarteten und leider einmalig gebliebenen Erfolg als konservativer Wiener Stadtpolitiker nur der kreativen Begabung Mauthes zuschreiben wollen und den Knick in seiner Erfolgskurve auf

4 Jörg Mauthe, Demnächst, Seite 94 ff

Mauthes Ableben zurückführen. War doch in vielen für einen bürgerlichen Politiker so unorthodoxen, spielerisch leicht vorgetragenen und vom Publikum freudig aufgenommenen Ideen die künstlerische Urheberschaft Mauthes nicht zu verleugnen. Und war nicht auch die für einen bürgerlichen Politiker – sehr zum Ärger seiner Parteifreunde – offene und liberale Haltung Buseks gegenüber den Fremden, den Anderen, die so viele Intellektuelle begeistert hat, eine Frucht der intellektuellen Beziehung zum Freigeist und bekennenden Freimaurer Mauthe?

Wer freilich Erhard Busek als politischen Klon des Künstlers Mauthe abqualifiziert, der irrt – so weit ihn nicht überhaupt böse Absicht zu dieser Einschätzung verleitet. Betrachtet man Buseks Werdegang von Jugend an, hat man in seltenen privaten Stunden erlebt, zu welchen kreativen Leistungen dieser Politiker – zum Unterschied von den meisten seiner Zunftgenossen – befähigt war, so muß man eine derartige Analyse wohl als einseitig verwerfen. Überdies hat auch der Künstler Jörg Mauthe ebensoviel durch diese Freundschaft empfangen, wie er selbst zu geben vermochte. Mauthe hat dies in folgende poetische Worte gekleidet: *„Zu den vielen vortrefflichen Eigenschaften B's gehört seine Fähigkeit, gute Gehirne vergnügt zu machen, mittelmäßige aber wenigstens zeitweise in Gang zu setzen."* [5]

Immerhin, vom Freund und Ideenbringer Mauthe verlassen, durch die Wiener Sozialdemokraten von jeglicher Möglichkeit ferngehalten, seine Ziele umzusetzen, sah Busek keine Chance mehr. Ein weniger intellektueller, dickhäutigerer Politiker hätte diese Situation vielleicht nicht erkannt oder wäre trotzig weiter seinen Weg gegangen. Busek ging als Wiener ÖVP-Obmann in die innere Emigration. Nach außen hin versuchte er, Wolfgang Schüssel zur Übernahme der Wiener Partei zu überreden. Ein Treffen wurde organisiert, aber drei Tage davor ließ ihm Schüssel über die Medien ausrichten, daß er nicht zur Verfügung stünde. Es war dies nicht das letzte Mal, daß sich Schüssel dem Ruf an die Spitze der Wiener ÖVP entzog. Warum auch in der B-Liga spielen, wenn man die Lizenz für die Erste hat?

---

5 Jörg Mauthe, Demnächst, Seite 95

Am 8. November 1987 fanden Gemeinderats- und Bezirksvertretungswahlen statt. Zum ersten Mal als Wiedner Bezirksvorsteher bei dieser Wahl angetreten, betrachtete ich mit meinen Freunden die ersten einlangenden Sprengelwahlergebnisse mit ungläubigem Staunen. Die Wahlbeteiligung war von 85 auf 62 Prozent gesunken. Nicht viel mehr als jeder zweite Wiener hatte es für wichtig befunden, über seine politischen Vertreter in der Stadt abzustimmen. Die Mandatsverschiebung zeigte klar, wer der Urne ferngeblieben war. Die SPÖ konnte ihre Position halten, ja sogar ein Mandat dazugewinnen. Die ÖVP verlor von ihren 37 Mandaten gleich sieben und damit auch die Funktion des Vizebürgermeisters. Dieter Lenhardt sprach in der „Presse" von einem *„riesigen Potential von Unzufriedenen bis Gleichgültigen"*. Man wisse, daß ab sofort die Uhren in der österreichischen Politik anders gehen müßten.

Und wie sie anders gegangen sind, die Wiener und bald auch die österreichischen Uhren! Am 8. November 1987 hat das sogenannte bürgerliche Wien, haben die Döblinger, Hietzinger oder Wiedner Regimenter in generöser Grandezza darauf verzichtet, das zukünftige Schicksal ihrer Stadt und ihres Landes in die Hand zu nehmen. Sie haben es anderen überlassen, den Favoritner, den Simmeringer und den Fünfhauser Regimentern, und diese haben in der Folge ihren Frust, so wie man es sie gelehrt hat, demokratisch zum Ausdruck gebracht.

Wer aber war „schuld" an diesem Ergebnis? Hat die erdrückende Umarmung des Allerweltsbürgermeisters Helmut Zilk den Höhenflug der „bunten Vögel" gestoppt? Wohl kaum, denn dann hätten den massiven Verlusten der Stadtschwarzen ebensolche Gewinne der Stadtroten gegenüberstehen müssen. Oder die zu linke, zu wenig konservative, zu liberale Politik Erhard Buseks? Dann hätte er auch die ersten beiden Wahlen nicht gewinnen dürfen.

Das Wiener Wahlergebnis von 1987, welches sich im Vergleich zu anderen, ungleich dramatischeren ÖVP-Niederlagen dieser Epoche immer noch sehen lassen konnte, führte jedenfalls zu dem von einigen langersehnten Scherbengericht über den ungeliebten Wiener ÖVP-Chef. Was sich wohl jene Mitglieder des

Wiener Parteivorstandes, die damals gegen Busek zu Felde zogen, einige Jahre später angesichts der katastrophalen Wahlniederlage Heinz Willes und des noch ärgeren Debakels von Bernhard Görg gedacht haben mögen? Wo sind da die apokalyptischen Reiter geblieben, die bei 29 Prozent und 30 Mandaten zum Sturm auf den Obmann bliesen?

Jetzt plötzlich, und nicht etwa in den Monaten zuvor, fand es die Wiener ÖVP-Spitze auch an der Zeit, über Grundsatzfragen zu diskutieren. Nach einer Vertrauensabstimmung über den Parteiobmann im Landesparteivorstand, auf der der ÖAAB bestanden haben soll und die mit 34 zu 26 denkbar knapp für Erhard Busek ausging, erachtete man es als zweckmäßig, eine „Kommission für politische Grundsatzfragen" einzuberufen. Die Zusammensetzung erfolgte nach Art eines Vereinsschiedsgerichtes. Den Busekgegnern Wirtschaftsbundobmann Karl Dittrich und ÖAAB-Chef Walter Schwimmer sowie den Busekfreunden Ferry Maier und Manfried Welan gesellte sich der Klubobmann Günther Goller als Unparteiischer hinzu. Die Taten dieser Grundsatzkommission waren so ruhmreich, wie es die paritätische Zusammensetzung und die Begeisterung bürgerlicher Parteifunktionäre für Grundsatzfragen erwarten ließ: Die Kommission hat – soweit mir bekannt ist – keinerlei Sitzungsaktivitäten entfaltet, jedenfalls kein Ergebnis zustande gebracht. Was auch nicht weiter verwunderlich ist. Fragen der grundsätzlichen politischen Ausrichtung werden in der ÖVP – und nicht nur in ihr – entweder exklusiven, aber politisch unbedeutenden Zirkeln überlassen oder publikumswirksam bei öffentlichen Veranstaltungen wie Parteitagen erörtert, um dortselbst – im eigentlichen Sinn des Wortes – „verabschiedet" zu werden. Im übrigen erweist sich der gebannte Blick auf die Tagespolitik allemal stärker als die Suche nach den Wurzeln.

„Weiter wursteln", dieser alte Schlachtruf der Wiener ÖVP blieb auch diesmal die Devise. Während sich die Parteibasis in stiller Ergebenheit übte, daß der Herr die Mandate, die er einst gegeben, eben wieder genommen habe, verlegten sich die Granden auf ihren Lieblingssport, das Hackelwerfen. Wenn man den ungeliebten Parteiobmann nicht in der offenen Feldschlacht zur Strecke bringen konnte, so mußte es die bewährte Taktik des Guerilla-Krieges zuwegebringen.

In dieser Phase erwies sich einmal mehr die traurige Richtigkeit einer alten Politik-Weisheit. Wer nicht am Höhepunkt der Macht seine politischen Widersacher vernichtet, wird irgendwann einmal von ihnen gefressen werden. Busek hatte es verabsäumt, seine innerparteilichen Gegner zu beseitigen. Seine nicht immer glückliche Hand bei der Personalrekrutierung hatte schon früher erste Schatten auf das sonst so erfolgreiche Experiment eines bürgerlichen Wiener Frühlings geworfen. Vom Fall des „Bürgers Twaroch" abgesehen, welcher sich – kaum von Busek für den Gemeinderat ausersehen – aus der schnöden Wiener Oppositionspolitik in die Rolle eines niederösterreichischen ORF-Intendanten verabschiedete, geriet auch sonst nicht immer alles nach Wunsch. Ja, es gibt Beobachter, die einzig Jörg Mauthe als erfolgreiche Personalfindung des Wiener Obmanns aus dem Schwarm seiner bunten Vögel anerkennen wollen. Die IBM-Betriebsrätin Sigrun Schlick und der CA-Betriebsrat Bruno Alram konnten im Wahlkampf 1978 gewiß nicht die Bedeutung Mauthes erlangen. Doch die sogenannten „Bunten Vögel" auf der Kandidatenliste des Jahres 1983, der Chirurg Otto Wagner, der Rektor der Universität für Bodenkultur, Manfried Welan, der AKH-Aufdecker Alfred Worm, die ADEG-Zentralbetriebsratsobfrau Ingrid Korosec und der Baumeister Konrad Mandahus, aber auch Robert Kauer, Eva Petrik, jene von Busek aus den katholischen Organisationen geholte Gemeinderätin, der die zufällige Namensgleichheit mit dem Busek-Nachfolger noch einige Unbill bereiten sollte, sowie später die Stadträtinnen Gertrude Kubiena und Dolores Bauer waren wichtige und gewinnbringende Mitglieder des erfolgreichen Busek-Teams. Den genannten Personen war freilich eines gemeinsam: Sie wären ohne ihren Mentor auf dem normalen Weg einer Parteikarriere wahrscheinlich niemals zu Mandats- oder Stadtratsehren gelangt. Buseks neue Leute widersprachen nämlich der alteingesessenen Übung, daß – wie es ein Wiener Parlamentarier einmal formulierte – ein Gemeinderats- oder Nationalratsmandat die logische Folge einer bestimmten Stellung in der Parteihierarchie zu sein hat. Wer sich in den Sektionen der Bezirke oder in den Fachschaften der Interessenvertretungen und Bünde hochgedient hat, wer die Gunst des jeweiligen Spitzenfunktionärs durch viel Lob und wenig Kritik ebenso zu erringen wußte wie die der jeweiligen Basis durch geselliges und kumpelhaftes Verhalten, der konnte mit einigem Glück seinem stetigen politischen Aufstieg entgegensehen. Daß auf diese Weise nicht immer die Besten zum Zug kamen, weil Geselligkeit und Anpassungsfähigkeit allein keine Mannschaft schmieden, die der Partei neuen Schwung verleiht und beim Wähler ankommt, wird geflissentlich übersehen.

Weder den alten noch den neuen politischen Parteien gelingt es, das Problem der Personalfindung in den Griff zu bekommen. Die herkömmliche Methode ist gewiß die bequemste, vor allem für Parteisekretäre. Die „Gremien“ bestimmen, wer in der Partei was wird. Und wenn ein Mandat frei wird, ist es erst recht wiederum die Partei, die den Nachfolger bestimmt. Bisweilen müssen Dutzende der Ersatzleute auf das Nachrücken „verzichten“, damit jener oder jene zum Zug kommt, den (die) die hohe Partei dazu auserkoren hat. Die festgelegten Spielregeln wurden mit der Zeit so selbstverständlich, daß ihre Ungeheuerlichkeit kaum noch auffällt. So faßte der Wiener ÖVP-Landesparteivorstand noch unter dem „Reformer“ Heinz Wille vor der Landtags- und Gemeinderatswahl 1991 anläßlich der Reihung der Kandidaten für die Gemeinderatsliste den Beschluß, daß im Falle des Ausscheidens eines gewählten Gemeinderates nicht der Nächste auf der eingereichten (und vom Volk gewählten) Liste dranzukommen habe, sondern jener, welcher der Teilorganisation seines Vorgängers angehöre. Mit anderen Worten: Einem ÖAAB-Gemeinderat konnte nur wieder ein ÖAABler nachfolgen, einem Wirtschaftsbundabgeordneten nur ein Wirtschaftsbündler. Dieses wohl dem altindischen Kastenwesen entlehnte Auswahlverfahren bedarf naturgemäß der loyalen Unterwerfung der zu Mandatsehren ausersehenen Parteifunktionäre. Um möglichen Anwandlungen individuellen Ehrgeizes vorzubeugen, muß bei solchen Verfahren dem zukünftigen Mandatar schon vor seiner Aufstellung eine schriftliche Erklärung zum freiwilligen Verzicht auf sein Nachrücken abgenötigt werden. Durchsetzbar waren solche Methoden, die Buchstaben und Geist der Wahlordnung und dem demokratischen Wahlsystem widersprechen, zwar nie, so lange eine Partei bzw. deren Führer über genug Autorität verfügen, lebt sich's gewiß nicht schlecht damit.

In den letzten zwei, drei Jahrzehnten hat allerdings ein Paradigmenwechsel stattgefunden. Der zunehmende Einfluß der Medien auf die Politik, insbesondere die Verbreitung des Fernsehens, haben in der politischen Wahlwerbung einzelne Personen in den Vordergrund, die zu wählenden Parteien hingegen in den Hintergrund treten lassen. Die politischen Parteien aller Lager und Regionen haben daraufhin mehr und mehr mit einer Zurschaustellung ihrer Spitzenkandidaten reagiert, wobei in Einzelfällen die Wahlpartei in nahezu grotesker Demut auf Plakaten und Ankündigungen völlig verschwiegen wurde. Das Propagieren von Personen versetzte die politischen Parteien unter den Rechtfertigungsdruck der Auswahl. Man versuchte diesem Druck einerseits durch verstärkte Elemente der Persönlichkeitswahl in den Wahlordnungen, andererseits durch die Abhaltung von Vorwahlen bei der Kandidatennominierung Rechnung zu tragen. Wirklich zufriedenstellend verliefen die Versuche freilich nicht. Denn entweder überläßt man die Aufstellung der Kandidaten im Rahmen einer Vorwahl dem Wähler, wobei sich selbiger oft nach recht unsachlichen Kriterien wie Bekanntheit des Namens, Schönheit des Fotos oder Ausstattung der Werbemittel entscheidet, oder man behält sich sogenannte Parteinotwendigkeiten vor, die der Versorgung bei Vorwahlen durchgefallener, aber aufgrund ihres Sachverstandes oder ihrer Erfahrung für die Fraktion unverzichtbarer Persönlichkeiten dienen soll. Der (Vor-)Wähler reagiert auf solche Vorbehalte mit Mißtrauen, weil er darin verständlicherweise eine Einschränkung seiner groß angekündigten Mitwirkungs- und Entscheidungsrechte sieht.

Zwischen der Kandidatenfindung mittels Vorwahl und der gottergebenen Hinnahme der Kür durch die Gremien haben starke Parteiobmänner einen dritten Weg beschritten, indem sie sich die eigenständige Nominierung einiger Kandidaten vorbehielten.

Soweit dies zu Lasten der allgemeinen Landesliste geht, wird es von den Parteigranden noch seufzend hingenommen. Wenn ein Parteiführer mangels ausreichender Listenplätze jedoch in die „wohlerworbenen" Rechte der Kandidatennominierung seitens seiner Bezirksparteien eingreift, muß er mit dem heiligen Zorn der Basis rechnen. Auch Erhard Busek hat einzelne seiner Wunschkandidaten den Bezirken aufgepfropft. Mit dem Erfolg, daß diese den Kandidaten, der nicht einer der „Ihrigen" war, unbarmherzig schnitten. Manche Bezirksorganisationen rieten solchen Kandidaten sogar, sich während des Wahlkampfes im Bezirk gar nicht blicken zu lassen. Für solche Busek'schen Hoffnungsträger war es daher von allem Anfang an unmöglich, im Parteivolk an der Basis Fuß zu fassen. Je nach Temperament und Charakter versuchten es einige dennoch unverdrossen und hatten bisweilen den Zufallserfolg eines türkischen Hausmeisters, der in einem ausschließlich von Wienern bewohnten Mietshaus beliebt und geachtet ist. Andere wiederum verzichteten, erfüllt von ihrer Sendung als Quereinsteiger und vertrauend auf die Schirmherrschaft ihres Parteichefs, darauf, sich mit jener Basis abzugeben, die ihnen als Jünger Busek'scher Lehren ohnehin engstirnig und ewig gestrig erschien.

Diese Spaltung der Wiener ÖVP in althergebrachte und größtenteils aus einer vergangenen ÖVP-Epoche stammende Basisleute und intellektuell verspielte Neulinge, die beim Ritterschlag ihres Herrn und Meisters bisweilen nicht einmal ein Parteibuch vorzuweisen hatten, war einer Zusammenarbeit nicht förderlich. Zu diesem Zeitpunkt wäre die Neugründung der ÖVP mit einem Austausch der Parteibücher vonnöten gewesen. und nicht erst Jahre später, als Busek angesichts der immer verzweifelter werdenden Situation der Bundes-ÖVP diesen vorschlug. Niemand kann sagen, ob es Erhard Busek wirklich gelungen wäre, den gesamten Funktionärsapparat in die Wüste zu schicken, die traditionell konservativen Stammwählerschichten zu verärgern und mit einer neuen, seinen Ideen verpflichteten schlanken Organisation eine positive Wanderungsbilanz an Wählerstimmen zu schaffen. Es war aber wahrscheinlich seine einzige – ungenutzte – Chance, denn irgendwann mußte sich herausstellen, daß die Busek'sche Performance nichts als ein – wenn auch hübsch und sauber herausgeputzter – Anstrich des vom Zahn der Zeit angenagten ÖVP-Gebäudes ist, hinter dessen modern ausgestatteter Fassade mit den einladenden Portalen sich noch immer die selben alteingesessenen Mieter in ihren muffigen Substandardwohnungen gütlich tun. Hatte der reformfreudige Hausherr gehofft, den Konflikt mit den Altmietern dadurch zu lösen, daß diese ebenfalls ihre Wohnungen renovieren oder ausziehen würden, sollte er sich darin gründlich täuschen. Ganz im Gegenteil: Die neu eingemieteten Bewohner wurden auf kurz oder lang von der angestammten Hausgemeinschaft hinausgeekelt, so sie es nicht verstanden, sich den dort herrschenden Verhältnissen anzupassen.

Nach altem Parteienbrauch hielten Buseks Gegner still bis nach der schlecht verlaufenen Wahl. Ein Parteiführer ist mit einem Raubtierbändiger zu vergleichen. Erst wenn er Schwäche zeigt, fallen die wilden Tiere über ihn her. Bei Menschen zeugt derlei Verhalten allerdings nicht von Instinkt, sondern schlicht von Feigheit. Der Sturz Buseks war nicht – wie später einige glauben machen wollten – eine unglückhafte Intrige eines machtgierigen jungen Politikers, des zum Königsmörder ausersehenen Stadtschulratsvizepräsidenten und Wiener Gemeinderates Wolfgang Petrik. Gewiß, das Verhalten Wolfgang Petriks offenbarte neben dem durchaus legitimen politischen Ehrgeiz des ÖAAB-Mandatars auch beachtliche Charakterschwächen. Wer seinen langjährigen Chef und Förderer mithilfe eines Statutentricks zu Fall bringen und beerben möchte, ist nicht gerade ein Vorbild positiver Charaktereigenschaften. Dennoch würde man Wolfgang Petrik sehr unrecht tun, machte man ihn für den Ausgang des Oberlaaer Parteitags und den damit beginnenden Niedergang der Wiener ÖVP allein- oder auch nur hauptverantwortlich. Die Verantwortung tragen jene, die ihn als Werkzeug benutzten, um den bei Medien und Wähler beliebten, unter gewissen Parteifunktionären aber mißliebigen Erhard Busek von der Macht in Wien zu entfernen. Sie hätten, wenn Wolfgang Petrik nicht zur Verfügung gestanden wäre, auch eine Strohpuppe aufgestellt, um den verhaßten Parteireformer Busek zu eliminieren. Die Hauptsache, der Kandidat wäre nur schwach genug gewesen, um die Herrschaften nicht in ihren herrschaftlichen Ansprüchen und in ihrer inneren Ruhe zu gefährden.

Der Lehrer Petrik, von Busek in seiner Zeit als ÖVP-General 1975 in die Bundespartei geholt, war zunächst Mitstreiter im Team Buseks gewesen. Der giftige Pilz der Zwietracht zwischen den beiden Parteifreunden gedieh langsam, aber unaufhörlich. Man kann nicht von einem der in der Politik so häufigen klassischen Vater-Sohn-Konflikte reden, denn Busek ist Jahrgang 1941, Petrik 1948. Eher war's ein Kain-Abel-Konflikt. Petrik ertrug die Dominanz Buseks nicht, und seine Frustration wuchs mit der Anzahl der Jahre unaufhörlich. Typisch die Szene, als Busek im Wiener ÖVP-Rathausklub seinen Experten Erwin Wippel das neue Modell des Stadterneuerungsfonds vorstellen ließ. Ausgerechnet der ÖVP-Wohnbausprecher Petrik, zweifelsohne eine Koryphäe auf diesem Gebiet, erklärte den staunenden Klubkollegen, den Ausführungen Wippels intellektuell nicht folgen zu können. Derlei Nadelstiche gegen den amtierenden Obmann sollten in der Folge bei Fraktions- und Präsidiumssitzungen zur alltäglichen Routine werden. Busek fightete subtil zurück. Als Petrik, inzwischen neben seiner Gemeinderatsfunktion zum Vizepräsidenten des Stadtschulrates aufgerückt, zwecks Vermehrung seiner Funktionärshausmacht auch noch den Sessel eines Obmanns des Wiener Mieter- und Wohnungseigentümerbundes zu erklimmen trachtete, legte Busek gegenüber den verdatterten Vorstandsmitgliedern gegen diese Bestellung rundweg ein Veto ein. Petrik solle sich gefälligst zur Gänze einer Aufgabe widmen.

Aber Petrik wußte auch ohne diese Position um seine Chance, als Hausvertrauensmann der zahlreichen Altmieter den ungeliebten Hausherrn Busek zur Resignation zu zwingen. Sein einziges politisches Ziel war es daher, die von Busek so schmählich beiseite geschobenen kleinen Funktionäre wieder zu Entscheidungsträgern der Wiener Volkspartei werden zu lassen. *„Der Reaktionär als Funktionär"* titelte Alfred Worm im „profil", und Hubertus Czernin sprach vom *„Vogelsterben"*, da Petrik Buseks *„bunte Vögel"* als gescheitert dekretierte. Dabei war Petrik keineswegs ein Mann der Basis und darin Erhard Busek und seinen bunten Vögeln durchaus nicht unähnlich. Die kumpelhafte Verbrüderung mit den kleinen Leuten, auf die sich manch gestandener ÖAAB- und Gewerkschaftsfunktionär so gut versteht, war ihm fremd. Er vermittelte in den diversen Parteigremien eher einen unnahbaren und überlegenen Eindruck. So wie man eben auch einen guten Hausvertrauensmann nicht unbedingt gern hat, aber dennoch unterstützt, so lange er es nur dem Hausherrn ordentlich zeigt.

Wie sicher Petrik sich dieser Gefolgschaft sein konnte, zeigt eine kleine Begebenheit, die der spätere Büroleiter von ÖVP-Obmann Heinz Wille und Gemeinderat Günther Marek zu berichten weiß. Marek, damals als junger Jurist im Büro von Verteidigungsminister Lichal tätig, war vom Sekretär Ferry Maier in die Partei geholt und – von Busek ob seiner Herkunft vorerst mißtrauisch beäugt – bald mit wichtigen Aufgaben betraut worden. Diesen Günther Marek lud Wolfgang Petrik eines Morgens zu dessen Verblüffung zu einem äußerst opulenten Frühstück ein, in dessen Verlauf er den jungen Mann aufforderte, sich im Interesse seiner Karriere darauf einzustellen, daß es einen ÖVP-Obmann Busek in sechs Monaten nicht mehr geben werde.

Solche Gewißheit lieferte Petrik und seinen beiden Schirmherren Karl Dittrich und Walter Schwimmer jene Bestimmung des ÖVP-Parteistatutes, die für Busek wegen mehrmaligen Wiederantretens als Wiener ÖVP-Obmann eine Zweidrittelzustimmung der Delegierten erforderte. Wann immer man erfolgreich versucht, parteipolitische Auseinandersetzungen mit der Waffe des Parteistatuts zu entscheiden, führt dies zu langanhaltenden, tiefgreifenden Zerwürfnissen. Die juristische Erfindung, einen langgedienten Parteifunktionär bei wiederholtem Antreten an der Hürde einer Zweidrittelmehrheit scheitern zu lassen, eröffnet seinen Gegnern die Chance, sich des ungeliebten Parteichefs billig zu entledigen, da dank dieser feinen Statutenregelung eine (einfache) Parteitagsmehrheit zur Minderheit wird. Wahrscheinlich ist es überhaupt nur den Gehirnwindungen eines Parteistrategen zugänglich, die Wahl einer Führungsperson, für die sich immerhin die Mehrheit der Parteitagsdelegierten entschieden hat, daran scheitern zu lassen, daß der Betreffende nur 60 oder 65 nicht aber 66,66 Prozent erreicht hat. Solchen statutarischen Bestimmungen liegt in der Tat eine bezeichnende Einschätzung der Charaktereigenschaften von Parteimitgliedern zugrunde. Was ist nämlich der Sinn eines Zweidrittelerfordernisses für die Wahl bei wiederholter Kandidatur? Will man verhindern, daß ein Funktionär sein Amt allzu viele Perioden hindurch bekleidet, kann man solches ja von vornherein verbieten. Schließlich kann auch das Staatsoberhaupt in Österreich laut Verfassung nur zwei Perioden lang im Amt sein. Wenn man sich aber oftmals um ein Amt bewerben darf, warum bedarf es dann ab einer bestimmten Wiederkandidatur der Zweidrittelmehrheit? Parteistrategen, die solche Bestimmungen erfinden, gehen von der Vermutung aus, daß ein Parteifunktionär, der sein Amt schon zwei oder drei Perioden lang innegehabt hat, seine Crew so weit unter Druck setzen kann, daß sich nur wenige gegen ihn zu stimmen getrauen. Auf diese Weise könnte ein Sesselkleber nach dem altbekannten Polit-Motto „So lang i gehen kann, geh' i net" lange im Amt bleiben, wenn ihm nicht die Zweidrittelkeule den Garaus machte. Das Zweidrittelerfordernis ist somit nichts anderes als eine Konzession an die Parteimitglieder, denen man nicht die Zivilcourage zumutet, ihrem verdienten Führer klarzumachen, wann es genug ist, und gleichzeitig eine höchst undemokratische Bevormundung des obersten Parteigremiums, dessen Mehrheitsentscheidung durch ein Statut ignoriert wird. Wer ein ordentliches Maß an Demokratieverständnis und Taktgefühl sein eigen nennt, möchte wohl nicht mit solchem Paragraphenritt gegen die Mehrheit der Partei an die Spitze gelangen. Wolfgang Petriks Förderer kannten derlei Schamgefühl freilich nicht.

Die Stimmung der Parteifunktionäre wurde vor dem planmäßigen Landesparteitag 1989 immer hitziger. Die verfeindeten Gruppen kamen zu regelmäßigen Strategiesitzungen zusammen. Hauptquartier der Busek-Anhänger war die Döblinger Villa des Geschäftsmannes, Gemeinderates und ÖVP-Obmannes der Inneren Stadt Peter Neumann. Die handverlesene Runde, die dort teils mit, teils ohne den Parteichef konspirativ zusammentrat, war freilich nicht sorgsam genug ausgewählt. Irgendwann im Laufe der Zeit stellte sich heraus, daß die Gegner manches Planungsdetail recht gut im vorhinein kannten.

Der Streit der Parteifreunde, von beiden Seiten mit nahezu tödlichem Ernst betrieben, entbehrte bisweilen nicht einer komischen Note. Eine Gemeinderats-Ausschußreise, wenige Wochen vor dem ÖVP Parteitag, gestaltete sich zu einem Erlebnis der besonderen Art. Die wenigen ÖVP-Vertreter spielten bei solchen Bildungsreisen der gemeinderätlichen Ausschüsse, bei denen bisweilen das kulturelle und gastronomische Angebot jenes der politischen Information überwiegt, ohnedies eine Aschenputtelrolle. Gerade, daß man bei den Veranstaltungen dabei sein durfte. In der Freizeit hingegen bekam man seine Minderheitenrolle recht deutlich zu spüren. Eine SPÖ-Stadträtin, die für ihre stramme ideologische Ausrichtung bekannt war, rügte sogar einmal ihre Genossen, weil sie sich beim Frühstück im Hotel mit der Opposition an einen Tisch gesetzt hatten. Bei der erwähnten Reise waren wir aber nicht nur von der SPÖ isoliert, die kleine ÖVP brachte noch eine weitere Zellteilung in den eigenen Reihen zuwege. Während die Busek-Freunde Maria Rauch-Kallat, Eva Petrik und ich bei gemeinsamen Essen und langen Spaziergängen uns um die Zukunft der Wiener Volkspartei sorgten, mied uns der spätere Klubobmann Hannes Prochaska, einziger Petrik-Jünger der schwarzen Reiseteilnehmer, die ganze Zeit über noch mehr als die Freunde von der Sozialdemokratie. Ein außenstehender Beobachter hätte kaum erkennen können, daß es sich bei den verfeindeten Lagern um die Mitglieder ein und derselben Partei handelt. Hätte die Wiener SPÖ ihren Juniorpartner nur ein wenig ernst genommen, hätte sie in diesen Tagen fragen müssen: „Wollt ihr euch nicht ein wenig auch um uns kümmern?“

Zu einer Strategiebesprechung vor der Kandidatennominierung im Landesparteivorstand, bei der mein statutarisches Expertenwissen gefragt war, wurde ich dann Hals über Kopf mit der Privatmaschine Peter Neumanns vom schönen Florenz ins herbstliche Wien zurückbeordert. Maria Rauch-Kallat mag sich gewundert haben, als sie von einem Ausflug heimkehrend, in ihrem Hotelzimmer in Florenz meinen Koffer fand, versehen mit einem Zettel und der Bitte, diesen nach Wien mitzunehmen, weil dafür im kleinen Privatflugzeug Peter Neumanns kein Platz mehr war. Denn kurz darauf, am Sonntag, dem 1. Oktober 1989, tagte der ÖVP-Landesparteivorstand als Wahlvorschlagskomitee zwecks Kandidatennominierung. Schon vorher hatte der Wirtschaftsbundobmann Karl Dittrich seine Mannen zur Vergatterung zusammengerufen. Nein, nicht etwa um eine Wahlempfehlung gegen Busek oder für Petrik zu beschließen. Parteifunktionäre, die einen verdienten und langjährigen, erfolgreichen Parteifreund aus ihren Reihen eliminieren wollen, pflegen dies bekanntlich nach der berühmten Art der Katzen zu tun, die um den heißen Brei schleichen. Es wird nicht gegen das Monument selbst vorgegangen, sondern man sägt an seinen Fundamenten, um sich nach erfolgtem Sturz desselben überrascht und betroffen geben zu können. Daher beschloß der Wirtschaftsbundvorstand lediglich „harmlos“, daß die Funktion des Wiener Parteiobmannes und die des Gemeinderats-Spitzenkandidaten für Wien auch fürderhin in einer Hand vereinigt sein solle. Das Erfordernis der Identität von Spitzenkandidat und Parteiobmann war angesichts des erfolgreichen Duos Parteiobmann Mayr und Bürgermeister Zilk auf der Gegenseite sicher eine gewisse Meisterschaft in der Kunst politischer Dialektik. Es sollte in den nächsten Tagen und Wochen zur Chiffre für die Absetzung des ungeliebten Obmannes Busek werden. Die Argumentation, daß man Busek leider, leider nicht wieder zum Wiener ÖVP-Obmann wählen könne, weil er als Wissenschaftsminister ja schließlich nicht bei der nächsten Gemeinderatswahl als Spitzenkandidat zur Verfügung stehe, war nicht die einzige kunstvolle Pirouette, mit der ihn seine Gegner auf vermeintlich artifizielle Art zur Strecke zu bringen hofften. So versicherte man treuherzig, daß der langjährige Wiener Obmann und nunmehrige Bundesminister Busek auch nach seiner Abwahl der Wiener ÖVP doch als prominentes Aushängeschild erhalten bleibe.

Wolfgang Petrik hingegen weigerte sich beharrlich, als möglicher Gegenkandidat Buseks abgestimmt zu werden. Das Ergebnis gab ihm recht. Trotz aller Nadelstiche und Fallstricke sprach sich der Landesparteivorstand mit 36 zu 28 Stimmen für Erhard

Busek als Obmannkandidaten beim Parteitag von Oberlaa aus. Peinlich für Petrik, wenn er als unterlegener Herausforderer den Weg ins südliche Kurzentrum Wiens hätte antreten müssen. Die Weichen zur Fahrt in den Abgrund waren für die Wiener ÖVP jedoch gestellt.

Der große Tag

„Ein großer Tag für die Wiener Volkspartei, ein großer Tag für die Wiener Volkspartei." Immer wieder die gleichen Worte murmelnd, schreitet ein Funktionär (weil er auch heute noch der Wiener ÖVP in führender Stellung und als Gemeinderat angehört, sei sein Name verschwiegen) durch die Reihen der die Oberlaaer Kurhalle verlassenden Parteitagsdelegierten. Mich dünkte es wie der trotzige Schlachtruf der Kreuzfahrer, die sich durch religiöse Parolen die Erfüllung ihrer Christenpflicht suggerierten, während sie Ungläubige niedermachten. Wenige Minuten zuvor war Wolfgang Petrik mit einer einzigen Stimme Mehrheit gegen Kurt Pint beim Landesparteitag der Wiener ÖVP am 21. Oktober 1989 zum neuen Obmann gewählt worden.

Parteitage haben ihre eigene Dynamik. Hierbei sei zunächst auf die entlarvende Bedeutung des Wortes „Kampfabstimmung" in der Politik hingewiesen. Wenn man eine Abstimmung über einen Posten nicht eben nur als Abstimmung, sondern als Kampfabstimmung bezeichnen muß, so bedeutet dies, daß es auch kampflose Abstimmungen gibt, bei denen nicht gekämpft wird, oder andersherum, die eigentlich nur zum Schein durchgeführt werden, weil sowieso alles klar ist und allerhöchstens unbedeutenden Funktionären die Gelegenheit gegeben ist, in der Einsamkeit der Wahlzelle an dem unbestritten zum Führer zu Wählenden ihr Mütchen zu kühlen. Schließlich wird ja von der Öffentlichkeit scharf beobachtet, ob der allein kandidierende Parteichef mit 98, 95 oder gar nur mit 89 Prozent gewählt wird, wobei letzteres Ergebnis oft schon als Mißtrauensvotum gelten darf. Die größte, meist hundertprozentige Zustimmung bekommen ohnedies bei einer Parteiwahl jene Persönlichkeiten, die so gut wie keiner kennt, nämlich Rechnungsprüfer oder Mitglieder des Parteischiedsgerichtes. Unter Kampfabstimmung bei einem Parteitag hat man demnach eine solche Abstimmung zu verstehen, bei der wirklich eine Entscheidung getroffen wird. Man sollte daher vielleicht Personalabstimmungen an Parteitagen besser in Abstimmungen und Sympathiebekundungen unterteilen.

Auch bei sogenannten Kampfabstimmungen ist fast immer schon alles entschieden, wenn der Vorsitzende die Begrüßungsworte und das übliche Totengedenken spricht. Auch wenn dann noch stundenlang debattiert, taktiert und intrigiert wird. Die zahllosen Vorgespräche und Konferenzen in Parteilokalen, bei Staatsgeschäften und in Hinterzimmern, die offenen und versteckten Aggressionen der verfeindeten Lager in den Zeitungen und Magazinen machen es höchst unwahrscheinlich, auch nur ein paar Wechselwähler unter jenen Delegierten aufzuspüren, die die Parteitagshalle betreten. Zu stark sind die Bataillone von ihren Führern indoktriniert, zu penibel die vom Parteistatut zur Stimmabgabe Berufenen ausgewählt, als daß am Parteitag selbst noch eine Überraschung zu erwarten wäre. Was sollen da die auch noch so engagiert vorgetragenen flammenden Reden der Parteigranden und jener namenlosen Delegierten, die diese Schlacht zur Profilierung nutzen? Es sei denn, man erwarte ein Wunder in Gestalt eines Blitzes, der den designierten Sieger zusammenbrechen läßt, oder eine Stimme, die von oben herab verkündet, an welchem Kandidaten die Partei ihr Wohlgefallen zu finden habe. Doch Wunder sind heutzutage selten und Parteitagsreden, die versteinerte Delegiertenherzen zur Umkehr bewegen könnten, noch mehr. Nein, Kampfparteitage sind, wie schon gesagt, fast immer vor ihrem Beginn bereits entschieden. Das war bei allen berühmten Parteitagsschlachten so, in den sechziger Jahren beim Duell des späteren Bundeskanzlers Josef Klaus gegen Heinrich Drimmel, 1967 beim Kräftemessen zwischen Bruno Kreisky und Hans Czettel, beim berühmt-berüchtigten FPÖ-Gemetzel zwischen Haider und Steger, und das war auch bei der Tragödie der Wiener ÖVP in Wien-Oberlaa nicht anders.

Warum aber findet bei echten Abstimmungen, vulgo Kampfabstimmungen ein stundenlanger verbaler Watschentanz statt, wenn ja doch niemand zu einer Änderung seiner Meinung bewegt werden kann, dafür aber gegenseitig Verletzungen zufügt werden, die nur sehr langsam, wenn überhaupt, heilen? Eine rationale Antwort auf diese Frage ist nicht möglich. Das Ritual eines Parteitages scheint mir vielmehr der Beweis dafür zu sein, daß die Barockzeit hierzulande noch lange nicht zu Ende ist.

Auch 1989 in Oberlaa mußte jedem politischen Beobachter der Ausgang klar sein. Niemand konnte ernsthaft daran zweifeln, daß das politische Supertalent Busek, welches die Wiener ÖVP zu ungeahnten Höhen geführt hatte und auch als Wissenschaftsminister Erfolge feierte, die Mehrheit der Parteitagsdelegierten für sich gewinnen würde. Ebenso klar war aber, daß das Komplott der ungleichen Zwillinge in Gestalt der Wirtschaftsbund- und der ÖAAB-Führung ausreichend Söldner aus der Schar der Parteitagsdelegierten angeworben hatte, um die Sperrminorität von mehr als einem Drittel der Delegierten zu erzielen. Das Ergebnis des Parteitages stand somit von Anfang fest. Busek würde mit einer Mehrheit gewählt werden, die irgendwo zwischen 50 und 66 Prozent liegt, und damit kraft Statut die neuerliche Wahl zum Parteiobmann verfehlen, Petrik würde mit mehr als einem Drittel, aber jedenfalls weniger als der Hälfte der Stimmen eine Minderheitenfeststellung hinnehmen müssen, die Wahl seines Gegners aber verhindern können. Die Situation war der zweier Schachspieler vergleichbar, die beide nur mehr ihren König auf dem Brett haben, was bekanntlich den Gewinn der Partie nicht zuläßt. Schachspieler haben in dieser Lage drei Möglichkeiten. Sie können eine neue Partie beginnen, sie können noch stundenlang mit den Königen auf dem Brett herumfahren, oder sie können voll Zorn über das Unentschieden einander Brett und Figuren um die Ohren schlagen. Schachspieler entscheiden sich als vernunftbegabte Wesen üblicherweise für die erste der drei genannten Alternativen. Die führenden Funktionäre der Wiener ÖVP wählten die letztere.

Im Vorfeld des Parteitages von Oberlaa hätte es nur eine vernünftige Entscheidung geben können: Die Verantwortungsträger hätten sich zusammensetzen und so lange verhandeln müssen, bis es gelungen wäre, einen Obmannkandidaten zu finden, der nicht nur als Person einer breiten Akzeptanz sicher gewesen wäre, sondern in dessen Absichten, wie er die Wiener ÖVP zu führen gedenke, sich beide Seiten hätten finden können. Sollte dies wirklich nicht zu bewerkstelligen gewesen sein, dann hätte man wie jeder ordentliche Kaufmann, der mit seinem Unternehmen Schiffbruch erleidet, den Gang zum Konkursrichter antreten, das heißt die Wiener ÖVP auflösen und in einer oder auch mehreren Organisationen neu gründen müssen. Allein solch einen Gedanken zu äußern, gilt unter Parteifunktionären als Sünde wider den Geist. Nein, da läßt man es schon lieber zu einem Parteitag kommen, an dessen Ende ein totaler Vernichtungskrieg ohne Sieger steht. Der Verlierer stand von vornherein fest. Es war die Wiener Volkspartei und mit ihr das von da an führerlose bürgerliche Lager Wiens.

Ich weiß, daß Erhard Busek zu einem Verzicht auf seine Kandidatur bereit gewesen wäre. Hatte er doch in Wahrheit von seiner Wiener kommunalpolitischen Tätigkeit geistig bereits Abschied genommen. In der kritischen Phase vor dem Parteitag mußte Wolfgang Schüssel mit ihm dreimal den ausgedehnten Häuserblock des Parteihauses in der Falkestraße umrunden, um den zögernden Parteiobmann von einer Wiederkandidatur trotz der zu erwartenden Unbill zu überzeugen. Ausschlaggebend für die Annahme des Fehdehandschuhs waren wohl weniger die Überredungskünste des Parteifreundes als das Anliegen Buseks, das Amt nicht diesem Nachfolger, vor allem aber nicht dessen Hintermännern zu überlassen.

Die strategische Ausgangsposition des Parteitages war klar. Die Petrik-Jünger hatten lediglich dafür zu sorgen, daß der vom Parteivorstand wieder zum Obmann vorgeschlagene Erhard Busek die Zweidrittelmehrheit verfehle, um dann Wolfgang Petrik als den berühmten Phönix aus der Asche des mit Mehrheit abgelehnten Langzeitparteiobmannes Erhard Busek steigen zu lassen. Für die Busek-Anhänger war die Lage ungleich schwieriger. Für sie ging es um 66,66 periodisch oder nichts. Viele in der Busek-Runde, die sich vor dem entscheidenden Tag in immer kürzeren Abständen in der Villa Neumann zusammenfanden, glaubten in der naiven Hoffnung österreichischer Lotteriespieler, daß alles möglich sei. Ich war mir da nicht so sicher. Auch die peniblen Versuche, alle etwa 1.000 Parteitagsdelegierten auf deren

Vorliebe für Busek oder Petrik abzuklopfen, waren nicht wirklich erfolgreich. Ob wir uns damals selbst belogen und ob irgendwer von uns tatsächlich an den „lucky-punch“ glaubte?

Ein alter militärischer Grundsatz besagt, daß ein Feldherr die Entscheidungsschlacht nur dann siegreich bestehen werde, wenn er selbst von diesem Sieg überzeugt ist. Unser „Feldherr“ Erhard Busek war es – vernünftigerweise – nicht. Die Frage, was geschieht, wenn er die Zweidrittelmehrheit nicht schafft, durfte in den konspirativen Sitzungen nicht gestellt werden. Sie wäre als Gotteslästerung empfunden worden. Diese „Falschheit unter Freunden“, in strategischen Besprechungen von Parteifunktionären keine Seltenheit, war auch für das Desaster der Wiener ÖVP am 21. Oktober 1989 in Oberlaa maßgeblich. Hätten wir ganz offen miteinander gesprochen, daß wir uns freuen würden, wenn unser Erhard die Zweidrittelmehrheit schaffte, aber wir wüßten, es sei ziemlich unwahrscheinlich, und für den Fall der Fälle würden wir so und so agieren, wer weiß, wie die Sache dann ausgegangen wäre. Busek selbst wußte natürlich genau, daß er weiterzudenken habe. In dem Bestreben, seinen Ersatzkandidaten nicht zu verheizen und sich selbst nicht dem Vorwurf auszusetzen, an seiner Wahlchance zu zweifeln, verweigerte er auch den meisten seiner engsten Freunde jede Einsicht in seine Pläne. Ich erinnere mich gut daran, noch während der stundenlangen Debatten am Parteitag in Oberlaa meine Mitarbeiterin und spätere Nachfolgerin Susanne Emmerling beauftragt zu haben, den ihr von Seminaren näher bekannten Heinrich Neisser vertraulich zu fragen, ob er es denn sei, der da kommen solle, falls Busek an der Zweidrittelmehrheit scheitere. Sie kehrte kurz darauf mit einer Negativmeldung zurück.

Die Sitzung begann in unbeschreiblicher Hektik und Nervosität. Während Noch-Obmann Busek die routinemäßigen Eingangsformalitäten eines Parteitages abspulte, schritt Wolfgang Petrik kettenrauchend im Vorraum auf und ab. Auch die Rede des Bundesparteichefs Josef Riegler trug höchstens zur Ungeduld auf das Kommende, sicher aber nicht zur Entspannung bei. Es war, als würde der Katechet rauflustigen kleinen Buben von der christlichen Feindesliebe predigen. Sodann traten die Pro-

und Kontra-Redner auf. Ein gegenseitiges Heruntermachen begann, je nach rhetorischem Talent mit feiner ironischer Klinge oder verletzendem Holzhammer vorgetragen, eben das, was im Interesse der Partei unbedingt hätte unterbleiben sollen. Die Bundesregierungsmitglieder Marilies Flemming und Wolfgang Schüssel traten vehement für Busek ein. Ihre Argumente galten allerdings weniger der unverzichtbaren Qualität Buseks für die Wiener Stadtpartei als dem möglichen Imageschaden für die ÖVP-Bundesregierungsfraktion, wenn einer der ihren von einer Parteifunktion entfernt werde. Flemming begann zum Entsetzen einfacher Delegierter, die die intellektuellen Arabesken der Umweltministerin nicht gewohnt waren, ihre Wahlrede für Busek mit den Worten: "Ich bin für Petrik!" So nach dem Motto: *„Freunde, für eure B-Liga wär' uns dieser Petrik schon recht, aber denkt doch an uns da oben. Wie schaut denn das aus, wenn ein Minister als regionaler Parteiobmann abgeschossen wird."* Die Delegierten im Saal, einerlei in welchem der beiden verfeindeten Lager sie standen, bewegte aber nicht die Frage, was für die ÖVP-Bundesregierung das Beste sei, sondern wer diese oftmals geprügelte und gedemütigte kleine Wiener Partei endgültig von ihrem Aschenbrödeldasein erlösen werde. Immer noch der finten- und ideenreiche Reformer Erhard Busek trotz seiner Schwerpunktverlagerung in die Bundespolitik oder doch eher der gediegene und voll der Partei zur Verfügung stehende Lehrer Wolfgang Petrik, der seinen Wählern versprach, wieder mehr mitbestimmen zu dürfen, wohin die Reise gehen soll.

Nach mehrstündiger, an gegenseitigen Verunglimpfungen, versteckten Drohungen, zynischen Unterstellungen und sonst allerlei subkutanen Attacken reichen Debatte schritt man am späten Nachmittag schließlich zu den Wahlurnen. Das Ergebnis entsprach dem, was man im Sportjargon Papierform nennt. Erhard Busek erhielt knapp 60 Prozent der gültig abgegebenen Stimmen und war damit „abgewählt".

Nun trat der Alarmplan in Kraft, den der gestürzte Parteiobmann in engster Runde für diesen Fall ausgetüftelt hatte. Am Vorabend des Parteitages, nach dem die letzte Lagebesprechung der Busek-Getreuen in der Villa Neumann auseinander ging, waren Peter Neumann, Landessekretär Ferry Maier, Ulli Hawlik und Günther Marek zu einem Cognac bei Letzterem zusammengetroffen. In dieser kleinen Runde wurde offenbar, wer dazu ausersehen war, dem anstürmenden Wolfgang Petrik für den Fall des Falles Buseks Widerstand zu leisten: der Mariahilfer Bezirksvorsteher Kurt Pint.

Die Überlegungen Buseks, den erfolgreichen Mariahilfer Bezirkskaiser als letztes Aufgebot gegen die Rückkehr der Wiener ÖVP ins Nichts aufzubieten, sind intellektuell nachvollziehbar. Pint war eindeutig auf Seiten Buseks, aber er war schon kraft seines Naturells kein Scharfmacher und hatte sich's mit niemandem wirklich verdorben. Pint war Wirtschaftsbündler und mußte daher seine eigenen Bundesgenossen beschämen, die ihren einst so geliebten Busek zugunsten des ÖAAB-Lehrers Petrik zu verraten drohten. Pint war Bezirksvorsteher und damit ein Signal, daß Busek nicht der Zentralist sei, als den ihn Petrik, der „Anwalt der kleinen Funktionäre", darzustellen suchte.

Dennoch war die von Busek getroffene Entscheidung falsch. Zunächst einmal aus rein taktischen Gründen. Die strenge Geheimhaltung machte es seinem Freundeskreis unmöglich, für diese überraschende Wendung des Parteitagszenarios einen Regieplan auszuarbeiten. Als Busek nach stundenlangen Diskussionen als nicht gewählt feststand, verließen viele kleine Parteifunktionäre enttäuscht die Kurhalle von Oberlaa, weil sie, wie sie später erzählten, nicht mehr mit einem neuerlichen Urnengang rechneten. Den verbliebenen Busek-Getreuen mußte erst mühsam klargemacht werden, wer denn nun ihr neuer Parteiobmannkandidat sei. Die damalige Bezirksvorsteherstellvertreterin und Parteiobfrau von Margareten, Martina Pucher, erzählte mir später, daß sie ihren Delegierten erst habe den Namen buchstabieren müssen, den sie in der Kampfwahl gegen Wolfgang Petrik auf den Stimmzettel schreiben sollten.

Wenn Busek meinte, mit dem Wirtschaftsbundmitglied Pint neben seinen Getreuen auch noch andere Funktionäre des Wirtschaftsbundes auf seine Seite ziehen zu können, so wäre eine solche Überlegung gewiß nicht unlogisch gewesen. Freilich, was war denn an der Festlegung des Wirtschaftsbundes gegen Busek und für Petrik logisch? Außer der Tatsache vielleicht, daß sie dem damaligen Obmann und Kammerpräsidenten Karl Dittrich die politische Alleinvertretung der Wiener ÖVP gegen die SPÖ-Stadtregierung bescheren sollte. Die letzte Amtsführende ÖVP-Stadträtin und spätere Nationalbankpräsidentin Maria Schaumayer erzählte mir, vor dem Parteitag in Oberlaa Dittrich gefragt zu haben, warum denn gerade er als Wirtschaftskammerchef einen Beamten als Wiener ÖVP-Obmann unterstütze? Mehr als die Worte „Ich will den Petrik" habe sie aber dem Kammerboß nicht als Begründung herauslocken können.

Erhard Busek hatte offensichtlich auch zu wenig bedacht, daß der allseits beliebte, nette Mariahilfer Bezirksvorsteher keineswegs das Bild eines Politikers vermittelte, der entschlossen ist, die Führung der Wiener Partei an sich zu reißen. Der leider viel zu früh verstorbene Kurt Pint war ein ebenso ausgleichender wie ausgeglichener Kommunalpolitiker. Gewiß hatte er einen gesunden Machtinstinkt und wußte sich in seinem Bezirk durchzusetzen. Seine Methoden waren aber eher die des unnachahmlichen Wiener Schmähs als der brutalen Gewalt. Und so merkte man ihm schon bei seiner Vorstellungsrede recht deutlich an, daß es nicht sein glühendster Wunsch gewesen war, gegen den überehrgeizigen Petrik zum Endkampf der verfeindeten Lager in den Ring zu steigen. Die Masse hat für die Psyche eines Menschen, der vor ihr steht, oft ein untrügliches Gespür. Und schon bevor man zur neuerlichen Abstimmung schritt, sagte Busek zu den Umstehenden am Rande des Podiums resigniert: „Ich hab's net 'rüberbracht." Tatsächlich war es Busek nicht gelungen, den einem breiten Funktionärskreis doch relativ unbekannten Kurt Pint als das anzubieten, was er in dieser Situation tatsächlich gewesen wäre: kein sensationeller Neubeginn zwar, aber der einzige schmale Gegenhang, der die Wiener ÖVP noch hätte vor ihrer nunmehr unabwendbaren, rasenden Fahrt in den Abgrund retten können.

Und nochmals erhoben sich die von der blutigen Schlacht ermüdeten Recken zum letzten Gefecht. Die einen, um flugs zu begründen, daß jetzt, wo Busek nicht mehr zur Verfügung stehe könne, Kurt Pint der Beste für die Wiener ÖVP sei, die anderen, um in gespielter Fassungslosigkeit ihr Unverständnis kundzutun, daß Erhard Busek nicht einmal jetzt nach seiner „57-Prozent-Schlappe" die menschliche Größe besitze, den von 40 Prozent der Delegierten gewünschten Wolfgang Petrik als seinen Erben zu empfehlen. Sollte es nach dem ersten Waffengang noch irgendetwas in dieser Partei gegeben haben, das ganz geblieben war, wurde jetzt auch dieses endgültig kurz und klein geschlagen. An der Spitze der Schlachtordnung lieferten sich Wolfgang Schüssel (pro Busek und nunmehr pro Pint) und die zweite Nationalratspräsidentin Marga Hubinek (pro Petrik) ein Wortgefecht, welches trotz politischer Routine und wohlgewundener Wortspiralen auch beim besten Willen nicht mehr als unterschiedliche Auffassungen von Parteifreunden zu interpretieren war. Man spürte vielmehr – ähnlich einer zerrütteten Ehe – die offene Abneigung zweier Menschen, die einander nicht verstehen können und sich daher, auch wenn sie miteinander reden, in Wahrheit nichts mehr zu sagen haben.

Und die Parteitagsdelegierten? Eine erkleckliche Anzahl von ihnen ereilte das Schicksal jener Fußballfans, die aus Enttäuschung über ihre Mannschaft schon Minuten vor dem Abpfiff die Stadionränge verlassen und das in der Nachspielzeit erzielte Siegestor versäumen. Ein Parteitagsdelegierter ist aufgrund jahrelanger Konditionierung gewohnt, bis zur Abstimmung bleiben zu müssen, aber nicht noch länger. Allzulang schon hatte das Spektakel in der nicht gerade heimeligen Veranstaltungshalle gedauert. Zuhause warteten ein hungriger Ehemann, die Schulaufgaben der Kinder, eine ob des verpatzten Samstags ungehaltene Ehefrau oder Freundin. Die schlechte Luft, die angeschwollenen Füße in den engen Schuhen, was es auch immer war, es reichte vielen. In Scharen verließen sie die grausige Stätte. Klar, daß die Petrik-Jünger eher blieben als die enttäuschten Busek-Freunde. War doch ersteren von Anbeginn an klar, daß ihr Idol, wenn überhaupt, nur in einem zweiten Wahlgang reüssieren könne. Einige sollen auch – so wurde gemunkelt – ihr Stimmrecht an Dagebliebene weitergegeben haben. Schließlich wäre es bei einer so großen Anzahl von Delegierten durchaus möglich, daß ein unbekanntes Gesicht mit der Delegiertenkarte eines anderen und in einem anderen Wahlsprengel nochmals wählt. Bewiesen wurden solche Wahlbetrügereien freilich niemals.

Nach quälend langen Minuten des Auszählens stand es schließlich fest: Wolfgang Petrik hatte die Obmann-Wahl mit einer einzigen Stimme Mehrheit gegen Kurt Pint für sich entschieden. *„Fiat justitia, pereat mundus"* – frei übersetzt: Das Parteistatut muß eingehalten werden, auch wenn die Partei daran zugrundegeht. Gönnerhaft gratulierte Wirtschaftsboß Dittrich seinem frischgebackenen Parteichef. Auf mich machte die Szene den Eindruck, als ob der Klassenvorstand den Schüler zur bestandenen Matura beglückwünscht. Die noch anwesenden Delegierten verließen nahezu fluchtartig das Parteitagsgebäude. Die einen verbittert und verzagt ob der zukünftigen Entwicklung, die anderen in etwas gedämpfter Freude, weil sie sich den erhofften Sieg doch etwas anders vorgestellt hatten.

Der tüchtige, begabte und intelligente Kommunalpolitiker Wolfgang Petrik war das Opfer seines eigenen Ehrgeizes und der Rachsucht der Busek-Gegner geworden. Wahrscheinlich fehlte ihm auch das Format, eine total zerstrittene Partei zu einen und ihr eine neue Perspektive zu geben. Ich habe mich oft gefragt, ob er eine Chance gehabt hätte. Wahrscheinlich nicht, denn seine Förderer behandelten ihn wie einen Korkenzieher nach dem Öffnen der Weinflasche. „Der Mohr hat seine Schuldigkeit getan, der Mohr kann gehen." Vielleicht hätte Wolfgang Petrik mit seinem sofortigen Rücktritt drohen müssen, um seine Gönner zu mehr Einsatz zu bewegen.

Wolfgang Petrik hatte nicht die Kraft, auf seine innerparteilichen Gegner zuzugehen. Er verblieb in jener Isolation, in die ihn seine Hintermänner getrieben hatten. Von den Gegnern mißtrauisch abwartend beäugt, von den Förderern alleingelassen, zog sich Petrik immer mehr in die Parteibasis zurück. Er veranstaltete Seminare unter seinen wenigen Getreuen, reiste mit Hilfstransporten nach Rumänien und beging für einen erfahrenen Mandatar verwunderliche Anfangsfehler wie die Ankündigung, im Anzug der damals beliebten TV-Figur Batman im Gemeinderatssitzungssaal zu erscheinen, was ihm bis zum Ende seiner politischen Laufbahn den gleichlautenden Spitznamen eintrug.

Vor allem aber bei der ersehnten Erringung eines Stadtratsposten zeigte er die Feinfühligkeit eines Wrestling-Stars.

Wolfgang Petrik hatte vom Anbeginn an eine Unzahl von Problemen am Hals, mit denen er wohl nicht gerechnet haben dürfte. Nicht genug damit, daß seine mächtigen Gönner keinen Finger rührten, um ihm einen passablen Parteigeschäftsführer an die Seite zu stellen, und er daher mit dem weder fachlich noch menschlich für diese Funktion geeigneten Christian Zeitz vorlieb nehmen mußte, wurde ihm bald klar, daß Chef der Wiener ÖVP zu sein, kein Traumjob ist. Einer Minderheitsfraktion vorzustehen, ohne bestimmenden Einfluß und ohne Regierungsamt und dennoch weit über die eigene Partei hinaus Anerkennung zu genießen, dafür bedurfte es eben einer Persönlichkeit wie Erhard Busek. Der neue Parteiobmann konnte sich nicht einmal auf die ohnedies bescheidenen Lorbeeren eines „nicht amtsführenden Stadtrates“ berufen. Er hatte ja einen Bundesminister als Wiener ÖVP-Obmann abgelöst, und es war für ihn keine der Würde eines Parteiobmannes entsprechende offiziöse Funktion frei. Denn die wackeren Baumeister von Petriks Parteiobmann-Karriere hatten zwar nächtelang darüber gebrütet, wie man Erhard Busek an der Zweidrittelmehrheit scheitern lassen könne, offenbar aber nicht darüber nachgedacht, wie sie dem aus ihrer Hexenküche hervorgegangenen ÖVP-Chef den standesgemäßen Körper eines Stadtrates anpassen könnten. So weit ging die Liebe des Wiener Wirtschaftsbundes zu ihrem neuen Oberlehrer nun doch wieder nicht, als daß man ihm das vom Gewerbesektionsobmann Willi Neusser gehaltene Stadtsenatsmandat überlassen hätte.

Man verließ sich darauf, daß beim beliebten Kinderspiel im Moment des Aussetzens der Musik das schwächste Mitglied der schwarzen Stadtratsriege, von den stärker ausgeprägten Hinterteilen seiner Konkurrenten verdrängt, zwischen zwei Sesseln zu sitzen kommen werde. Und das war Günther Engelmaier. Der Fraktionssekretär der schwarzen Gewerkschafter galt in Wien als politisches Leichtgewicht. Bei der Gemeinderatswahl 1983 war er nicht als einer von Buseks bunten Vögeln in den Gemeinderat gekommen. Als ehemaliger Beamter, Gewerkschafter und Carteller entsprach er weiß Gott nicht dem Anforderungsprofil Busek'scher Mitarbeiterrekrutierung. Eher schon für ihn mag Busek der Umstand eingenommen haben, daß Engelmaier sich in ganz außergewöhnlicher Eigeninitiative während der Unruhen in der Danziger Werft zu den dissidenten Gewerkschaftskollegen nach Polen durchschlug und Lech Walesa eine namhafte Geldspende überbrachte, während sein Chef auf Urlaub weilte und die roten Gewerkschaftsbosse noch zu den kommunistischen Machthabern freundschaftliche Beziehungen unterhielten. Engelmaier hatte es nie leicht gehabt. Als Unterstützung für den ÖVP-Gewerkschaftsführer Johann Gassner geholt, als dieser von den Sozialisten eine ganze Funktionsperiode lang von den Privilegien eines Gewerkschaftsvizepräsidenten ferngehalten wurde, weil er als Vertreter des verhaßten ÖAAB die Spitzenfunktion der christlichen Gewerkschafter erlangt hatte, lernte Engelmaier in vielfältiger Weise die gnadenlose Härte des Minderheitendaseins im vielgepriesenen demokratischen Rechtsstaat Österreich kennen. Bei der schlecht verlaufenen Gemeinderatswahl 1987 verlor er sein Gemeinderatsmandat, weil man ihn in Simmering aufstellte, obwohl er Floridsdorf betreut hatte. Immerhin wurde er für diesen Verlust noch mit dem durch das Ausscheiden der Fernsehjournalistin Dolores Bauer freigewordenen Stadtratsmandat getröstet. Auf Verlangen jener ÖAAB-Führung unter Walter Schwimmer übrigens, die dann kurz darauf Petrik für diesen Posten forcierte.

Die auf den ersten Blick einleuchtende Begründung für die plötzliche Personalrochade im ÖVP-Stadtregierungstandem lautete, daß ein Parteiobmann in der Regierung sitzen müsse. Dem kann man freilich entgegenhalten, daß Petriks Vorgänger Busek am Beginn seiner Obmannschaft zwischen 1976 und 1978 sich nicht einmal auf ein Gemeinderatsmandat stützen konnte und dennoch die Wiener Kommunalpolitik beherrschte und einen fulminanten Wahlerfolg errang. Petrik, der neben seiner Parteiobmannfunktion schwerlich noch die Funktion des Vizepräsidenten des Stadtschulrates ausüben konnte, wollte nicht allein vom Salär eines Gemeindemandatars leben. Ihn darob zu brandmarken, wäre extrem unfair. Handelt es sich doch dabei um eine für die Politik typische Unehrlichkeit. Parteien, namentlich die bei uns üblichen großen Massenparteien, benötigen Führungskräfte, die sich dieser Aufgabe hauptberuflich widmen. Da die Parteien kaum in der Lage oder auch nicht gewillt sind, diesen Funktionären ein angemessenes und attraktives Salär aus der eigenen Kasse zu bezahlen, müssen dieselben mit einem Mandat versorgt werden, auf daß die öffentliche Geldbörse das Ihre zum Funktionieren des Parteienstaates beitrage.

Günther Engelmaier wollte seinen Platz in der Wiener Landesregierung, auf den er nach Vorschlag seiner Fraktion vom Wiener Gemeinderat für eine fünfjährige Funktionsperiode gewählt worden war, verständlicherweise nicht räumen. Die Anhänger Buseks bestärkten ihn darin, hart zu bleiben und dem neuen Obmann nicht zu weichen. Die Freunde hatten ihm allerdings nicht viel mehr zu bieten als aufmunternde Worte. Den Druck des neuen Obmannes mußte er hingegen allein aushalten. Und dieser war gewaltig. Als „Mann fürs Grobe" wurde der neue Parteisekretär Christian Zeitz ins Rennen geschickt, welcher den störrischen Noch-Stadtrat unverblümt wissen ließ, daß er die Sache nicht überleben werde. Engelmaier konnte sich aussuchen, ob sein politisches, berufliches oder physisches Leben gemeint war. Er persönlich hatte keinen Zweifel, daß die Drohung auf letzteres abzielte. Einige Wochen bis Anfang des nächsten Jahres hielt Engelmaier dem Druck stand, dann resignierte sein Körper. Ein totaler gesundheitlicher Zusammenbruch zwang ihn, alle politischen und beruflichen Funktionen aufzugeben. Die Prophezeiung, daß er den Widerstand gegen Petriks Stadtratsambitionen nicht überleben werde, hätte sich beinahe erfüllt. Heute, nach langer Krankheit und schweren Operationen, ist er gottlob so weit wieder hergestellt, um seinen erzwungenen Ruhestand genießen zu können.

Petrik, nach Engelmaiers Resignation endlich zu Stadtratsehren gelangt, vermochte den sturen Esel namens Wiener ÖVP nicht von der Stelle zu bewegen, geschweige denn ihm eine neue Richtung zu geben. Ohne die Kreativität und Weitsicht seines Vorgängers und nicht einmal ausgestattet mit dem Vertrauen seiner Organisation, hatte er keine realistische Chance. Zwar arbeiteten die Funktionäre wieder einmal brav ein Leitbild aus, zwar setzte der neue Obmann, so gut er es eben vermochte, öffentliche Aktionen, wie etwa das „Petrik-Gewinnspiel" im Nationalratswahlkampf 1990. All diesen Aktionen haftete jedoch zu sehr der Geruch der inhaltsleeren Selbstdarstellung an, wie wir ihn auch im jüngsten Gemeinderatswahlkampf zu spüren bekamen.

Das gewiß nicht berauschende Wiener Ergebnis bei der Nationalratswahl 1990, bei welcher die ÖVP bundesweit neun Prozent der Stimmen einbüßte, machte dem Spuk ein überraschend schnelles Ende. Zwar kann man Wolfgang Petrik ganz gewiß nicht die Hauptverantwortung für dieses Ergebnis zuschreiben, es führte den verunsicherten ÖVP-Parteigranden aber eindrucksvoll vor Augen, daß gegen den Trend in der Bundeshauptstadt mit ihren mehr als eine Million Wählern ein Erfolg bei Nationalratswahlen wohl niemals möglich sein werde. Und so fielen nach dieser Wahl auch die letzten Widerstandsnester der Busek-Gegner. Die stille Regie der Busek-Freunde tat ein übriges. Bei einer Pressekonferenz, die ich im Café Landtmann über Wiedner Straßenbauprojekte abhielt und zu der üblicherweise drei bis vier Journalisten erscheinen, von denen zwei Angehörige der rathäuslichen Pressedienste sind, marschierte die gesamte Schar der Wiener Lokalredakteure im Scheinwerferlicht der ORF-Kamera auf. Nicht die Wiedner Straßenbauprojekte hatten das sensationelle Medieninteresse geweckt, sondern meine Ankündigung, über den Wiener Landesparteiobmann Wolfgang Petrik zu sprechen. Schon die Kritik eines Bezirksvorstehers reichte aus, um diesen Obmann ins Wanken zu bringen, und so wurde Wolfgang Petrik wenig später auf den Posten eines dritten Wiener Landtagspräsidenten abgeschoben. Seine Freunde und Gönner schlichen davon wie die Diebe in der Nacht. Ein kollektives Händewaschen in Unschuld setzte ein, und ein unbefangener Beobachter mußte den Eindruck gewinnen, daß es mit Ausnahme von ein paar getreuen Kleinfunktionären in den Bezirken niemanden gegeben habe, der Petrik auf den Schild hob.

Die Wahl Petriks zum Landtagspräsidenten geriet dann noch zum politischen Schmierentheater. Der ÖVP-Kurzzeitparteiobmann konnte bei seiner „Wahl" zum Landtagspräsidenten nicht einmal die bescheidenden 30 Prozent der Stimmen seiner eigenen Fraktion auf sich vereinigen. Die Wahl des Landtagspräsidenten erfolgt ja bekanntlich nach jenem in den österreichischen Wahlordnungen so beliebten Proporzsystem, bei dem eine Stimme nur dann gültig ist, wenn sie auf den Kandidaten entfällt, der von der für den Posten anspruchsberechtigten Partei aufgestellt wurde. Jede andere Stimme ist von vornherein ungültig, so daß letztlich auch eine einzige von 50 oder gar 100 Stimmen zur „Wahl“ genügt. Ich habe nie verstanden, warum man diesen Vorgang als „Wahl“ bezeichnet und sich daher immer wieder der hämisch boshaften Kritik der (für solche Posten nicht anspruchsberechtigten) Kleinparteien aussetzt. Warum nicht gleich den jeweiligen Parteien das Ernennungsrecht zuerkennen, wenn's doch ohnedies darauf hinausläuft?

Bei der ein knappes Jahr später stattfindenden Gemeinderatswahl konnte Präsident Petrik nicht einmal mehr die Aufstellung durch den Landesparteivorstand erreichen. Eine unrühmliche Episode der Wiener ÖVP, bei der ein an sich begabter und talentierter Kommunalpolitiker dank falscher Freunde und mangels eigener Urteilsfähigkeit verheizt worden war, ging zu Ende. Für die Wiener Volkspartei blieb es leider nicht nur eine Episode.

In jeder Partei gibt es immer wieder jüngere Funktionäre, die aus unbändigem Ehrgeiz an die Spitze streben, ohne die hierfür erforderlichen Qualitäten zu besitzen. Wenn eine Parteiorganisation dadurch Schaden nimmt, so ist die Verantwortung jenen zuzuweisen, die dies nicht verhindert oder sogar noch gefördert haben. Die Schuldigen des Parteitags von Oberlaa und seiner tragischen Folgen für die Wiener Volkspartei wurden niemals zur Verantwortung gezogen. Ganz im Gegenteil, sie üben teilweise auch heute noch bestimmenden Einfluß auf die Politik aus.

„Ein großer Tag für die Wiener Volkspartei“? Eine treffende Umschreibung, wenn man jeden Schicksalstag als großen Tag begreift.

Der Unwille der Wiener

An einem düsteren Herbsttag des Jahres 1990 treffen im Café Prückl drei Herren zu gemeinsamem konspirativen Tun zusammen. Ferdinand Maier, langjähriger Busek-Intimus und nach dessen Abwahl in die Privatwirtschaft zurückgekehrt, Gemeinderat Peter Neumann, erfolgreicher Wiener Unternehmer mit guten Geschäften in dem sich auflösenden Ostblock, und Günther Marek, Mitarbeiter im Büro des Wissenschaftsministers Busek, dortselbst freilich nicht nur mit dem Verkauf der Wissenschaftspolitik seines Chefs beschäftigt, sondern auch in Öffentlichkeitsarbeit betreffend Wiener ÖVP unterwegs. Die Herren besprechen einmal mehr das Uraltthema: Suche nach einem neuen Wiener ÖVP-Obmann. Zumindest an diesem Nachmittag werden die drei bald fündig. Ist nicht die Durchführung einer Weltausstellung (EXPO) in Wien politischer Schwerpunkt der nächsten Zeit? Hat sich nicht ein tüchtiger ÖVP-Anwalt hierfür engagiert, der schon in zahlreichen, Aufsehen erregenden Prozessen seine Qualifikation unter Beweis gestellt hat und insbesondere durch seinen juridisch zwar vergeblichen, politisch aber um so erfolgreicheren Kampf gegen das Kraftwerk Hainburg auf seiten der Bürgerinitiative größere Berühmtheit erlangte? Würde sich dieser Mann nicht als nächster Serienmessias der Wiener Bürgerlichen empfehlen?

Es bleibt nicht beim Kaffeehausgeplauder. Wenige Tage später wird die Sache im Anschluß an ein Treffen mit Wissenschaftlern – und nachdem man diese hinauskomplimentiert hat – mit Erhard Busek besprochen und kurz darauf dem ÖVP-Bundesparteiobmann Riegler vorgetragen. Die Sache scheint perfekt. Rechtsanwalt Dr. Heinrich Wille soll neuer Wiener ÖVP-Obmann werden.

Nun galt es, die Entscheidung auch den anderen schmackhaft zu machen. Zu früher Morgenstunde trafen wenig später die Parteioberen der Wiener ÖVP, Wirtschaftsbund- und Kammerpräsident Karl Dittrich, ÖAAB-Obmann Walter Schwimmer,

Erhard Busek und der Kandidat Wille zusammen, um alles klar zu machen. In der Nacht zuvor hatten die Mannen um Busek noch eine Fleißaufgabe erbracht. Es wurde ein 10-Punkte-Katalog von Forderungen erstellt, die der neue Wiener Obmann unbedingt bei den Parteigranden durchsetzen müsse, um sich auf dem boshaft nervösen Zirkuspferd namens ÖVP-Wien halten zu können. Günther Marek wurde beauftragt, diesen Forderungskatalog im Morgengrauen zu Papier zu bringen und dem Advokaten für seinen schweren Gang als Stütze auszuhändigen. Die Freunde hatten freilich nicht bedacht, was Rechtsanwälte mit Schriftsätzen üblicherweise zu tun pflegen, die man ihnen für eine Verhandlung überreicht: Sie vervielfältigen diese für die anderen Prozeßparteien, um sie dann bei Gericht vorzutragen. Nicht anders Heinz Wille. Kurze Zeit später befand sich der Forderungskatalog, der als wohlmeinende Gedankenstütze gedacht war, in den Händen der Zeitungsleute und der keineswegs amüsierten Parteispitze. Nun gab es kein Zurück mehr.

Der gelernte, tüchtige Anwalt tat zur Sicherung seiner und seiner Freunde politischen Ansprüche zunächst das, was er am besten kann: Er arbeitete ein neues Parteistatut aus. In diesem war vorgesehen, daß niemand mehr in der Wiener ÖVP zu den höheren Würden eines Landtagsmandats oder gar Stadtsenatssitzes kommen kann, der nicht das Wohlwollen des Parteiobmannes genießt. In der Praxis sollte dies so aussehen: Der Parteiobmann schlägt dem Parteivorstand Kandidaten vor, die diese dann wählen können oder auch nicht. Tun sie es nicht, so können sie keinen anderen wählen, sondern müssen auf einen neuen Vorschlag ihres Obmannes warten. Kein Wunder, daß so manche altgediente Funktionäre schäumten und gegen den noch nicht einmal gewählten Obmann rüsteten.

Die Wiener ÖVP hatte sich damit ihres neben der Obmanndebatte zweitliebsten Spieles entsonnen, einer Statutendebatte. Profunde Kenner der Politik meinen, daß eine Partei, die über Statuten und deren Anwendung streitet, zumindest schwer erkrankt, wenn nicht todgeweiht ist. Sie haben so unrecht nicht. In jeder Organisation muß irgendwer das Sagen haben, und dieser Irgendwer sollte nach demokratischen Gepflogenheiten von einem allgemeinen Forum ernannt und diesem gegenüber verantwortlich sein. So weit so klar und – vielleicht von Religionsgemeinschaften abgesehen – auch unbestritten. Der Glaube, mit statutarischen Regeln erfolgreich Politik machen zu können, ist hingegen ein ebenso tragischer wie unausrottbarer Irrtum. Das mußten bereits unsere Ahnen schmerzlich erfahren, die mit Verfassungsbestimmungen erst die Sozialdemokraten und dann die Nationalsozialisten von der Macht fernzuhalten versuchten, das erlebte die Europäische Union, und das werden auch weiterhin alle zur Kenntnis nehmen müssen, die politische Bewegungen mit juridischen Tricks zu steuern oder zu unterbinden suchen.

Der Advokat als Kandidat beharrte darauf, sein Amt nur anzutreten, wenn ihm die gewünschte Statutenreform genehmigt werde. Seine innerparteilichen Gegner waren jedoch keineswegs bereit, ihm diese Machtfülle einzuräumen. Da eine Statutenänderung der Zweidrittelmehrheit am Parteitag bedurfte, drohte der im UNO-Konferenzzentrum anberaumte Landesparteitag zum Déjà-vu-Erlebnis von Oberlaa zu werden. Sollte auch der nächste ÖVP-Obmann-Kandidat an der, diesmal von ihm selbst auferlegten, 66,6-Prozent-Latte scheitern?

Doch die Geschichte wiederholt sich selten. Willes Gegner schafften es einfach nicht, dem Statutenritter einen gleichwertigen Gegner gegenüberzustellen. Die personelle Auszehrung der Partei in der Nach-Busek-Ära begann sich bemerkbar zu machen. Der sympathische Favoritner Parteiobmann Joschi Arthold war alles andere als der erwartete Retter der Partei, und mit der ehemaligen Gemeinderätin Sigrun Schlick und dem ehemaligen Landesparteisekretär Zeitz traten noch zwei Gegenkandidaten auf, die nicht einmal bei den eingefleischten Gegnern Willes Begeisterung hervorriefen. Wille erreichte bei der Abstimmung über seine Person eine Zweidrittelmehrheit, und die nach Frieden und Ruhe lechzenden Delegierten erwarteten nichts sehnsüchtiger, als daß er diese Wahl annehmen und auf seine Statutenforderung verzichten möge. Doch der Kandidat zögerte. Zu verlockend schien ihm die Aussicht, wie der Taucher in Schillers Ballade, angesichts seines Wahlerfolges nochmals alles zu wagen und auch die Statutenreform heimzuführen, die ihm die

Alleinentscheidung über zukünftige Kandidatenlisten gesichert hätte. Blitzschnell zwischen Auszählung und Bekanntgabe des Parteitagsergebnisses trat eine Freundesrunde mit Erhard Busek an der Spitze zusammen, um den wackeren Heinz zu überreden, es „des grausamen Spiels genug sein zu lassen". Der Kandidat beugte sich dem Wunsch seiner Freunde, und der Parteitag ging mit einiger Erleichterung zwar ohne neues Statut, aber mit einem neuen Obmann auseinander.

Heinz Wille bemühte sich redlich, der Wiener ÖVP wieder Profil und Ansehen zu verschaffen. Seine konservative weltanschauliche Grundhaltung bot gute Chancen, die Klientel der ÖVP-Stammwähler in den Schoß der Partei zurückzuführen. Doch diese Gruppe hat noch nie ausgereicht, bestimmenden Einfluß auf die Wähler einer Großstadt zu erlangen. „Wien ist anders", und wer Wien regieren will, muß „anders sein". Wir Wiener lieben Politiker, die zunächst einmal mit uns zu raunzen verstehen, denn, wie schon Josef Weinheber wußte, „das Gfrett gibt uns Kraft, hält uns gsund". Politiker, die ständig vor Optimismus strahlen und große, endgültige Lösungen der Probleme parat haben, werden hier nicht reüssieren.

Heinz Wille war mit der Idee seines Vor-Vorgängers angetreten, einer Weltausstellung in Wien. Ein Projekt, welches dem zum Defaitismus neigenden Wiener Bürger von allem Anfang an suspekt vorkommen mußte. Hinzu trat die zunehmend isolationistische Grundstimmung, die sich am Beginn der neunziger Jahre in Wien breitmachte. Die unter der Führung von Jörg Haider rasch zur Mittelpartei aufgestiegenen Freiheitlichen, die schon 1990 bei den Nationalratswahlen einen fulminanten Wahlsieg errungen hatten, bestimmten mit dem Kampf gegen Ausländer die Wiener kommunalpolitische Diskussion. Es gelang den Freiheitlichen, eine Bewußtseinslage zu schaffen, die es der Masse der Wienerinnen und Wiener lohnend erscheinen ließ, zu den Wahlurnen zu gehen. Vom 14. bis 16. Mai 1991 machten sie davon Gebrauch. Bei einer Volksabstimmung wurde die Teilnahme Wiens an einer Weltausstellung (EXPO) mit Zweidrittelmehrheit abgelehnt, während zugleich das Donaukraftwerk Freudenau eine Zustimmung von 70 Prozent fand.

Der freiheitliche Parteiführer Hirnschall zeigte sich erfreut, „Staberl" zog in der „Kronen-Zeitung" Parallelen zur seinerzeitigen Abstimmung über das Atomkraftwerk Zwentendorf, und Ernst Trost schrieb am 18. Mai unter dem Titel „Der zweite Rotundenbrand": *„Die Wiener sahen nur hohe Kosten, Verkehrsstau und eine überfüllte Stadt."* Die geplante EXPO Wien/Budapest war vom Tisch und damit auch das schärfste Profil einer neuen ÖVP unter Heinz Wille.

Die Ausländerfrage wurde zum wichtigsten Wahlkampfthema der Gemeinderatswahl 1991. Sie sollte der Freiheitlichen Partei nicht nur in wenigen Jahren Wahlerfolge bescheren, mit denen sie die ÖVP in den Arbeiterbezirken um Lichtjahre an die dritte Stelle zurückstieß und in zahlreichen Gemeindebausprengeln an der historischen Vormachtstellung der Sozialdemokratie rüttelte, sie eröffnete auch der SPÖ – trotz schmerzlicher Wahlverluste – endlich wieder einmal die Chance, mit ideologischen Diskussionen über die Tatsache hinwegzutäuschen, als alleinregierende Partei der letzten Jahrzehnte für zahlreiche Miseren auch allein verantwortlich zu sein. Die Unverfrorenheit, mit der die Wiener Sozialdemokraten in der Ausländerfrage agieren, kann sich wahrhaft nur eine Partei leisten, die keinerlei ernsthafte politische Opposition zu fürchten hat. Wie anders als unverfroren sollte man es denn nennen, wenn Exponenten dieser Partei in Lichterprozessionen gegen Ausländerfeindlichkeit zu Felde ziehen und der Parteichef und Wiener Bürgermeister verschmitzt begründet, warum Ausländer keine Gemeindewohnungen bekommen: *„Weil die Leute in den Gemeindebauten das nicht wollen"*. Michael Häupl als direkter Nachfolger von Karl Lueger: „Wo wer ausländerfeindlich sein derf, bestimm' i."

Abgesehen von dieser unredlich geführten politischen Diskussion hat sich die alleinregierende SPÖ bei der Bewältigung dieses Problems einen Totalversager geleistet. Betrachtet man den enormen Einsatz an Steuermitteln, den das Wiener Rathaus Jahr für Jahr in Maßnahmen zur Integration ausländischer Mitbürger steckt, kann man angesichts der nach wie vor spürbaren Feindseligkeit zwischen alteingesessenen Wienern und zunehmend selbstbewußter auftretenden Zuwanderern nur trocken feststellen:

„Außer Spesen nichts gewesen.“ Erst jüngst ergab eine Untersuchung des Fessel-Institutes, daß in den letzten sechs Jahren die Zahl jener, die Ausländer bei Arbeitsmarktproblemen in ihre Heimat zurückschicken wollen und die eine Anpassung an die Lebensgewohnheiten der Inländer verlangen, um rund ein Viertel gestiegen ist.

Es blieb einem SPÖ-Bezirkskaiser der äußeren Gürtelbezirke vorbehalten, nach der letzten, von der SPÖ an die Freiheitlichen verlorenen Nationalratswahl frustriert darauf hinzuweisen, daß er endgültig von der Politik der „Integrationsfesteln“ genug habe. Hochsubventionierte Straßenfeste lösen das Problem nämlich ebensowenig wie die Feststellung, daß die ausländischen Schulkinder überwiegend ohnedies gut deutsch sprechen. Frauen und Mädchen, die in Wien nach der Sitte ihres Heimatlandes und der dortigen Religion erzogen werden, haben ganz gewiß nichts von „fortschrittlichen Kräften“, die von der multikulturellen Gesellschaft träumen und die Kruzifixe aus den Klassenzimmern verbannen wollen, falls die islamischen Mädchen dafür auf ihre Kopftücher verzichten. Sie werden dies ganz bestimmt nicht tun. Denn die meisten dieser Menschen wollen nicht assimiliert, sondern in ihrer Andersartigkeit anerkannt werden. Und so bleibt es dabei, daß in der Ausländerpolitik die Stimme der Unvernunft dominiert. „Integration“ schreien alle, und die einen meinen damit, daß die Ausländer gefälligst so zu sein und zu leben haben wie wir Wiener, und die anderen wünschen unter diesem Schlagwort, daß wir alle, ob Zugewanderte oder in Wien Geborene, einander in unserer Lebensweise immer ähnlicher werden sollen – und beide Gruppen haben so gar nichts verstanden.

Die frommen Sprüche der vereinigten Linken, vermehrt um die ehrliche Überzeugung religiöser Menschen, hat in den letzten Jahren ebensowenig zu bessern vermocht wie die brutalen Ausländer-raus-Parolen der Wiener Freiheitlichen. Ganz im Gegenteil: Die beidseitige Betonung radikaler Standpunkte, denen bei den politischen Vertretern weniger die Sorge um ihre Klientel als die Gier nach zusätzlichen Stimmen unterstellt werden muß, hat vielmehr zu weiterem Konfliktstoff geführt. Dabei hätte man aus der Geschichte einiges lernen können. Zunächst einmal, daß die negative Einstellung der Wiener Bevölkerung gegenüber Neuzüglern durchaus keine Zeiterscheinung ist. Wer nostalgisch vom „Schmelztiegel Wien“ vor hundert Jahren schwärmt, beweist damit nur seine historischen Wissenslücken. Man lese die damaligen Reichsratsprotokolle, Tageszeitungen oder auch Reden der Politiker wie des vielgerühmten Wiener Bürgermeisters Lueger nach. Wie sehr sich doch die Bilder gleichen.

Aus der Vergangenheit müßte man auch wissen, daß, wann immer eine Minderheit kollektiv ausgegrenzt oder gar verfolgt wird, bei den Menschen ein individuelles Schutzbedürfnis geweckt wird. Jeder Wiener Kommunalpolitiker, ob Stadtrat, Gemeinderat oder Bezirksvorsteher, kennt das: Die selben Leute, die sich über zu viele Ausländer aufregen und möglichst alle in ihre Heimatregionen zurückbefördern wollen, kennen auch einen, der unbedingt dableiben muß und für dessen Verbleib sie nach gut österreichischer Manier penetrant bei jedem Politiker antichambrieren, dessen sie nur habhaft werden können. Sei es der brave türkische Hausbesorger, der so darunter leidet, seine Frau nicht bei sich zu haben können, die tüchtige (schwarzarbeitende) Bedienerin oder der fürs Papperl unverzichtbare Spezialitätenkoch des Stammbeisels. In diesem Verhalten erweist sich nicht nur unser angeborenes Schlawinertum, sondern die psychologische Erkenntnis, daß es allemal leichter ist, eine anonyme Gruppe zu hassen, als einen Menschen aus Fleisch und Blut, mit dem man in eine positiv erlebte Beziehung getreten ist. Anstatt sich diese Weisheit zunutze zu machen, die man immerhin schon im Wien der Jahrhundertwende und erst recht der dreißiger Jahre hatte erfahren können, hat man den Versuch einer behutsamen Integration durch den Ausschluß der Ausländer von Gemeindewohnungen („weil die Leute das nicht wollen“) im Ansatz verhindert und die Menschen in den Substandardwohnungen der Gründerzeitbauten in Scharen zu jener Partei getrieben, die Verständnis für ihre Probleme zeigte.

Die Ausländerintegration überließ man den Ideologen, gab ihnen ausreichend Steuergeld für ihre intellektuellen Spielwiesen und war zufrieden, (endlich) wieder ein Thema gefunden zu haben, mit dem auch eine behäbig gewordene Allerweltspartei

Flagge zeigen konnte. Einer, der an der Effizienz dieser Politik heftig zu kratzen begann, wie der Chef des Integrationsfonds, Max Koch, mußte daher seinen Abschied nehmen und wurde durch einen braven Parteisoldaten ersetzt, der schon in seinem Antrittsinterview auf die Frage, was seiner Meinung nach denn not täte, freimütig zum besten gab, für die Ausländerpolitik vor allem mehr Stimmen für die SPÖ bei der nächsten Wahl als wichtig zu erachten. Derlei Einstellung an leitender Stelle der Wiener Integrationspolitik mag vielleicht so manchen Beobachter verwundern. Nicht so freilich die Wiener ÖVP, die sich zwar angesichts der von ihr als parteipolitisch motiviert bezeichneten Besetzung zunächst tapfer die Forderung nach einer provisorischen Ernennung dieses Herrn abquälte, ein Jahr darnach aber seiner definitiven Bestellung nichts mehr in den Weg legte. Aufgrund welcher überzeugender Leistungen des neuen Integrationschefs die Volkspartei nach anfänglichem Zögern schließlich doch ihre Zustimmung gab, blieb für den Beobachter ebenso in den dunklen Winkeln der Wiener Rathausgänge verborgen wie das Ziel der Integrationspolitik der Wiener ÖVP überhaupt, welches nach Wiedererlangung der absoluten SPÖ-Mehrheit allerdings nicht mehr sehr gefragt sein dürfte.

Was könnte in dieser Situation eine verantwortungsbewußte, radikalen Strömungen wie linken Träumereien gleichermaßen abholde, an christlichen Werten orientierte politische Partei wie die ÖVP tun? Sie könnte sich zunächst einmal offen zu den Problemen bekennen. Ja, es ist eben nicht angenehm, wenn man als letzter inländischer Mieter in einem alten Zinshaus mit lauter türkischen Zuwanderern zusammenleben muß. Ja, man fühlt sich verunsichert, wenn man in der Straßenbahn oder im Bus Schwarzen beim Dealen zusehen muß, und es ist auch nicht jedermanns Sache, seine Kinder in Schulen zu schicken, in denen bis zu 80% der Kinder Deutsch nicht als Muttersprache haben. Man sollte dies einmal offen einbekennen und nicht ständig versuchen, diese Tatsachen, von denen sich jeder Wiener selbst überzeugen kann, als Schauermärchen rechtsradikaler Populisten darzustellen. Man sollte eine Politik betreiben, die die Schwierigkeiten und Ängste ernst nimmt, anstatt sie hinwegzureden. Eine christliche Partei sollte aber auch gleichzeitig ihren Wählern sehr deutlich sagen, daß sie diese Probleme auch auszuhalten haben. Nicht mit der menschenverachtenden Begründung, daß man Ausländer für bestimmte Arbeiten unumgänglich nötig habe, sondern mit dem Hinweis auf ihre Lage und dem klaren Bekenntnis, daß es sich dabei um Menschen handelt wie du und ich, die Anspruch darauf haben, auch als solche behandelt zu werden. Daß die Wienerinnen und Wiener nicht so hartherzig oder gar faschistisch sind, wie uns dies einige politische Beobachter, unter konsequenter Mißachtung des Unrats vor ihrer eigenen Haustür, glauben machen wollen, zeigt sich nämlich dann, wenn Populisten die Schraube überdrehen. Ein schönes Beispiel dafür war das Ausländervolksbegehren der Freiheitlichen, welches angesichts der Erwartungshaltung ein veritabler Flop wurde.

Zentraler Wahlkampfslogan der Wiener ÖVP bei den von den Sozialdemokraten überfallsartig um ein Jahr vorverlegten Gemeinderatswahlen 1991 war „Der Wille der Wiener". „Das Herz der Wiener" hätte nicht nur den Bezug zum Namen des Spitzenkandidaten vermissen lassen. Denn Heinz Wille blieb auch im Wahlkampf seiner persönlichen Überzeugung treu, als ehrlicher Makler an den Verstand der Wiener appellieren zu müssen, um die mächtigen Sozialdemokraten zu schwächen und die ÖVP zu stärken. Bei den auf Rot geschalteten Verkehrsampeln ließ er Transparente mit der Aufschrift „Hier staut Zilk und Hatzl" an den Autofahrern vorbeitragen, um auf die autofeindliche Rathauspolitik hinzuweisen. Als „Wahlkampfknüller" präsentierte er am Höhepunkt der Wahlauseinandersetzung eine Mietzinssenkung durch Mehrwertsteuerentlastung. Mag sein, daß eine solche an Schopenhauers „Welt als Wille und Vorstellung" gemahnende Wahlkampfstrategie in einer nordeuropäischen Handelsstadt Erfolg haben kann. In der Walzer- und Heurigenstadt, wo man den Herrgott gern einen guten Mann sein läßt, so lange er nur die Engerl auf Urlaub nach Wien schickt, und deren „Herr Karl" Politik primär als Gaudi zu erleben wünscht, kann man so gegen einen standesgemäß mit einer Operettendiva verheirateten politischen Entertainer namens Zilk nicht reüssieren. Diese Wahrheit hat schließlich schon der – wenigstens als Wiedergeburt des

Schubert Franzl – anerkannte Erhard Busek zu spüren bekommen und sie ist auch in der aktuellen Auseinandersetzung dem virtuellen Küsserkönig vom Herrn über alle Wiener Beisl-Stammtische schmerzhaft bewiesen worden.

Ein für den Wahlkampf Willes typisches Ereignis habe ich in der Wiener Karlsplatz-Passage selbst miterleben können. Ohne Wahlkampftroß, von keinen Hostessen oder Musikkapellen unterstützt und nur bewaffnet mit seinen Werbezetteln, trat der Kandidat auf die verdutzten Passanten zu und sagte: „Grüß Gott, Heinz Wille, Kandidat der Wiener ÖVP für die Gemeinderatswahlen am 10. November 1991." Eine junge Dame, wahrscheinlich Studentin, die zum Unterschied von den meisten anderen stehen blieb, stutzte und fragte: „Glauben Sie, daß das einen Sinn hat, was Sie hier machen?" Das junge Mädchen hatte spontan, in unübertrefflicher Schlicht- und Klarheit die Gretchenfrage dieser und auch manch anderer Wahlkampfaktivitäten gestellt. Wissen wir wirklich immer, warum wir etwas tun, oder tun wir es nur deshalb, weil wir es immer schon so gemacht haben, weil es alle so machen oder weil es uns irgendein Werbeguru empfiehlt? Hat die Verteilung irgendwelcher Zettel oder Werbegeschenke (der englische Ausdruck „give away" demaskiert das Bestreben moderner Politik, sich des Wählerkontaktes durch fortwährende Geschenke zu entledigen) überhaupt Sinn? Wo werden Wahlen wirklich entschieden? Das Erlebnis der besonderen Art war für jeden Parteifunktionär jener Wiener Wahlkampf, in dem der Bezirk das beste Ergebnis einfuhr, der die Arbeitsaufträge des Landesparteisekretariats am beharrlichsten ignoriert hatte.

Die Präsentation von Willes Wahlkampagne für die Gemeinderatswahl 1991 bei Bundesparteiobmann Busek geriet schließlich zur Schmierentragödie. Als Heinz Wille und sein Sekretär Toni Fürst, mit Unterlagen und Plakaten ausgestattet, in der Bundesparteileitung vorsprachen, wurde angesichts des Dargebotenen Parteichef Erhard Busek von einem Schreikrampf und Landessekretär Fürst in der Folge von einem Herzanfall heimgesucht. Die Bundespartei versuchte im Bewußtsein einer drohenden peinlichen Wahlniederlage in ihrer wichtigsten Parteiprovinz im letzten Moment und ohne Rücksicht auf bereits gedruckte Plakate –

den Spitzenkandidaten auszuwechseln. Von der Idee der Bundesspitze, Heinz Wille zwar als Wiener Parteiobmann zu belassen, als Spitzenkandidatin für die Gemeinderatswahl hingegen Marilies Flemming aufzustellen, waren viele allerdings keineswegs angetan. Die temperamentvolle Ex-Umwelt- und Familienministerin genoß – abgesehen von den Wirtschaftsvertretern, die ihr ob ihrer allzu engagierten Umweltpolitik gram waren – zweifelsohne einen guten Ruf. Der Versuch, mitten im Wahlkampf mangels eines durchschlagskräftigen Spitzenkandidaten mit kollektiver Führung mehr Breite zu gewinnen, ist aber immer noch gescheitert. Das müssen ÖVP-Politiker nur zu gut wissen, die schon im Jahr 1971 gegen den Sonnenkönig Kreisky sogar mit einer Fünferriege zu punkten suchten und dabei kräftig zerzaust wurden. Die Zwei-Firmen-Theorie, hier nüchterner Parteiobmann, da Everybody's Darling als Spitzenkandidat, mag in Einzelfällen funktionieren, wie das in Wien jahrelang erfolgreiche Duo Zilk-Mayr bewies. Sie muß freilich ruhig und überlegt angegangen werden. Dem Wähler und Sympathisanten zunächst einen neuen Parteiobmann als künftigen Messias vorzusetzen und, wenn sich dieser im beginnenden Wahlkampf als falscher Prophet entpuppt, im letzten Moment einen neuen Wunderwuzzi aus dem Hut zu zaubern, heißt den Wähler für dumm verkaufen.

Die Bundes-ÖVP ließ sich in der Not einer drohenden Wahlkampfniederlage in des Obmannes politischer Heimat jedoch nicht so leicht unterkriegen. Da die Wiener Partei wenig Neigung zeigte, die dargereichte Hand der Dame Marilies zu ergreifen, versuchte man es nach dem bewährten Muster, aus Fernsehlieblingen beliebte Politiker zu zimmern. Der aus der Sendung des Volksanwaltes bekannte und beim Wählervolk – wenn auch nicht bei Bürgermeistern und Behördenvertretern – beliebte Hans-Paul Strobl wurde betreffs einer Kandidatur bekniet. Ich kann mich noch gut an eine Szene im ÖVP-Generalsekretariat erinnern, als uns, die wir doch Heinz Willes Freunde waren, der Telefonhörer von Ohr zu Ohr gereicht wurde, um – jeder auf seine Art – dem Fernsehmoderator die Wiener ÖVP schmackhaft zu machen. Erst als auch dieser endgültig ablehnte, fügte sich die Bundespartei ins Unvermeidliche.

Der dramatische Wahlkampf unter Heinz Wille bestätigte ein Phänomen, das man auch aus anderen Wahlkämpfen gut kennt. Imagedefizite eines Politikers lassen sich in der „heißen“ Wahlkampfphase durch noch so hektische Bemühungen nicht mehr wettmachen, im Gegenteil, sie treten noch stärker zutage. Die Mitarbeiter in der ÖVP-Parteizentrale mußten sich in den letzten Wochen vor dem Wahltag von Journalisten geradezu verhöhnen lassen. Niemand, der seine fünf Sinne beieinander hatte, konnte deshalb daran zweifeln, daß die ÖVP bei den Gemeinderatswahlen der größten Niederlage seit 1969 entgegensieht. Dennoch rief die Auszählung der ersten Wahlsprengel bei Mitarbeitern und Funktionären ungläubiges Entsetzen hervor. Die ÖVP war erstmals bei Wiener Gemeinderatswahlen auf den dritten Platz hinter die Freiheitlichen zurückgefallen. Der Verlust an ÖVP-Stimmen, vor allem in den bürgerlichen Bezirken, verband sich mit den enormen Zuwächsen der Freiheitlichen in den Arbeitervierteln zu einem Supergau für die Wiener ÖVP.

Eine nähere Analyse macht das Dilemma deutlich, in welchem sich die Wiener ÖVP auch heute noch befindet. Während man eher rechts stehende konservative Bürger durch ständige Anpassung an den sozialistisch dominierten Zeitgeist vergrault, fliehen liberal und aufgeschlossen modern denkende Wähler den der Partei anhaftenden Mief alter ÖVP-Herrlichkeit. Dazu kam im Konkreten das Dilemma des Heinz Wille. Weder vermochte er in die Fußstapfen seines Vor-Vorgängers zu treten und der Partei nach der Ablehnung der Weltausstellung eine neue Zielrichtung zu vermitteln, noch war er willens, sich mit den aus der Vor-Busek-Ära übrig gebliebenen Altvorderen zu verbinden, mit denen er freilich ideologisch weit besser zurechtgekommen wäre als Busek. Für den Wähler mußte die Wiener ÖVP daher als amorphe Masse erscheinen, die kein anderes Ziel zu bieten hat, als den unbegrenzten Machtanspruch der Rathaussozialisten zu brechen. Was dann aber wirklich anders werden würde, vermochten Heinz Wille und sein Team den Leuten nicht glaubwürdig nahezubringen, und ich muß gestehen, ich wußte es auch nicht und weiß es bis heute nicht.

Der auf politische Veränderung gerichtete „Wille der Wiener“ äußerte sich bei dieser Wahl daher vor allem in einer Stimme für die FPÖ. Wobei die Wähler offenbar nicht wollten, daß die Sozialdemokraten – mangels Alternativen – noch mehr Macht bekämen. Es zeigte sich daher das interessante und bisher noch bei keiner Wiener Wahl in diesem Ausmaß erkennbare Phänomen, daß die Ergebnisse bei den Bezirksvertretungswahlen in den ÖVP-dominierten Bezirken um bis zu 10 Prozentpunkte vom Ergebnis der Gemeinderatswahl zugunsten der ÖVP abwichen. Ein persönlicher Erfolg der ÖVP-Bezirksvorsteher? Wohl auch, mehr aber noch der Wunsch des Wählers, die sozialistischen Bäume nicht in den Himmel wachsen zu lassen. Und so verwundert es, daß die Wiener ÖVP weder vor noch nach der Wahl auf diese politische Karte zu setzen versuchte.

Am Morgen nach der vernichtenden Wahlschlappe traf Wille mit seinen Getreuen unter den verbliebenen Bezirksvorstehern und Gemeinderäten in einem Saal des Hotels Regina zum Frühstück zusammen. Schon bei dieser Manöverkritik wurde klar, der Mann ist entschlossen, trotz der Niederlage weiterzumachen. Was aber würde die Partei dazu sagen? Wie würden die Bezirksparteiobmänner reagieren, die durch die katastrophale Niederlage ihrer politischen Existenz beraubt wurden. Die Niederlage bei den Gemeinderatswahlen 1991 war nämlich der Anfang vom Ende einer ernst zu nehmenden ÖVP-Parteiorganisation in den Bezirken, auch wenn die formalen Strukturen auch heute noch aufrechterhalten werden. Die ÖVP hatte bei dieser Wahl mit Ausnahme des dritten Bezirkes und mit Ausnahme von Neubau und Alsergrund, wo der Bezirksvorsteher verlorenging, überall der FPÖ als zweitstärkster Partei hinter den Sozialdemokraten den Vortritt lassen müssen und damit die Position eines Bezirksvorsteherstellvertreters verloren.

Die Wiener Stadtverfassung sieht nämlich für die Wahl der Bezirksvorsteher und Bezirksvorsteherstellvertreter ein demokratiepolitisches Kuriosum vor. Bezirksvorsteher kann demnach nur werden, wen die stärkste Fraktion in der Bezirksvertretung vorschlägt, die beiden Bezirksvorsteherstellvertreter sind auf Vorschlag der stärksten und der zweitstärksten Fraktion „zu wählen". Von einer Wahl durch die Bezirksvertretung kann in diesem Fall nicht ernstlich gesprochen werden, weil es immer der werden muß, den die stärkste bzw. zweitstärkste Fraktion präsentiert. Auf andere Kandidaten lautende Stimmen sind ungültig. Die Funktionen werden demnach in den Parteigremien an die stärkste und zweitstärkste Fraktion vergeben. Solange die politischen Verhältnisse stabil waren, ging das ganz einfach. Die SPÖ als weitaus stärkste Partei stellte in der Mehrheit der Bezirke den Bezirksvorsteher und in den Bezirken, in denen die ÖVP vorne war, den Stellvertreter. Für die ÖVP galt mit umgekehrten Vorzeichen das Gleiche. Alle anderen Fraktionen waren so klein, daß für sie ein „Regierungsamt" im Bezirk ohnedies nicht in Betracht kam. Nach dem fulminanten Wahlsieg der Freiheitlichen bei den Gemeinderatswahlen 1991 stimmte die großkoalitionäre Postenverteilung mit der Realität nicht mehr überein. Dadurch, daß die FPÖ in den meisten der roten Mehrheitsbezirke die ÖVP mehr oder weniger deutlich überflügelt hatte, stand ihr plötzlich in all diesen Bezirken auch ein Bezirksvorsteherstellvertreter zu, während die ÖVP leer ausging. Die Schöpfer der Wiener Stadtverfassung haben nämlich bei der Verteilung der hohen Bezirkswürden offensichtlich nicht im Traum daran gedacht, daß einmal in der Bezirksvertretung neben der stärksten, der Vorsteherpartei, mehrere ungefähr gleich starke Fraktionen bestehen könnten. Und so ist es und war es schon bei den Bezirksvertretungswahlen 1991 zum Beispiel in Hernals möglich, daß die Freiheitliche Partei bei gleichem Mandatsstand und nur ein paar Stimmen mehr gegenüber der Volkspartei den Bezirksvorsteher-Stellvertreter zugesprochen bekam, während letztere auf den Status einer Kleinpartei ohne echtes Mitspracherecht reduziert wurde. Ein demokratiepolitischer Nonsens und sachlich kaum zu rechtfertigen. Denn entweder wählt ein Parlament seine Regierung nach dem Mehrheitsprinzip, wie es nun schon in einigen Bundesländern üblich ist, oder die Regierungsstellen werden nach Proporz – d.h. nach dem Verhältnis der Mandatszahlen in diesem Parlament – vergeben. Ein Proporzsystem, welches von den drei in Betracht kommenden Regierungsstellen in jedem Fall und unabhängig von der prozentuellen

Mandatsverteilung zwei der stärksten und eine der zweitstärksten Fraktion vorbehält, verfolgt in Wahrheit kein Verhältniswahlrecht, sondern eher den Zweck, öffentliche Ehren und politische Macht in möglichst wenigen Händen zu konzentrieren.

Erfreut waren die sozialistischen Bezirkskaiser natürlich keineswegs, statt der nicht geraden geliebten „Schwarzen" nunmehr die noch viel ungeliebteren „Blauen" als ihre – freilich nur zweite und daher unbedeutende – Stellvertreter akzeptieren zu müssen. Für die ÖVP bedeutete dies hingegen einen wohl noch schmerzlicheren Verlust als das Abhandenkommen zahlreicher Gemeinderatsmandate. ÖVP-Bezirksparteiobmänner in Donaustadt oder Liesing, die sich bisher über die auch gesellschaftlich anerkannte Funktion eines Stellvertreters des Bezirksvorstehers hatten freuen dürfen und auch über das damit verbundene fürstliche Salär, von dessen Parteizehent sie ihre Bezirksorganisation erhielten, sahen sich gleichsam über Nacht all dieser Vorteile beraubt. Geblieben ist ihnen nur die unbezahlte und mit vermehrten Mühen verbundene Stellung als Bezirksparteichefs. Einer der Betroffenen hat dieses Dilemma mir gegenüber sehr offen ausgesprochen: *„Früher einmal habe ich meiner Frau erklären können, warum ich fast jeden Abend in der Partei verbringe. Schließlich war ich ja wer im Bezirk und konnte auch ein zusätzliches Scherflein zum Familieneinkommen beitragen, aber wenn ich jetzt weitermach', hält sie mich für einen Trottel."* Diese nicht gerade idealistische, aber menschlich verständliche Ansage macht deutlich, welche Auswirkungen die Wahlniederlage Heinz Willes auf die allzu üppige Organisation der Wiener Volkspartei zeitigen würde.

Noch war es freilich nicht so weit, noch weigerten sich die Gemüter der Funktionäre, das Ausmaß der Katastrophe zur Kenntnis zu nehmen. Nur damit läßt sich erklären, daß ein vom langjährigen Wirtschaftsstadtrat Wilhelm Neusser vorgetragener Mißtrauensantrag gegen den Parteiobmann Heinz Wille deutlich in der Minderheit blieb. „Der Wille der Wiener" erhielt noch eine Chance. Warum auch nicht? Aus der politischen Geschichte weiß man – um nur die beiden großen deutschen Staatsmänner Brandt und Kohl und jüngst in Österreich Wolfgang Schüssel als Beispiel zu nennen –, daß auch eine verlorene Wahl noch Aussicht auf eine glänzende politische Karriere ermöglicht. Freilich nur, wenn man im Trend der politischen Entwicklung liegt. Ob Heinrich Wille eine solche Chance gehabt hätte? Dafür spricht seine Ausdauer und sein zäher Fleiß, dagegen die unbestreitbare Tatsache, daß es ihm nicht gelungen ist, der nach wie vor zerstrittenen Organisation ein sowohl für die Funktionäre als auch für die Wähler überzeugendes neues Ziel vorzugeben. Der Rechtsanwalt und blendende Jurist Wille war viel zu sehr in das operative Tagesgeschäft verstrickt, als daß er die Kraft gehabt hätte, seine Partei kreativ auf neue Wege zu führen.

Die Frage zu stellen, was wäre gewesen, wenn, ist freilich müßig, denn schneller als von Freunden und Gegnern erwartet, kam für Wille das Aus. Bei einem der zahlreichen Treffen in der Villa Peter Neumanns stellte der damalige ÖVP-General Ferdinand Maier die Wiener Obmann-Frage. Ich kann mich noch gut daran erinnern, mehrmals die Gegenfrage gestellt zu haben: „Und was kommt dann?“ Aber mehr als ein „Das wird sich finden“ erhielt ich nicht zur Antwort. Erst später wurden mir die verhängnisvollen Überlegungen klar, die zu diesem „Brudermord“ geführt haben. Die damalige Bundes-ÖVP mit Parteichef Busek und General Ferry Maier war von der Panik ergriffen worden, das lang anhaltende Siechtum der Wiener ÖVP könne sie selbst nachhaltig schädigen, und hatte sich daher entschlossen, dem Patienten das altbekannte, wenn auch noch selten hilfreiche Rezept eines neuerlichen Obmannwechsels zu verpassen. Man gab sich, so wie bereits ein paar Jahr vorher, der trügerischen Hoffnung hin, irgendeinen attraktiven Wiener Spitzenpolitiker zur Übernahme dieses Himmelfahrtskommandos überreden zu können.

Die Obmannsuche hat dann tatsächlich – wie von mir befürchtet – skurrile Züge angenommen. Als ich zusammen mit dem City-Bezirksvorsteher Schmitz im Auftrag der Wille-Attentäter bei Wirtschaftsminister Wolfgang Schüssel vorsprach, um ihn – wieder einmal – zu einer Übernahme der Wiener Obmannschaft zu überreden, erklärte uns Schüssel ausführlich, warum er wegen der für den Staat und die ÖVP unverzichtbaren Aufgaben als

Wirtschaftsminister leider keineswegs für diese zusätzliche Bürde Zeit erübrigen könne, daß die Wiener ÖVP in dieser Situation einen gestandenen politischen Praktiker benötige und daß er dabei etwa an die vor kurzem aus dem Amt geschiedene Bezirksvorsteherin seines Hietzinger Heimatbezirkes, Elfi Bischof, denke. Noch heute ist mir unklar, ob der gute Wolfgang das ernst gemeint oder uns nur schnell wieder hatte loswerden wollen.

Doch nicht nur Schüssel schreckte einmal mehr davor zurück, sich die begnadeten Wadeln in rauhen B-Liga-Schlachten abklopfen zu lassen. Auch der langjährige Edelreservist für die oberste Wiener Parteistelle, Heinrich Neisser, übte sich neuerlich in vornehmer Zurückhaltung. Um dann einige Jahre und eine verlorene Wahl später wie einst Ex-Kaiser Ferdinand nach der von seinem Nachfolger Franz Joseph I. verlorenen Schlacht bei Königgrätz im intimen Kreis trocken festzustellen: „Des hätt' i a no z'sammbracht!"

Nach dem verhängnisvollen Beschluß, Wille fallen zu lassen, fanden Gespräche zwischen einigen von uns und der „Gegenseite" mit Walter Schwimmer und Hannes Prochaska statt, die die Meldung vom Sturz Heinz Willes durch seine eigenen Freunde äußerlich gelassen, innerlich aber wohl mit klammheimlicher Freude zur Kenntnis nahmen.

Auch dieses politische Phänomen ist gut bekannt. Jene Parteiobmänner, die auf Parteitagen vom Parteivolk unter Tränen der Rührung und der Begeisterung auf den Schild gehoben werden, müssen über kurz oder lang damit rechnen, bei einer gleichartigen Veranstaltung intrigantenhaft gemeuchelt zu werden. Das war bei Josef Taus so, das war bei Alois Mock so und bei seinem Widerpart Erhard Busek nicht anders. Und das selbe Schicksal blieb seinerzeit auch Heinz Wille nicht erspart. Die ÖVP, die immer, wenn, es ihr schlecht geht, von der Wahl eines neuen Obmannes ein messianisches Wunder erwartet, pflegt mit der enttäuschten Grausamkeit einer betrogenen Ehefrau gegen ihre einst gefeierten Helden zu verfahren, wenn sich diese nicht als die ersehnten Erlöser entpuppen.

Heinz Wille war leider kein guter Verlierer. Im Streit um seine Nachfolge stellte er sich eindeutig auf die Seite seiner früheren

Gegner; ob aus Enttäuschung über den Verrat seiner ehemaligen Gefährten oder aus Verbundenheit mit dem Kandidaten Görg aufgrund der „Lebensfreundschaft" gemeinsamer Vergangenheit in einer katholischen Studentenverbindung? Er selbst wird es am besten wissen. Mir und hoffentlich manchen meiner Freunde bleibt das schlechte Gewissen, den Sturz Willes nicht verhindert und mit dieser Ho-ruck-Aktion nicht nur einen Freund getäuscht, sondern unserer Partei einen Bärendienst erwiesen zu haben.

Man lebt nur zweimal

Im Herbst 1995 sprechen vier Wiener Bezirksvorsteher im Außenministerium am Ballhausplatz vor. Die Kommunalpolitiker sind nicht in Angelegenheiten der Gemeinde- oder Bezirksaußenpolitik unterwegs, ihr Besuch gilt nicht dem Vizekanzler und Außenminister der Republik, sondern dem in seiner Funktion noch jungen Bundesparteiobmann der ÖVP. Die Bezirkskapos werden von brennender Sorge um die Zukunft der Wiener ÖVP – und wohl auch um ihr eigenes Leiberl – zu diesem Schritt getrieben. Nach der nicht gerade prächtig ausgegangenen Nationalratswahl 1994 verheißen auch die Meinungsumfragen für die ÖVP in Wien nichts Gutes. Die spätestens in zwei Jahren erstmals unter Bernhard Görg zu schlagenden Gemeinderatswahlen versprechen eine Neuauflage des Wahldesasters von Heinz Wille zu werden. Der neue Bundesparteiobmann dürfe da wohl schon im eigenen Interesse nicht zuschauen.

Die vier Herren haben keinen günstigen Zeitpunkt für ihre Vorsprache gewählt. Wolfgang Schüssel steht vor der vielleicht schwierigsten Entscheidung seines bisherigen politischen Lebens. Soll er sich nochmals mit Franz Vranitzky auf ein Budget einigen und die immer ungeliebtere große Koalition fortsetzen, oder soll er als neuer ÖVP-Obmann den Trainereffekt nutzen und nach nur einem Jahr Neuwahlen provozieren? Dreimal muß der Parteichef an diesem Tag das Gespräch mit den Bezirkspolitikern unterbrechen, um von seinem Verbindungsmann Willi Molterer telefonisch die neuesten Ergebnisse der Budgetberatungen zu erfahren.

Der Zeitpunkt des Besuches paßt aber auch aus einem anderen Grund nicht. Wolfgang Schüssel macht den vorsprechenden Bezirkspolitikern unmißverständlich klar, daß er, dem gute aber auch letztmalige Chancen eingeräumt werden, den Flohzirkus ÖVP zusammenzuhalten, nicht bereit sei, sich in eine Auseinandersetzung mit der Wiener Landespartei verstricken zu lassen.

Die Wiener müssen schon selbst schauen, wie sie zurechtkommen. Dann aber fügt Schüssel eine – vielleicht tröstlich gemeinte – sehr persönliche Einschätzung seines Wiener Landesobmannes Bernhard Görg hinzu. Görg sei, so analysiert der Vizekanzler, einer jener Typen, die in den ärgsten Turbulenzen und Schwierigkeiten wunderbarerweise immer auf die Füße fallen. Das sei in seinem Beruf so gewesen, warum sollte es in der Politik anders sein? An diese prophetischen Worte des ÖVP-Chefs habe ich später noch oft denken müssen.

Doch blenden wir zurück. Bernhard Görg hatte einst die Herausforderung angenommen und war um den Schleudersitz eines ÖVP-Bundeschefs angetreten, von „wohlmeinenden Förderern" in die ÖVP angespornt, denen es weniger um seine Person als viel mehr um die Verhinderung Erhard Buseks als Bundesparteiobmann ging. Die Niederlage gegen Busek beim Bundesparteitag 1991 in der Wiener Hofburg fiel unter der Bedachtnahme, daß sich ganze Parteiorganisationen für Görg in die Schlacht warfen, doch recht deutlich aus. Die Geschichte von einem, der auszog, um (in) der ÖVP das Fürchten zu lernen, schien damit zu Ende. Wäre da nicht plötzlich der wieder einmal vakante Stuhl eines Wiener ÖVP-Obmannes gewesen …

Heinz Wille mußte nach dem an ihm begangenen Cäsarenmord einen Nachfolger haben. Auch diese Obmann-Kür verlief nach dem immer gleichen und immer gleich falschen Muster. Man erstellt kein Anforderungsprofil für den zu besetzenden Posten, man fragt sich nicht, was ein Wiener ÖVP-Obmann leisten, wofür er stehen, mit wem er fertig werden oder wem er gefallen soll. So als ob ein Wirtschaftsunternehmen, dessen Produkt sich als unverkäuflicher Ladenhüter herausstellt, nach immer neuen Topmanagern Ausschau hielte, anstatt über Diversifikationen nachzudenken. Auch bei dieser Personalfindung waren die spärlichen „Sachargumente" lediglich fadenscheinige Ausreden, um von der einzigen Frage abzulenken, die die Mitglieder im Königmacherkomitee wirklich bewegte: Wer garantiert mir die Erhaltung meines Einflusses am besten? Ein gewiß nicht unverständliches Anliegen der führenden Funktionärscrew, aber keine objektive Betrachtungsweise zum Wohle der Partei.

So warb ein langgedienter Wiener ÖVP-Funktionär aus dem Kreis der zur Kandidatensuche berufenen Parteioberen, der schon vor Dezennien bei der Volksabstimmung über das Atomkraftwerk Zwentendorf jeden Atomkraftgegner als unintelligent apostrophiert und damit seinen Weitblick unter Beweis gestellt hatte, mit dem Argument für Bernhard Görg, daß die Volkspartei dringend einen Wirtschaftsfachmann benötige, um Erfolg zu haben. Warum die Wiener ÖVP als Vorsitzenden unbedingt einen Wirtschaftsfachmann und nicht einen Verkehrs-, Umwelt-, Bau-, Kunst- oder vielleicht überhaupt keinen Fachmann haben muß, ist kaum zu erklären. Natürlich wird eine bürgerliche Partei nicht einen Führer aufstellen, dem die Angelegenheiten der Wirtschaft absolut nichts bedeuten oder der ihr gar feindlich gegenübersteht. Die politische Profilierung eines Wirtschaftsfachmannes an der Spitze der Wiener ÖVP kann aber schwerlich gelingen. Die Wirtschaft repräsentiert und vertritt in dieser Stadt nach dem traditionell österreichischen Verbändestrickmuster niemand anderer als die Wirtschaftskammer. Die Wiener Sozialdemokraten haben seit langem diese Notwendigkeit eines kompetenten und auch durchsetzungsfähigen Partners für die Erhaltung ihrer Macht erkannt und fleißig an einer festen Achse zwischen Stadtchef und Wirtschaftskammerchef gearbeitet. Nach dem Selbstverständnis der Wiener Sozialdemokratie ist sie selbst die für alle Angelegenheiten am besten geeignete politische Gruppierung, mit Ausnahme der Wirtschaft eben. Dafür braucht man einen starken Partner und den sucht man naturgemäß lieber in der zumindest formell überparteilichen Interessenvertretung als in einem direkten politischen Konkurrenten. Und so ist es in dieser Stadt Tradition geworden, daß die Granden der Wiener SPÖ den Wiener Wirtschaftskammerchef ebenso hofieren wie sie seinen Parteifreund und Wiener ÖVP-Obmann seine wirtschaftspolitische Bedeutungslosigkeit spüren lassen. Ob der Wiener Bürgermeister gemeinsam mit dem Wiener Kammerpräsidenten ein neues Wiener Würstel aus dem Kochtopf hebt, einträchtig im selben Boot durch die lauschigen Donauauen rudert oder im hintersten Weltwinkel auf einem Wiener Opernball tanzt, immer ist klar, wer in dieser Stadt etwas zu eröffnen und daher auch zu sagen hat. Nur in der Koalition mußte naturgemäß auch der von der ÖVP gestellte Vizebürgermeister öfters in der Rathauskorrespondenz vorkommen. Aber auch damals bestimmte weiterhin eine ganz andere Koalition, nämlich die zwischen Wiener Bürgermeister und Wiener Wirtschaftskammerpräsident, was in wirtschaftspolitisch entscheidenden Fragen in Wien Sache zu sein hat. So war es denn auch folgerichtig, daß die SPÖ in der neuen Koalition mit der ÖVP dem kleinen bürgerlichen Koalitionspartner zwar nur zwei Miniressorts zugestand, dafür aber den Wirtschaftskammerpräsidenten Nettig zu einer Art „virtuellen Stadtsenatsmitglied" werden ließ und ihm dazu die verantwortungsvolle Stelle eines Stadtaußenministers übertrug, der Hand in Hand mit dem Bürgermeister Wien in der ganzen Welt repräsentiert.

Die Auswahl der Wiener ÖVP-Parteiobmänner ist – wie Wien – eben anders. Sachliche Argumente für den einen oder anderen Kandidaten, soweit sie bei den blutigen Obmannschlachten aus ästhetischen Gründen überhaupt vorgebracht werden, nimmt ohnedies niemand ernst. Die Kür der letzten drei Wiener ÖVP-Obmänner war ganz sicher nicht von der sachlichen Frage belastet, welche Persönlichkeit in der Lage sein könnte, dieser Partei Profil oder öffentliche Anerkennung zu geben, bei den Wählern überzeugend zu wirken oder die individualistischen Primadonnen unter den Funktionären vor einen Karren zu spannen. Entscheidend war vielmehr immer, wer welcher Gruppe angehört und wer am besten in der Lage sein könnte, ein paar von den zwischen diesen Lagern hin und her pendelnden unschuldigen Gemütern für sich zu vereinnahmen. Und die Chancen stehen nicht schlecht, daß auch die nächste Obmannwahl nach demselben Strickmuster verlaufen wird.

Die „Busekisten" (vom früheren Klubchef Günther Goller gern verwendete Bezeichnung der Busek-Freunde) hatten sich ein spektakuläres Eigengoal geschossen, indem sie Heinrich Wille ohne überzeugenden Nachfolgekandidaten absägten. Die „Stahlhelmfraktion" war ängstlich darauf bedacht, nicht wieder jemanden aus den feindlichen Reihen vorgesetzt zu bekommen. Man belauerte einander argwöhnisch. Wochenlang währte das Tauziehen der „Parteifreunde“, zwischen denen Walter Nettig, der Vorsitzende des Königmacherkomitees wie ein russischer Schachmeister lavierte. Getreu dem Titel der damals äußerst beliebten Fernsehreihe „Wie gut, daß es Maria gibt“ hofften die Anhänger der späteren ÖVP-Generalin Rauch-Kallat, mit der gebürtigen Wirtstochter, dank ihrer praktischen Intelligenz und ihrem brennendem Ehrgeiz, zunächst einmal den Parteimitgliedern und später den Wiener Wählern einen überzeugenden Verschnitt aus der legendären Grande Dame der Wiener ÖVP, Maria Schaumayer, und der volkstümlichen SP-Stadtmutti Fröhlich-Sandner bieten zu können. Was sollten dagegen die strammen Anhänger des eher farblosen, intellektuellen und schon als Spitzenmann der Bundespartei untergegangenen Bernhard Görg ausrichten können? Als dieser sich dann eingedenk seiner beruflichen Funktion als Headhunter keine weitere erfolglose Bewerbung um ein politisches Amt leisten zu können glaubte und daher die Einladung des „Königmacherkomitees“ zu einem Hearing unangekündigt platzen ließ, schien die Sache für die erste Frau an der Spitze der Wiener ÖVP gelaufen zu sein. Görgs Anhänger trieben zwar mit Entsetzen Scherz und schlugen für den Fall, daß Görg nicht zur Verfügung stünde, den Fraktionschef Prochaska als künftigen Wiener ÖVP-Obmann vor, aber das nahm ja nun wirklich niemand ernst.

Unterwegs zu einem Wochenendausflug mit meiner Familie erreichte mich auf der Südautobahn der Telefonanruf der damals Noch-nicht-Gräfin. Sie teilte mir mit, daß Walter Nettig sie in zwei Tagen der Öffentlichkeit als Kandidatin für den Wiener ÖVP-Obmannsessel präsentieren werde. Meine Gefühlslage war freilich eine andere und das war auch der Grund, warum mich die Fast-Obfrau so dringlich anrief. Sie versuchte mir als Mitglied des Wahlkomitees Optimismus einzuimpfen. Denn zwei Tage später wurde der Öffentlichkeit von Walter Nettig tatsächlich der neue ÖVP-Obmann-Kandidat präsentiert: Er hieß – Bernhard Görg.

Dieser Präsentation war zunächst eine recht skurril verlaufende Abstimmung „im Königmacherkomitee“ vorangegangen, wobei dasselbe mit einer einzigen Stimme Mehrheit dem am nächsten

Tag zusammentretenden Landesparteivorstand Bernhard Görg zur Obmann-Wahl empfahl. Nach dem hehren militärischen Grundsatz, daß eine verlorene Schlacht noch nicht den Verlust des Krieges bedeuten müsse, traten noch in der Nacht die Getreuen der verhinderten Königin Maria in ihrem Büro im Wiener Hilfswerk zusammen, um darüber zu beraten, wie die Entscheidung im Parteivorstand noch „umgedreht“ werden könnte. Auch ich habe es übernommen, mit einigen „Gesinnungsfreunden“ aus der Riege der Parteivorstandsmitglieder Gespräche zu führen, um sie für die Wahl Rauch-Kallats zu gewinnen. Als ein lieber Freund unter den Bezirksobmännern auf mein Werben für die spätere Gräfin mit den Worten reagierte: „Karli, sei mir nicht bös, aber ich wähl den Görg“, war mir endgültig klar: Der weitgehend unbekannte, als erfolgreicher Manager aus der Privatwirtschaft apostrophierte, coole, intellektuelle Görg faszinierte die nach erlösender Erneuerung lechzenden Funktionäre viel mehr als die den Ihrigen bestens bekannte Gemeinderatskollegin Maria. Der überraschend deutliche Vorsprung, mit dem Bernhard Görg sodann im Wiener Landesparteivorstand zum neuen Obmann designiert wurde, kam daher – für mich wenigstens – keineswegs unerwartet.

Der Parteitag im vielgeschmähten UNO-Konferenzzentrum an der Donau, dort wo Heinz Wille zwei Jahre vorher etwas ungeschickt ins Nagelbett eines Wiener ÖVP-Obmannes gestiegen war, kann als der wohl unspektakulärste in der jüngeren Geschichte der Wiener ÖVP bezeichnet werden. Ein juristisches Schattenboxen zwischen dem scheidenden Advokatenobmann und mir um Bezirks- und Landesgelder, die nicht gerade kreativitätssprühende Einlage der Görg'schen Regie mit Bernhardiner-Stoffhunden, das waren so die „Höhepunkte“ dieser Versammlung. Niemand war wirklich bewegt in dem düsteren Konferenzraum an diesem Nachmittag. Görgs Anhänger glühten keineswegs vor Begeisterung, seine Gegner resignierten oder hatten sich zumindest mit der Wahl abgefunden. Bernhard Görg war zwar nach Meinung vieler für den Bundesparteiobmann nicht geeignet, wohl aber für den Wiener Landesobmann. Es ging ja „nur“ um den Obmann der Wiener ÖVP, um die B-Liga eben. Auch im

Jahr 1992 wollte niemand wirklich wahrhaben, daß die städtische Bevölkerung im allgemeinen und die der Bundeshauptstadt im besonderen über jeden bundesweiten Urnengang entscheidet und nicht die summarisch positiven Wahlergebnisse diverser Landesfürsten.

Die Regentschaft Görg unterschied sich nicht grundlegend von der seines Vorgängers, des Advokaten Wille, auch wenn der erstere klug genug war, von allem Anfang an Kontakt zu seinen innerparteilichen Gegnern zu suchen. Während Wille sich fast rührend bemühte hatte, die Partei zu einem erfolgreichen Arbeitsteam zusammenzuschweißen, indem er etwa seinen Sekretär beauftragte, Gesangsbücher zwecks harmonischer Geselligkeit bei Klubklausuren zu besorgen, konnte Görg nur schwer verbergen, daß ihm die Rolle eines völlig machtlosen, nur auf Kreativität und Selbstdarstellung angewiesenen Oppositionspolitikers, der sich allzu oft statt mit Fragen der großen Stadtentwicklung mit Nachbarschaftsstreitigkeiten zweier Bezirkspolitiker zu beschäftigen hat, so gar nicht behagte. Eines aber hatten die beiden Obmänner gemeinsam: Mit der Wiener Volkspartei ging es weiter bergab.

Kein Wunder also, daß die Bezirkskaiser und Gemeinderäte nervös wurden und verzweifelt die Hände bis zum Bundesparteiobmann rangen. Auch die graue Eminenz, Wirtschaftskammerboß Walter Nettig, machte im kleinen Kreis kein Hehl aus seinem Frust über die unter seiner Ägide zustandegekommenen Personalentscheidung und erklärte mißmutig, endlich wieder einmal einer Partei angehören zu wollen, die wenigstens gelegentlich Erfolge aufzuweisen hat. Und im Herbst 1995, drei Jahre nach Görgs Obmannwahl und ein Jahr vor seiner ersten Bewährungsprobe bei den Gemeinderatswahlen 1996, schrieb Markus Huber unter dem Titel „Der Queraussteiger" im „profil": *„Die Tage von Bernhard Görg als Wiener ÖVP-Obmann sind gezählt … Görgs Ablöse rückt in Riesenschritten näher."*

Doch die Partei konnte sich zu keiner neuerlichen Personaldiskussion aufraffen. „Augen zu und durch" lautete die Devise. Man hoffte in demütiger Bescheidenheit, wenigstens nicht noch schlechter abzuschneiden als fünf Jahre vorher unter Heinz Wille. Die Hoffnung war vergeblich. Bei der Gemeinderats- und Bezirksvertretungswahl am 13. Oktober 1996 rutschte die ÖVP von ihrem bisherigen historischen Tiefstand von 18,1% auf 15,3% und verlor 3 ihrer bisher 18 Mandate und den Posten eines Bezirksvorsteherstellvertreters in Wien-Landstraße. Man verlor die traditionell als „sicher" geltenden Grundmandate in der Leopoldstadt, in Penzing und in Ottakring sowie das zweite Grundmandat in Wien-Zentrum. Besonders der Verlust von Penzing war peinlich, weil dort ein Wunschkandidat des Parteiobmannes, der frühere Fernsehintendant Ernst-Wolfram Marboe, ohne Absicherung auf der Restliste kandidiert hatte.

Am späteren Wahlabend, als sich die führenden Funktionäre in der Wiener Falkestraße an einem – offensichtlich für bessere Ergebnisse vorbereiteten – Buffet delektierten, fiel es mir schwer, meinen Ärger zu verbergen. Obwohl dank der Bereitschaft meiner Bezirksbürger zu differenzierter Stimmabgabe selbst wieder mit einem positiven Ergebnis davongekommen, war ich traurig, daß wiederum einige Kollegen aus dem Gemeinderat und die letzte aus einem Minderheitsbezirk noch verbliebene Bezirksvorsteherstellvertreterin, Irmi Paiha aus der Landstraße, daran glauben mußten. Sie hatten sich allesamt ehrlich für diese Partei abgerackert und sahen nun ihre politische Karriere ohne eigenes Verschulden beendet. Mein Zorn richtete sich in dieser Stunde seltsamerweise nicht gegen Bernhard Görg, den ich ehrlich bedauerte, sondern gegen all jene, die seit Jahren dafür verantwortlich zeichneten, daß wir immer wieder Niederlagen einstecken mußten, die uns von dem Ziel eines politischen Wechsels in dieser Stadt entfernten. Jene, die uns diese Suppe eingebrockt hatten, dachten nicht im entferntesten daran, diese auch mit auszulöffeln. Sie saßen ja bei ihren Fleischtöpfen als Nationalräte, Klubobmänner, abgesicherte Mandatsträger oder wohlversorgte Pensionisten. Lautstark forderte ich daher eine „Reform der Wiener ÖVP an Haupt und Gliedern". Dieser im Zorn so leicht dahingesprochene Satz sollte zum geflügelten Wort für alle Reformbeteuerungen der nächsten Zeit werden.

Am Morgen nach dem Wahltag traf im Ausbildungshotel Modul eine kleine feine Runde von Parteileuten bei Walter Nettig zusammen. Obwohl ein vorzügliches Frühstück serviert wurde, wollte es den Teilnehmern nicht so recht schmecken. Die Frühstücksgäste waren sich bald über etwas einig, ohne daß es ausdrücklich hätte ausgesprochen werden müssen: Bernhard Görg wird diesen 14. Oktober 1996 als Wiener ÖVP-Obmann nicht überleben. Wie es weitergehen solle, blieb interessanterweise unerörtert. Nur Döblings erfolgreicher Bezirkschef Adi Tiller gab zu erkennen, daß er zumindest bis zur Bestellung einer neuen Galionsfigur die aus der Spur geratene Partei zu lenken bereit sei. Man ging sehr bald im Bewußtsein auseinander, beim nachmittägigen Parteivorstand zu gemeinsamem Tun wieder zusammenzutreffen. Um drei Uhr war eine „Vorbesprechung" befreundeter Bezirksvorsteher beim Kollegen aus dem ersten Bezirk angesagt. Als ich das Alte Rathaus in der Wipplingerstraße betrat, blickte ich in die Fernsehkamera des ORF-Wien-Studios. Der Treffpunkt war – wie üblich – verraten worden. Oben angekommen erfuhr ich vom City-Bezirksvorsteher, die Revolution sei abgeblasen. Eben hatte Walter Nettig angerufen und mitgeteilt, daß auf Wunsch von „oben" in der Wiener ÖVP alles beim alten zu bleiben habe. Die Revolte hatte ein ähnlich blamables Ende gefunden wie der Kommunistenputsch in Rußland gegen Gorbatschows Perestroika. Nur daß Bernhard Görg nicht wie weiland Boris Jelzin einen Panzer erklimmen mußte. Ihm stand die viel wirksamere Waffe der Veränderungsangst zur Verfügung. Ein uraltes ÖVP-Hausgespenst, welches bisher noch jeden Umbau des Hauses Falkestraße 3 problemlos überstanden hat. Die Sitzung des Landesparteivorstandes endete an diesem Tag nach ermüdender Debatte mit Ergebenheitsadressen an den geschlagenen Feldherrn und dem festen Versprechen der Parteifreunde, die Wiener ÖVP total zu reformieren und zu diesem Behufe in Kürze einen Sonderparteitag abzuhalten. Bernhard Görg konnte in Ruhe die heißersehnten Koalitionsgespräche mit der Wiener SPÖ beginnen, die erstmals im Wiener Gemeinderat nicht mehr über die absolute Mehrheit verfügte.

Verhandlungen zwischen politischen Parteien mit dem Ziel einer gemeinsamen Regierungsbildung sind allemal eine spannende Sache. Sinn solcher Verhandlungen ist natürlich in erster Linie die Aufteilung der Regierungsposten und damit der Macht im Staat, in einem Land oder in einer Gemeinde. Der Öffentlichkeit gegenüber wird aber niemals zugegeben, daß es bei Regierungsverhandlungen um Posten oder Ressorts gehen könnte. Man sucht vielmehr den Eindruck zu vermitteln, ausschließlich um die Durchsetzung der dem Wähler im Wahlprogramm versprochenen Ideen besorgt zu sein und die Erfüllung des dem Partner in langen, harten Verhandlungsnächten abgerungenen Regierungsprogrammes nur aus reinem Pflichtgefühl zu übernehmen. Deshalb gehört es auch zum fixen Ritual einer Regierungsverhandlung, daß zunächst lange über das Sachprogramm gesprochen und jede Frage, ob man denn auch über die Verteilung der Ministerposten nachdenke, wie eine unsittliche Unterstellung brüsk zurückgewiesen wird. Die Gespräche, wer welches Ressort verwalten darf, werden dann schließlich klammheimlich in der nervösen Hektik des Besuches honoriger älterer Herrn in einer Peepshow abgehalten. Denn es gilt als unschicklich zuzugeben, daß man als politische Partei bei der Wahl angetreten ist, um vom Bürger Macht verliehen zu bekommen, und daß die Besetzung der Regierungsposten ebenso wichtig ist wie das Regierungsprogramm, weil es ja schließlich beim Regieren auf die Haltung von Personen ankommt und nicht nur darauf, was im Programm steht.

Außerdem muß jede Partei, die sich zur Übernahme von Regierungsverantwortung aufschwingt, betonen, daß sie für jedes nur denkbare Ressort natürlich über mindestens zwei oder drei geeignete Persönlichkeiten verfüge, auch wenn's nicht wahr ist. Deshalb passiert es dann auch, daß regierungsentwöhnte Parteien vor lauter Hudeln Amtsträger präsentieren, die sich schon wenig später als gänzlich ungeeignet erweisen.

Die Regierungsverhandlungen in Wien 1996 verliefen nach genau demselben Muster. Zunächst ging es einmal um Sachfragen. Aufgrund meiner Erfahrungen in Niederösterreich, wo ich als Klubdirektor schon mehrmals das Vergnügen gehabt hatte, an

Regierungsverhandlungen teilzunehmen, schlug ich vor, zunächst nur locker über punktuelle Abmachungen zu reden und die Schönschreibarbeit einem Unterkomitee zu überlassen. Dieser Vorschlag setzte sich freilich schon in der eigenen Fraktion nicht durch, denn man wollte über Papiere reden. Mit dem Erfolg, daß die sozialdemokratischen Verhandlungspartner fertige Texte vorlegten und darauf bestanden, daß zunächst einmal über diese verhandelt werde. Diese Texte enthielten jeweils eine langatmige Präambel mit der grundsätzlichen Forderung, die bisher so erfolgreiche Regierungspolitik fortzusetzen. Die ÖVP-Unterhändler hatten alle Hände voll zu tun, zwecks Wahrung ihres Selbstwertgefühls die ärgsten Lobhudeleien aus diesen Papieren zu streichen. Die sozialdemokratischen Partner gaben sich pikiert, zogen aber grummelnd die eine oder andere Textpassage zurück, wohlgefällig beobachtend, wie ihre Partner mit solchem Feilschen die halbe Energie bereits zu Beginn verbrauchten. Davon abgesehen verliefen die Verhandlungen durchaus konstruktiv und brachten doch die eine oder andere programmatische Zielsetzung, die eine sozialdemokratische Wiener Stadtregierung entrüstet abgelehnt hätte, wenn sie nicht auf die mehrheitsbildende ÖVP-Unterstützung angewiesen gewesen wäre.

Dann passierte allerdings die berüchtigte „side-letter-story“. Eine der schwierigsten Fragen bei Parteienverhandlungen ist der Umgang mit der Öffentlichkeit. Übereinkommen sollen immer so formuliert sein, daß sie auch der Allgemeinheit zugänglich gemacht werden können. Das ist man heutzutage der Medienherrschaft schuldig. Parteienübereinkommen sollen daher vornehmlich Abmachungen enthalten, die in der Öffentlichkeit einen guten Klang haben, wie Maßnahmen zur Förderung von Arbeitsplätzen, zur Verbesserung der Umwelt, zur Belebung der Demokratie usw., usw. Verträge politischer Parteien, die sich nur auf die Verwirklichung derlei hehrer Ziele beschränken, gibt es in der Praxis natürlich nicht. Parteien, die als Regierungspartner zusammenarbeiten wollen, müssen auch so häßliche und profane Dinge regeln wie die Frage, wann, wenn überhaupt, man einander im Parlament überstimmen darf, wie die Sitze in den diversen Gremien und Ausschüssen verteilt werden, unter welchen

Bedingungen eine vorzeitige Auflösung der Legislaturperiode statthaft ist, wie die Mitarbeiter für Klubs oder Regierungsbüros verteilt werden, und vieles andere mehr. Da man solches der Öffentlichkeit nicht gerne kundtut, hat man zwei Alternativen: eine kluge und eine weniger kluge. Bei der gescheiten werden von den Parteichefs oder ihren Bevollmächtigten paraphierte Übereinkommen im Tresor verschlossen und der Öffentlichkeit nur jene Teile bekanntgegeben, für die man unter dem entrüsteten Trommelfeuer der Opposition – die es freilich selber nicht anders machen würde – Verständnis erwarten kann. Die weniger kluge Variante besteht darin, jene Punkte, für die die Öffentlichkeit erfahrungsgemäß kein Verständnis zeigt, in einem Nebenpapier festzuhalten (da heute alles englisch heißen muß, auch side-letter genannt).

Die potentiellen Regierungspartner SPÖ und ÖVP entschieden sich bei den Regierungsverhandlungen 1996 für die weniger kluge Variante. Von allem Anfang an war klar, daß bestimmte Punkte dem Nebenpapier vorzubehalten seien. Dabei ging es nicht immer um weltbewegende Dinge. So wollte etwa die ÖVP verankert wissen, daß man in den Ausschüssen der Bezirksvertretungen wenigstens einen Vorsitz auch der jeweiligen Minderheit einräumen möge. Im Bundesparlament und in den meisten Landesparlamenten ist es selbstverständlich, daß die Vorsitzführung in den Ausschüssen nach dem Mandatsverhältnis der Parteien verteilt wird. Wien ist anders, und daher hat in Wien in den Bezirksparlamenten jene Partei, die einmal die Mehrheit hat, überall die Mehrheit, oder anders gesagt, wer die Mehrheit der Mandate hat, der stellt den Bezirksvorsteher, den Vorsitzenden des Bezirksparlaments und gleich auch alle Ausschußvorsitze. Die SPÖ forderte im Gegenzug, daß die ÖVP sie nicht mit den anderen Fraktionen in den Bezirksparlamenten überstimmen möge. Verständlich, schließlich hatte man nach dieser Wahl ja nur mehr in Simmering, und da nur durch einen Parteiwechsel, die absolute Mehrheit. Die Sache war damit schon von vornherein zum Scheitern verurteilt. Im Zuge der Parteienverhandlungen fiel mir immer wieder auf, daß die Sozialdemokraten großes Interesse zeigten, Absprachen in das sogenannte „side-letter-

Papier" zu nehmen, die man meines Erachtens ohne weiters auch in einem der Öffentlichkeit zugänglichen Regierungsübereinkommen hätte lesen dürfen. Warum, so fragte ich mich, sollten etwa die Rechte der Bezirke, selbständig Vermögen zu erwerben und für die ihnen nützlich scheinenden Zwecke zu verwenden, nicht in einem offiziellen Papier Aufnahme finden. Nach den herkömmlichen politischen Usancen schon eher verständlich, wenn auch für mich nicht einsehbar, daß man die Forderung der ÖVP im side-letter versteckte, wonach die Sozialdemokraten in Hinkunft nicht mehr allein bestimmen dürften, wie in dieser Stadt personelle Entscheidungen über Magistratsmitarbeiter fallen.

Schließlich war ein Regierungsprogramm perfekt, das viel Wichtiges, manches Plakative und einiges Nichtssagendes enthielt. Ein gutes Stück der ausverhandelten Dinge war ins side-letter-Papier verschoben worden. Kurz nach Bekanntgabe des Regierungsprogramms tauchte plötzlich in einer Tageszeitung die Behauptung auf, daß es neben dem offiziellen noch ein inoffizielles Verhandlungsergebnis gebe. Häupl und Görg dementierten nach einer Schrecksekunde unisono, und sie haben damit in gewisser Weise die Wahrheit gesagt, denn ein zweites, unterschriebenes und der Öffentlichkeit verborgen gebliebenes Abkommen gab es ja nun wirklich nicht. Was es aber sehr wohl gab, war ein Katalog von geplanten Maßnahmen und Verabredungen, über die Einigkeit erzielt worden ist, ohne die Öffentlichkeit darüber zu informieren. Da bekanntlich nicht sein kann, was nicht sein darf, war nunmehr niemand an diese Vereinbarungen, die es ja gar nicht gab, gebunden. Hätten die ÖVP-Verhandler diese „Indiskretion" und ihre Folgen vorher bedacht, hätte man noch auf die Aufnahme des einen oder anderen Punktes ins offizielle Regierungsprogramm bestanden. Man kann sich daher leicht ausrechnen, wem die Enttarnung der side-letters von Nutzen war, und daraus Schlüsse auf deren Verursacher ziehen. Im zivilen Rechtsleben würde Derartiges eine Vertragsanfechtung nach sich ziehen, im politischen Leben heißt es: „Pech gehabt".

Bei der Zusammensetzung der neuen Koalition ging es vor allem darum, wieviel Macht die SPÖ abzugeben bereit war. Nur ein Anfänger oder politischer Laie glaubt, daß es in solchen Fällen allein darum geht, möglichst viele Kompetenzen, Verwaltungsbereiche oder Zuständigkeiten für sich zu gewinnen bzw. dem anderen vorzuenthalten. Insbesondere für ein Regierungsmitglied einer Minderheitspartei kann es nämlich durchaus von Nutzen sein, weniger Aufgaben anvertraut zu bekommen. Denn die interessantesten Brocken, wie die Finanzen oder das Personal, behält sich ohnedies die Mehrheit für sich, und je weniger man in einem Regierungsamt zu tun hat, um so mehr kann man im Lande herumfahren, um die Bürger und Wähler von der eigenen Person zu überzeugen. Wiener Bürgermeister haben daher zum Unterschied von anderen Bundesländerchefs nie ein eigenes Ressort übernommen. Wer sich erinnert, wie ein Alois Mock oder später auch Wolfgang Schüssel unter der Dreifachbelastung eines Vizekanzlers, Parteiobmannes und Ressortchefs der Auswärtigen Angelegenheiten stöhnten, versteht, warum. Gewiefte Regierungschefs schaufeln daher ihrem Koalitions-Juniorpartner eine Fülle möglichst nicht allzu publikumsträchtiger Aufgaben vom Kanalbau über die Brückenverwaltung bis zu den städtischen Bauhöfen zu. Dieser fühlt sich geehrt, freut sich diebisch über den vermeintlichen Verhandlungserfolg und kommt erst zu spät drauf, daß ihm vor lauter Regieren keine Zeit mehr bleibt, den Wählern seine Leistungen zu präsentieren.

Die Wiener SPÖ, gewohnt, die Macht mit niemandem teilen zu müssen, war freilich bei den Regierungsverhandlungen 1996 zu solch kalkuliertem Altruismus nur beschränkt fähig. Häupl & Co signalisierten von allem Anfang an, daß ihnen das Kulturressort feil sei, um auf diesem Weg die ungeliebte Kulturstadträtin Ursula Pasterk loszuwerden. Des Bürgermeisters wenig schmeichelhafte Bemerkungen ließen da an Deutlichkeit nichts zu wünschen übrig. Für Bernhard Görg wurde auf seinen Wunsch ein Zukunfts- und Planungsressort konstruiert, welches eine Reihe netter Artikulations- und Mitbestimmungsmöglichkeiten bot, mit Ausnahme des nicht unbedingt publicityträchtigen Straßen- und Brückenbaus aber nicht über sehr viel Geld verfügt. Mit diesen Ressorts und lediglich zwei statt der geforderten drei Stadträten die ÖVP zufriedenzustellen, gelang Häupl mit zwei genialen

Tricks. Er überließ der ÖVP trotz ihrer mandatsmäßigen Unterlegenheit (15 von hundert Mandaten!) den Posten des ersten Landtagspräsidenten und schuf für seinen Hauptpartner Walter Nettig das auch für Wiener Verhältnisse sehr kreative Modell eines „grauen Stadtrates".

Jahrelang wogte in Österreich der Streit, ob Interessenvertreter in politischen Gremien sitzen sollen oder nicht. Insbesondere die Arbeiterkammer, Wirtschaftskammer, Landwirtschaftskammer und der Österreichische Gewerkschaftsbund – im Politjargon mitunter auch die vier Dorfheiligen genannt, weil ihnen die Gesetze nahezu überall ein Mitspracherecht einräumen – legten Wert darauf, durch ihre Präsidenten bzw. leitende Sekretäre auch in den Parlamenten vertreten zu sein. In der Zeit Erhard Buseks wurden erstmals Zweifel an der demokratischen Legitimität dieses österreichischen Brauchtums laut. So ein Interessenvertreter muß schon eine gesundes Maß an Bewußtseinsspaltung zuwegebringen, wenn er zunächst für die ihm Anbefohlenen um jeden Groschen kämpft und dann als Parlamentarier aufgrund höherer politischer Einsichten seiner Partei unter Umständen gegen die eigene Forderung stimmen muß. Wer freilich dazumal ernsthaft gegen diese Praxis auftrat, mußte damit rechnen, als Landesverräter, verkappter Freiheitlicher, jedenfalls aber als nicht ernst zu nehmender Politiker bezeichnet zu werden. Inzwischen sitzt mit Ausnahme des Gewerkschaftspräsidenten kein oberster Interessenvertreter mehr im Parlament. Was vor wenigen Jahren noch als „parteischädigend" oder „politisch dumm" galt, ist heute Normalität.

Wien ist auch hier anders. Wir haben neben den sogenannten amtsführenden Regierungsmitgliedern, das sind solche, die etwas arbeiten, auch noch kontrollierende Stadträte, die in ihrer konstitutionellen Bedeutungslosigkeit dem amerikanischen Vizepräsidenten ähnlich sind, freilich mit dem Unterschied, daß sie nicht einmal die theoretische Möglichkeit haben, zu einem Regierungsamt zu kommen. Mit der Frage nach den Namen der recht gut dotierten nicht amtsführenden Wiener Stadtsenatsmitglieder könnte man jederzeit auch versierte politische Beobachter und Journalisten unversehens in Verlegenheit bringen.

Darüber hinaus haben wir seit der letzten Funktionsperiode in Wien mit dem obersten Wirtschaftsvertreter Walter Nettig noch einen virtuellen Stadtrat, der sich für jedermann sichtbar um das wirtschaftliche Ansehen Wiens in Zusammenarbeit mit dem Herrn Bürgermeister kümmert, ohne gewählt werden zu müssen oder einer parlamentarischen Kontrolle zu unterliegen. Diese charmante Art und Weise, im Interesse der Stadt Verfassungsgrundsätze außer Kraft zu setzen, verdient durchaus, auch anderswo nachgeahmt zu werden.

Dank dieser personellen „Zugeständnisse“ gab es in der Wiener ÖVP kein Halten mehr. Die SPÖ-ÖVP-Koalition in Wien feierte ihre Auferstehung. Nach einem ungeahnten Höhenflug unter Erhard Busek und einer nachfolgenden Selbstzerfleischung ohnegleichen erlangte Bernhard Görg mit dem schlechtesten Wahlergebnis aller Zeiten die vor mehr als einem Vierteljahrhundert verlorene Regierungsverantwortung wieder zurück. Die Zukunftsvisionen des „kleinen Prinzen“ konnten einem da schon richtig Angst einjagen.

Bernhard, Prinz von Wien

„Die Partei ist aus den Fugen. O verwünschter Verdruß!
Daß ausgerechnet ich sie reformieren muß!"[6]

Als der ÖVP-Bundesparteiobmann Josef Riegler nach der nicht gerade erfolgreichen Nationalratswahl 1990 wiederum durch einen neuen Parteichef ersetzt werden sollte, machte sich große Ratlosigkeit breit. Landauf, landab war in der ÖVP keine Persönlichkeit zu finden, die einerseits mit einer Zustimmung der Primadonnen aus Ländern und Bünden rechnen durfte und andererseits Lust hatte, den auf grundlosem Terrain durchdrehenden Wagen zu pilotieren. Angesichts der höflichen Absagen mächtiger Landesfürsten, denen die Liebe zur eigenen Heimat, das an die Wähler verpfändete Wort oder ihre demütige Bescheidenheit die Annahme der dargebotenen Regentschaft zu ihrem größten Bedauern ganz und gar unmöglich machten, war guter Rat teuer. Halt, einen gab es ja, der wollte, aber den wollte das – wegen seiner stramm konservativen, aber nicht gerade sehr beweglichen Haltung als „Stahlhelmfraktion" bezeichnete – Funktionärsheer nicht, zumal ihm die neumodischen Flausen dieses Kandidaten schon in seiner Wiener Zeit suspekt erschienen waren. Am besten einen Außenstehenden nehmen, dachten da manche und waren sich wohl nicht bewußt, was es heißt, wenn eine Partei in den eigenen Reihen keinen Obmann mehr findet.

„Ein erfolgreicher Manager aus der Privatwirtschaft mit tadellos konservativer Vergangenheit muß her!" war die Devise. „Wieso wir auf den nicht schon früher gekommen sind", soll sich Niederösterreichs Landeshauptmann Siegfried Ludwig desperat an den Kopf gegriffen haben. Die stets adventlich gesinnte

6 Frei nach William Shakespeare (Hamlet I/5): „The time is out to joint: O cursed spite, that ever I was born to set it right!" Oder in der Übersetzung Schlegels: „Die Zeit ist aus den Fugen; Schmach und Gram, daß ich zur Welt, sie einzurichten kam."

Volkspartei hatte mit dem Headhunter Bernhard Görg einen neuen Messias aufgespürt.

Bernhard Görg wird im dritten Weltkriegsjahr in Niederösterreich geboren. Er wächst auf in einer Welt, wo nach den Wirrnissen des Krieges wiederum alles seinen angestammten Platz gefunden hat. Im Gymnasium ist der eigene Vater Direktor, die spätere Ehefrau eine Mitschülerin. Schulkolleginnen beschreiben ihn als gescheit, unauffällig, eher unnahbar. Nach dem krönenden Abschluß der Studien von Latein, Geschichte und Jurisprudenz beginnt er seine berufliche Laufbahn, die ihn auch ins Ausland verschlägt. IBM-Personaldirektor ist der vorläufige Karrierehöhepunkt, ehe er in den Jahren 1986 bis 1992 als Geschäftsführer der Neumann-Gruppe fungiert.

Bernhard Görg ist seiner Herkunft nach nicht aus dem Stoff gemacht, mit dem man Politiker formt. Die bürgerlichen Eliten wissen aufgrund ihrer Bildung, wie es gehen sollte im Staat, „sie wissen sich nichts Besseres an Sonn- und Feiertagen“ als ein Gespräch über Politik. Das Selber-Anfassen, Sich-unter-Umständen-die-Hände-schmutzig-Machen, das überlassen sie jenen, die schon nach Vorvätersitte das öffentliche Leben bestimmen, den Lehrern, den Kaufleuten und den Bauern. Hätte Bernhard Görg den Lehrerberuf ergriffen, er wäre wohl schon bald Personalvertreter und später vielleicht auf diesem Weg sogar Abgeordneter oder Bürgermeister einer niederösterreichischen Kleinstadt geworden. Aber Führer des bürgerlichen Lagers in Österreich? Irgendwann einmal, sei es von verzweifelten ÖVP-Funktionären gedrängt, sei es aus beruflicher Frustration, hat er sich entschieden, ein großer Politiker zu werden, und nachdem dieser Entschluß einmal gefallen war, konnte ihn daran nichts und niemand hindern, auch nicht die Niederlage beim Bundesparteitag 1991 in der Wiener Hofburg gegen Erhard Busek. (*„Ich trotze allen Vorbedeutungen … geschieht es jetzt, so geschieht es nicht in Zukunft; geschieht es nicht in Zukunft, so geschieht es jetzt; geschieht es jetzt nicht, so geschieht es doch einmal in Zukunft. In Bereitschaft sein ist alles.“)* Und so nahm er schließlich doch den Job eines Wiener ÖVP-Obmannes an, und manche seiner

Gegner bemerkten damals bissig, wenn auch daraus nichts geworden wäre, hätte er sich mit einem Bezirksratsmandat begnügt.

Anläßlich der entscheidenden Abstimmung im Wiener Landesparteivorstand, ob er oder die ehrgeizige Maria Rauch-Kallat in Hinkunft die Geschicke des bürgerlichen Wiens lenken soll, trat Bernhard Görg erstmals den Funktionären der Wiener Landespartei Aug' in Aug' gegenüber. Die Szene ist mir noch heute in Erinnerung: Görg wurde in den Sitzungssaal gebeten, um sich wenigstens persönlich den Parteivorstandsmitgliedern vorzustellen, bevor diese zur Wahlurne schreiten. Seine erste Handlung nach Betreten des höchstens psychisch, keineswegs aber klimatisch überhitzten Raumes: Er entledigte sich seines Sakkos, welches er flott über die Lehne des ihm dargebotenen Stuhles hängte. Zum Abschluß seiner folgenden kurzen Vorstellungsworte versicherte er den Wahlmännern und -frauen, daß man im Falle seiner Wahl bei der zukünftigen gemeinsamen Arbeit viel Spaß haben werde. Jeder kennt das psychologische Phänomen und hat es schon oft erlebt: Wenn zum Beispiel ein Redner seinen Sermon mit dem Versprechen einleitet, sich kurz zu fassen, steht dem Auditorium mit hoher Wahrscheinlichkeit ein überlanges Referat bevor. Für mich stand daher fest: Die Zukunft der Wiener Volkspartei wird weder locker noch lustig verlaufen.

Bernhard Görg konnte anfangs nur schwer verbergen, wie sehr ihn die Verbannung in die Drimmel'sche B-Liga innerlich wurmte. Er wollte ursprünglich Bundesparteiobmann werden und hätte sich später unter einem möglichen Parteiobmann Khol ganz gerne als Wirtschaftsminister gesehen. Fleiß, Zielstrebigkeit, Pflichterfüllung, nicht die bunten Ideen und frechen Sager sind die Welt des Bernhard Görg. Die Lenkung einer ministeriellen Bürokratie ist dem korrekten Professorensohn auch viel eher auf den Leib geschneidert als das „Hoppla, jetzt komm' ich" eines leichtblütigen Wiener Oppositionspolitikers. In den Parteigremien, wo Erhard Busek polternd räsonierte, karikierend über seine Gegner herzog oder den braven Funktionären stakkatoartig die neuesten Merksätze eintrichterte, wo Heinz Wille ebenso hoffnungsvoll wie vergeblich aus einem Funktionärshaufen ein

Arbeitsteam zu formen suchte, saß Bernhard Görg stumm in der Runde, und seine einzige Sprache war die seines Körpers, die unbehagliches Desinteresse vermittelte. Im Landesparteivorstand hielt er pflichtbewußt seine Redeübung, die eher der Vorlesung des Leitartikels einer großformatigen Tageszeitung ähnelte, und ließ gottergeben, bisweilen mit dem Anflug des Lächelns eines Vaters, der die Spiele seiner Kleinen beobachtet, die langatmige Berichterstattung der Stammtischerkenntnisse seiner Funktionäre über sich ergehen. Jeder Muskel in seinem Gesicht, jeder Blick verriet, daß er mit der Funktion eines Feldherrn, der seine Mannschaft auf unbekanntem Weg zu einem von ihm bestimmten Ziel zu führen hat, wenig anzufangen wußte. *(„Und ich … schleiche, wie Hans der Träumer, meiner Sache fremd, und kann nichts sagen.“)* Die Routinearbeit war ihm sichtbar lästig, und er konnte nicht verstehen, daß man sich als Führer einer Wiener Kleinpartei um die versteckten Bosheiten der Mächtigen im Rathaus, die ehrgeizigen Sticheleien der Bezirksfunktionäre und die egoistischen Anliegen lokaler Bürgerinitiativen ebenso zu kümmern habe wie um die Zukunft der Stadt im dritten Jahrtausend.

Hingegen gelang ihm, was seinen Vorgängern Petrik und Wille in ihrer gesamten Obmannschaft versagt geblieben war: die Überwindung der ärgsten Spaltung in der Wiener ÖVP. Während jene nicht einmal einen ernsthaften Versuch unternommen hatten, im gegnerischen Lager der eigenen Parteifreunde Fuß zu fassen, war Görg von Anfang an bestrebt, mit jenen Kontakte zu knüpfen, die ihn offenkundig nicht als Parteiobmann gewollt hatten. Gelehrig wie er nun einmal ist, war ihm nämlich bald klar, welch unsichere Kantonisten seine vormaligen Förderer sind. Görg versuchte seine innerparteilichen Kritiker immer wieder in seine Überlegungen einzubinden, sie um Rat zu fragen und um Mithilfe zu ersuchen. *(„Ich will euch nicht zu meinen übrigen Dienern rechnen, denn, um wie ein ehrlicher Mann mit euch zu reden: mein Gefolge ist abscheulich.“)* Gehört hat er freilich selten auf die meist gut gemeinten und loyalen Ratschläge. Er erinnert darin an die Parabel vom chinesischen Meister, der im Streit zweier Mönche beiden recht gibt und, auf die Widersprüchlichkeit seines Verhaltens angesprochen, auch noch die Kritik als richtig bestätigt.

In der Tat mußte Görg bald zur Kenntnis nehmen, daß eine Partei nicht wie ein Unternehmen geführt werden kann. Bezirksobmänner, Bezirksvorsteher, Bündechefs sind keine Bereichsdirektoren, denen man Unternehmensziele vorschreiben und die man bei Bedarf feuern kann. Im Gegenteil: Ein Parteiobmann ist für seine Wiederwahl stets auf die Gnade derer angewiesen, die er befehligen soll. Hat er einmal eine Wahl gewonnen, seiner Partei einen politischen Erfolg eingefahren, dann erst steht ihm das bewährte Druckmittel „*Ich oder das Chaos*" zu Gebote. Bis dahin ist er auf seine persönliche Autorität, das Ergebnis von Meinungsumfragen, die schützende Hand der Parteioberen oder das Wohlwollen seiner Freunde angewiesen.

Der neue Wiener Parteiobmann konnte sich keiner dieser Stützen wirklich sicher sein. Arbeitete er ein Reformpapier mit dem beziehungsvollen Titel „*Lust auf Wien*" aus, ließ ihn der mächtige Wirtschaftsboß Nettig noch vor dessen Erörterung in einer Klubklausur über die Medien wissen, welche Punkte des Papieres für ihn nicht akzeptabel seien. Gab der Parteichef öffentlich eine Erklärung ab, trommelte Klubobmann Prochaska zu spätabendlicher Stunde Gemeinderäte und Bezirksvorsteher zusammen, um dortselbst sein und seiner Getreuen Mißfallen über diese Äußerung kundzutun. Als der Parteichef anläßlich einer Klausur erklärte, einem bestimmten Punkt der Tischvorlage keinesfalls zustimmen zu können, erwiderte ein Bezirkskaiser trocken: „*Dann wird sie eben mit einer Stimme weniger beschlossen.*"

Angesichts dieser fortwährenden Desavouierung seitens seiner Erfinder hätte ich mir als einer jener, die Görg zwar nicht gewählt hatten, nun aber im Interesse der Partei in geduldiger Zurückhaltung verharrten, von Herzen gewünscht, er möge endlich einmal mit der Faust auf den Tisch hauen und sich so entweder seiner Kritiker oder seines Amtes entledigen. Doch solche Gewaltakte sind nicht die Welt des Bernhard Görg. („*Sein oder nicht sein, das ist hier die Frage: Ob's edler im Gmüt, die Pfeil' und Schleudern des wütenden Geschicks erdulden oder sich waffnend gegen eine See von Plagen durch Widerstand sie enden. Sterben – schlafen – nichts weiter!")* Markus Huber faßte dieses Verhalten im „Profil" wie folgt zusammen: „Der Preis, den er (Görg) für die Befriedung der Partei zahlte, war hoch. Beinahe jeder ÖVP-Funktionär darf machen, was er will."

Im sachlichen Bereich hatte sich Görg schon bald nach Beginn seiner Tätigkeit als Wiener ÖVP-Obmann – nach Art des Pawlow'schen Reflexes der in der Privatwirtschaft werkenden Österreicher gegenüber öffentlich Bediensteten – die mächtigen Wiener Magistratsbeamten als Feindbild auserkoren. (*„Ich möchte solch einen Kerl für sein Bramarbasieren prügeln lassen: Es übertyrannt den Tyrannen.")* Die Bürokratie dieser Stadt ist fürwahr ein Kapitel für sich. Wenn man mit den Wienern darüber spricht, kann man so gut wie alles hören. Von einer modernen, technisch hochstehenden Stadtverwaltung ist da die Rede, ebenso aber auch von stolzen Mandarinen, welche die ihnen ausgelieferten Untertanen zynisch ihre Macht spüren lassen.

Daß die Verwaltung einer Großstadt nicht völlig reibungslos funktioniert, daß eine Anzahl von Gemeindebediensteten zu Lasten ihrer Kollegen weitgehend dem süßen Nichtstun frönt, indem sie eine Meisterschaft im Unzuständigsein entwickelt, ist allgemein bekannt und keinesfalls nur für die Wiener Stadtverwaltung symptomatisch. Die undifferenzierte Kritik an Magistratsbeamten stößt aber bei den Betroffenen auf Widerspruch, bei den Wählern auf Unverständnis.

Ich selbst habe in meiner Tätigkeit als Bezirksvorsteher mehrere Gruppen von Wiener Magistratsbeamten kennengelernt. Da sind zunächst die fleißigen, treuen Gemeindediener, denen ihre Arbeit auch noch nach längerer Dienstzeit Freude bereitet, die kompetent agieren und den Bürgern höflich gegenübertreten. Eine andere Gruppe ist ebenfalls kompetent und fachlich versiert. Aber irgendwann hat es in ihrer beruflichen Karriere einen Knacks gegeben, irgendjemand hat die Schwingen ihres hochfliegenden Geistes gestutzt, und deshalb versuchen sie ihrer Umgebung ständig zu beweisen, was alles nicht geht. Man könnte sie deshalb auch als Experten des Stillstandes bezeichnen. Mit der Behendigkeit eines Urwaldbewohners und mit der Formulierungsgabe eines griechischen Philosophen ausgestattet, vermögen sie jederzeit unwiderlegbar zu beweisen, was alles nicht geht. Kein Fall ist zu unbedeutend, daß er durch das engmaschige Netz von Dienstanweisungen, technischen Richtlinien oder Vorschriften durchzuschlüpfen vermöchte, welches sie jederzeit aufzuspannen wissen. Und zu guter Letzt gibt es noch die Gemeindeknechte. Sie sind nicht angekränkelt von irgendeinem beruflichen Idealismus und tun immer genau das, was ihnen von ihren politischen Chefs befohlen wird und in vorauseilendem Gehorsam manchmal auch ein bißchen mehr. Wer nicht in der Gunst ihres politischen Chefs steht, für den tun sie absolut nichts.

Die Organisation einer derart großen Beamtenschaft, wie sie die Verwaltung einer Hauptstadt erfordert, ist zunächst Sache ihrer leitenden Organe. Was vor allem den Wiener Bürger und damit auch die Politik interessieren muß, sind einerseits die finanziellen Aufwendungen, sozusagen das Preis-Leistungs-Verhältnis des Beamtenapparats, und andererseits dessen Umgang mit den Bürgern. Gerade in diesen Bereichen ist die jahrelange sozialistische Alleinregierung viel schuldig geblieben. Noch immer werden bei relativ unbedeutenden öffentlichen oder privaten Vorhaben Verhandlungen mit Dutzenden Magistratsbeamten abgehalten, nach wie vor muß sich der Bürger bei nur ein wenig von der Norm abweichenden Anträgen oft einen rüden Umgangston seitens der von ihm finanzierten Magistratsdiener bieten lassen.

Auch beim Beamtenapparat wird deutlich, daß die Wiener SPÖ diese Stadt als ihr alleiniges Herrschaftsgebiet betrachtet. Dabei ist schon klar: Eine politische Verwaltung ist kein unabhängiges Gericht und auch kein öffentlicher Dienstleistungsbetrieb. Sie hat die politischen Entscheidungen der Stadtregierung umzusetzen. Wenn diese Stadtregierung nur aus den Mitgliedern einer Partei besteht, dann hat sie eben deren Vorstellungen zu verwirklichen. Von solchen Beamten „Überparteilichkeit“ zu erwarten, ist frommes Wunschdenken und führt lediglich zu Täuschungsmanövern. Man darf aber auch von abhängigen politischen Beamten mit Fug und Recht erwarten, daß sie sich primär an

Gesetz und Recht und erst in zweiter Linie an die Weisungen ihrer politischen Auftraggeber halten und daß sie daher das Wohl jener im Auge behalten, denen sie aufgrund ihres Aufgabengebiets verpflichtet sind. Es wäre Aufgabe jeder mitregierenden oder auch in Opposition befindlichen Rathauspartei, derlei Fälle unsachlich und parteipolitisch motivierter Amtsausübung im Gemeinderat schonungslos aufzuzeigen. Daß dies nicht geschieht, ermöglicht der über Magistratsdirektion und Personalführung faktisch allein gebietenden Mehrheitspartei, in ihrem Bestreben fortzufahren, die Stadt als ihr Eigentum zu betrachten.

Dabei gibt es in der Wiener Beamtenschaft genug Mitarbeiter, die ausreichenden Weitblick besitzen, um über den Tellerrand des Einheitsbreies von Vorschriften hinauszublicken und deren Leistung gut genug ist, um sich nicht vor der Maßregelung irgend eines Politfunktionärs fürchten zu müssen. Ihnen den Rücken zu stärken, die anderen aber mit den Mitteln der parlamentarischen Arbeit über ihre politischen Chefs zur Ordnung zu rufen, wäre eine weit wichtigere politische Aufgabe, als in der Rolle eines Obermagistratsdirektors neue Management- und Verwaltungsreformprojekte auszubrüten.

Stattdessen erfand die SPÖ-ÖVP-Koalition eine Verwaltungsreform, die zwar den ökonomischen Erfordernissen einer sparsamen öffentlichen Verwaltung entsprechen mag, aber offenkundig mit einem Verlust an Bürgernähe erkauft wird, wie aus zahlreichen Zentralisierungstendenzen bei Magistratsaußenstellen zu entnehmen ist. Die viel wichtigere – und ganz gewiß nicht durch Erlässe, sondern eher durch Motivation seitens der Regierenden erreichbare – Entwicklung weg von politischer Abhängigkeit und hin zum Bürger steht hingegen noch aus.

Ganz am Anfang seiner Karriere als Wiener Parteiobmann machte Görg kein Hehl daraus, Bürgermeister dieser Stadt werden zu wollen. Zwar schien die Aussicht für eine Partei mit 18 Prozent der Stimmen und Mandate nicht sehr rosig, den weitaus stärkeren bürgerlichen Konkurrenten zu überflügeln und mit ihm die SPÖ vom Thron zu stürzen. Daß eine drittstärkste Parlamentspartei das oberste Regierungsamt erringen könne, hätte damals wohl noch niemand geglaubt. Dennoch schien das Ziel für den Wiener ÖVP-Spitzenmann, der eine Vorliebe für die bürgerliche Wende erkennen ließ, durchaus nicht abwegig. Hatte er doch schon im Kampf gegen Erhard Busek um den Bundesparteivorsitz dessen Treue zur großen Koalition kritisiert.

Wenig später aber wendete sich Görg um 180 Grad. Er besann sich seiner intellektuellen Noblesse, verweigerte den Umgang mit den populistischen blauen Schmuddelkindern und erklärte die Wiener FPÖ für nicht paktfähig. *(„O es ärgert mich in der Seele, wenn solch ein handfester haarbuschiger Geselle eine Leidenschaft in Fetzen, in rechte Lumpen zerreißt, um den Gründlingen im Parterre in die Ohren zu donnern, die meistens von nichts wissen als verworrnen stummen Pantomimen und Lärm.")*

Die Begründung für diesen Meinungsschwenk vermag nicht zu überzeugen. Denn während Erhard Busek aufgrund seiner weltanschaulichen Position kaum in der Lage war, mit der Freiheitlichen Partei unter Jörg Haider zu kooperieren, kannte Görg am Anfang seiner politischen Tätigkeit solche Berührungsängste keineswegs. Ganz im Gegenteil, er bot sich gerade in dieser Frage sowohl als Kandidat der Bundes- wie auch der Wiener-ÖVP als Alternative an. Eine Regierungskoalition ist schließlich kein Ehevertrag und keine Lebensfreundschaft, sondern die Zweckgemeinschaft von Parlamentsparteien, um eine Regierung zu bilden und die anderen Parlamentsparteien von derselben auszuschließen. Für mimosenhafte Empfindlichkeit ist da kein Platz.

Nachdem Görg den Anspruch auf den Bürgermeistersessel aufgegeben hatte, fiel es ihm noch schwerer, dem durch die furchtbare Wahlniederlage Willes total verunsicherten Funktionärsapparat ein Ziel vor Augen zu stellen, für das es sich geeint zu kämpfen lohnte. In einer Gemeinderatklubklausur stellte ich einmal als Gedankenexperiment die provokante Frage, wie ein um drei Uhr nachts telefonisch geweckter Wiener Bürger spontan ausdrücken könnte, wofür die Wiener ÖVP denn stehe. Der gemeinderätliche ÖVP-Verkehrssprecher Ossi Wawra, der später als stiller Vorläufer der Finanzstadträtin Ederer unter günstigen Bedingungen aus der Politik in den einzigen von der Wiener ÖVP bekleideten Spitzenbeamtenposten des Wiener Rathauses übersiedelte, eröffnete mir daraufhin, daß wir doch die „U-Bahnpartei“ seien. Walter Nettig folgte mit der Überzeugung, daß jeder Wiener auch im Schlaf die ÖVP als „Wirtschaftspartei“ identifizieren müsse. Bevor mir jeder Bereichssprecher versichern konnte, daß gerade sein Aufgabengebiet den Wienerinnen und Wienern selbst im Traum als typisches Merkmal erfolgreicher ÖVP-Politik geläufig sein müsse, unterbrach Bernhard Görg die Debatte mit dem praktischen Hinweis, daß der apostrophierte Wiener Bürger um punkt drei Uhr nachts nur von einem angerufen werden könne, weil bei den anderen das Besetztzeichen ertönen würde. Diese Debatte über grundsätzliche Zukunftsfragen der Wiener ÖVP endete wenigstens humorvoll.

Während Görg die Angriffe auf die Wiener Freiheitlichen immer mehr verstärkte und dabei auch vor Verbalinjurien nicht zurückschreckte, wurde sein Tonfall gegenüber der alleinregierenden SPÖ aus Rücksicht auf eine kommende Koalition immer milder. Einer, der ausgezogen war, die Wiener SPÖ das Gruseln zu lehren, fügte sich bescheiden in die unabänderliche Rolle des Juniorpartners. (*„Daß wir die Übel, die wir haben, lieber ertragen, als zu unbekannten fliehen. So macht Gewissen Feige aus uns allen; der angebornen Farbe der Entschließung wird des Gedankens Blässe angekränkelt; und Unternehmungen voll Mark und Nachdruck, durch diese Rücksicht aus der Bahn gelenkt.“)*

Diese zögerliche Haltung machte es schon schwer, für die Gemeinderatswahlen 1996 geeignete neue Kandidaten für ein „Dream-Team“ zu gewinnen. Die Kandidaten sollten neu, für die Öffentlichkeit attraktiv und fachlich kompetent sein, aggressiv und doch die Bürgermeisterpartei nicht über Maßen reizen – ein wahres Zirkuskunststück. (*„Denn mitten in dem Strom, Sturm und, wie ich sagen mag, Wirbelwind Eurer Leidenschaft, müßt Ihr Euch eine Mäßigung zu eigen machen, die ihr Geschmeidigkeit gibt.“)* Hinzu kam die Langsamkeit der Entscheidungsfindung. So verriet Görg etwa im kleinen Kreis, daß er auf eine damals in der Öffentlichkeit ob ihrer furchtlosen Entwicklungshilfearbeit bekanntgewordene Caritasmitarbeiterin („Der Engel von Ruanda“) ein Auge geworfen habe. Er lasse sie prüfen, testen, hieß es, und er tat dies so lange, bis alle Journalisten davon wußten und die vermeintliche Kandidatin entnervt absagte. Das Dream-Team drohte angesichts der Begehrlichkeit seitens der Parteibasis um die erwartungsgemäß weiter schrumpfenden Rathaussitze zum „Nightmare-Team“ zu entarten. Von den verbliebenen Kandidaten verlor Görg schließlich einige durch den Untergang als „unsinkbar“ angenommener Grundmandate (Ernst-Wolfram Marboe in Penzing, Günther Marek im Wahlkreis Zentrum oder Hilde Philippi in Leopoldstadt) und bald nach ihrer Angelobung die junge Hausfrau und Mutter Romana Widhalm durch eine bösartige Krankheit. Es ist wohl kein Zufall, daß ihm bei der nächsten Wahl im Jahr 2001 Gleiches widerfuhr, weil die als Glanzlichter aufgestellten vornehmlich weiblichen Kandidaten „dank“ dem bescheidenen Stimmenzuwachs den Sprung in den Gemeinderat nicht schafften, wie etwa die an zweiter Stelle im Wahlkreis Zentrum aufgestellte Kandidatin Barbara Feldmann, die am besonders schwachen Ergebnis dieses ehemals immer mit zwei Mandaten ausgestattet gewesenen Wahlkreises scheiterte.

Am 13. Oktober 1996 setzte es die von allen erwartete Wahlniederlage. Die Wiener ÖVP war auf den Tiefstand von 15 Gemeinderatsmandaten gesunken und verlor auch noch die zweite Position in Wien-Landstraße, jedoch keinen der sieben noch verbliebenen Bezirksvorsteher. Ein Bernhard Görg läuft in einer solchen Situation nicht davon. So etwas tut man unter seinesgleichen nicht. Er sucht freilich auch nicht nach Architekten, die das abgebrannte Haus durch einen kühnen Neubau ersetzen könnten. Bernhard Görg baut fleißig selbst wieder auf, was zerstört ist. „Reform an Haupt und Gliedern“ war die Devise, und daher wurde zunächst einmal ein Reformkomitee führender Funktionäre eingesetzt. Gestandene Parteileute, Vertreter der wichtigsten Organisationen und einige junge Gemeinderäte gehörten ihm an. Ein Außenstehender, nicht von den Leiden der alten ÖVPler Angekränkelter fand sich nicht im Team, wurde wohl auch nicht gesucht. „In diesem Arbeitsteam müssen die Fetzen fliegen, da muß ordentlich gestritten werden, damit etwas herauskommt“ war die Devise des Chefs. Nach zwei, drei samstäglichen Seminartagungen in der Falkestraße fragte mich einer der Teilnehmer sichtlich verzagt, ob es denn sinnvoll sei, daß er so viele Stunden seiner knapp bemessenen Freizeit der Familie vorenthalte. Ich vermochte es ihm auch nicht zu sagen.

Bernhard Görg lächelte die ganze Zeit hindurch milde über manch wirre Beiträge seiner Reformertruppe und löste schließlich nach drei Monaten die Kommission praktisch auf, indem er ankündigte, im stillen Kämmerlein österlicher Meditation selbst ein Reformpapier zu erstellen. Dieses wurde dann auch einige Zeit später den staunenden Parteivorständlern als des Obmannes neue Kleider präsentiert. Der Reformparteitag, den alle für so notwendig erachtet hatten, wurde erst gar nicht mehr ausgeschrieben, weil – so hieß es – „die Wähler auf einen Parteitag nicht neugierig sind". Ich versagte mir die Überlegung, ob man mit dieser Begründung nicht auch den Parteivorstand, den Klub, überhaupt die ganze ÖVP und letztlich auch die anderen Gemeinderatsparteien abschaffen könne, weil die Menschen auf diese Einrichtungen ja bekanntlich auch nicht „neugierig" sind.

Die Wende gegenüber den Freiheitlichen war nicht die einzige Kunstfigur des Kommunalpolitikers Bernhard Görg. Er, der in Politik und Privatleben bisher betont Konservative, entdeckte seine liberale Ader. In einem Interview im „Format" im Herbst 1999 forderte Görg eine liberale Ausrichtung der Volkspartei, als ob es eine solche vor ihm nie gegeben hätte. Mit welchen Themen? Natürlich mit Wirtschaftskompetenz und mit Bildung und Leistung. Aber gleich nach dieser Pflichtübung forderte der ÖVP-Obmann einen neuen Familienbegriff der ÖVP, eine andere Haltung gegenüber den Homosexuellen. Fassungsloses Staunen bis leicht murmelnder Widerspruch erfaßte die ehrsamen Mitglieder des Landesparteivorstandes, als er dort selbiges verkündet. („*Vergebt mir diese meine Tugend, denn in dieser feisten, engbrüstigen Zeit muß Tugend selbst Verzeihung fleh'n vorm Laster, ja kriechen, daß sie nur ihm wohltun dürfe.*")

Bernhard Görgs wundersame Wandlung vom konservativen Rechtsverbinder zum fortschrittlich aufgeschlossenen Libero ist ebensowenig Wankelmut oder Charakterschwäche wie sein Kurswechsel gegenüber den Freiheitlichen. Es ist vielmehr der stetige Versuch, in einem seiner natürlichen Begabung fremden Gebiet festen Boden unter den Füßen zu gewinnen. Die emotionale, spielerische Leichtigkeit, das komödiantische Täuschen, die trickreiche Strategie, die herzliche Freude an den Menschen und das aufrichtige, gutartige Lachen über deren gelegentlichen Eigensinn, alles das, was Politik und vor allem Kommunalpolitik zur lustvollen Beschäftigung geraten läßt, ist Bernhard Görg ziemlich fremd. Das Zaubern mit den bunten Luftballons politischer Ideen, das Jonglieren mit den leuchtenden Kugeln wechselnder Strategien ist Görgs Sache nicht. Er will, wie er einmal sagte, das „Goldene Wienerhirn" neben das „Goldene Wienerherz" stellen. Ein Beitrag, der auf die Wiener Bildungs- und Forschungspolitik gemünzt war und dennoch treffend sein Politikverständnis umschreibt.

Aber diese Stadt, die stets ihre reichhaltigen geistigen Gaben hinter ihrem guten und leider auch mitunter bösen Wienerherzen zu verstecken weiß, ist so nicht zu gewinnen.

Dabei ist der Wiener Parteichef kein gefühlloser Verstandesmensch. Während der stärksten Angriffe auf ihren Mann und vor seinem größten Erfolg, der Aufnahme in die Wiener Stadtregierung durch die SPÖ, sprach Eva Görg, die Ehefrau, im privaten Kreis des öfteren aus, wie sehr sie sich nach seinem Rückzug aus der Politik sehnte, nach einer Beschäftigung, in der ihr Mann nicht ständig gemeinen und boshaften Verletzungen ausgesetzt sei, welche mit barer Münze zurückzuzahlen von ihm erwartet wird. Frau Görg wünschte sich, ihren Mann wieder in einer Position zu sehen, in welcher er wieder er selbst sein könne. *(„Wie ekel, schal und unersprießlich scheint mir das ganze Treiben dieser Welt! Pfui darüber! 'S ist ein wüster Garten.")*

Der selbstlose unbeugsame Wille zur Macht, der in der ÖVP so manchen Landesfürsten, vor allem aber ihren obersten Chef auszeichnet, jener unbeirrbare Drang, sich politische Gegner – auch aus den eigenen Reihen – konsequent vom Hals zu schaffen oder sie zumindest furchtlos anzugreifen, fehlt dem Humanisten Görg ebenso wie die konsequente Verfolgung einer politischen Kampfstrategie. In einer Landesparteivorstandsitzung im März 1999 fordert dieser moderne Hamlet von seinen Parteifreunden die Erhöhung der Konfliktbereitschaft und dekretiert gleichzeitig die Öffnung der Partei gegenüber liberalen Wählern. Als Planungsstadtrat philosophierte er intellektuell-abstrakt über die Zukunft der Städte und ließ sich von seinen Werbeleuten zugleich dem Volk als händeküssender Ballartist präsentieren. Im Wahlkampf setzte er auf mehr Jugend und spricht neuerdings von der Bedeutung der Seniorenarbeit. *(„Ich hege Taubenmut, mir fehlt's an Galle … Pfui drüber! Frisch ans Werk, mein Kopf! Hum, hum! … Das Schauspiel sei die Schlinge, in die den König sein Gewissen bringe.")*

Mit der Aufnahme in die Rathauskoalition hatte Bernhard Görg die schmachvolle Zeit eines nicht gerade erfolgreichen Oppositionspolitikers eine Zeitlang hinter sich gelassen. Nun durfte er regieren, anschaffen, bestimmen, zwar im bescheidenen Rahmen, aber kraft des ihm übertragenen Amtes des Vizebürgermeisters und amtsührenden Zukunfts- und Planungsstadtrates. Nicht mehr ohne Ansehen und Mittel die Bürger mit artistischen Kunststücken und Zaubereien zu gewinnen suchen, sondern fortan in geordneter Weise die von Rechts wegen vorgegebenen Aufgaben eines Wiener Vizebürgermeisters erledigen zu dürfen. Freilich kein leichtes Unterfangen. Galt es doch als Juniorpartner der roten Ratsherren, eigenständiges Profil zu gewinnen und den Menschen zu zeigen, daß man Eigenständiges zuwegebringe, andererseits aber den gewaltigen Partner nicht derart zu vergrämen, daß er sich einen anderen Mehrheitsbeschaffer zulegt. *(„Ein Gedanke, der, zerlegt man ihn, ein Viertel Weisheit nur und stets drei Viertel Feigheit hat.")* Vor dem Dilemma, den kommoden Sessel eines Vizebürgermeisters vor die Tür gestellt zu kriegen oder vom Bürgermeister samt Regierungskollegen Marboe zu Obersenatsräten in Bereichsleiterfunktion degradiert zu werden (O-Ton Häupl: „Langsam wachs' ma z'samm"), suchte Görg den Ausweg ins Visionäre. In Peking vertrat er die rot-weißen Farben Wiens bei der „Weltstädtekonferenz", sinnierte über die Zukunft der Großstädte und träumte von zusammengewachsenen Städten, die in 30 bis 50 Jahren Nationalstaaten ersetzen sollen, und vergaß über der Vision einer Stadtregion Wien-Preßburg, daß sich Liesing und Mödling nicht über ein Verkehrsentwicklungskonzept einigen können. Die Wiener ÖVP-Politik geriet so zu einer Anlaßfallstrategie, die den politischen Hauptgegner mehr zu beobachten als zu fordern trachtet. *(„Ich will seine Blicke beachten, will ihn bis ins Leben prüfen: Stutzt er, so weiß ich meinen Weg.")*

Ernst zu nehmende innerparteiliche Kritik muß Görg in dieser von Resignation gelähmten Partei längst nicht mehr fürchten. Belanglose, kleinere Störungen wie das Auftreten eines Gegenkandidaten bei dem schließlich doch fällig gewordenen Parteitag im Jahr 2000 konnten sein Wohlbefinden nur marginal beeinflussen. Unter der jung sein wollenden Firma „Vienna Project" trat der aus altem Kärntner ÖVP-Adel stammende Rechtsanwalt Werner Suppan mit einem Programm als Gegenkandidat an, das sich wie ein Zusammenschnitt alter Busek'scher Leitlinien anhörte. Nach einem tapferen Auftritt in einem Hietzinger Keller, bei dem lokale Altfunktionäre in der lässig gespannten Crash-Erwartung von Formel-1-Zuschauern im Hintergrund an der Theke lümmelten, trat Werner Suppan schließlich am 27. Mai 2000 beim Wiener Landesparteitag in der Prater-Messehalle zur Hinrichtung Bernhard Görgs an. Als vorsichtig realistischer Revolutionär hatte er auf seinem Ticket die vom Widersacher brav bündisch ausgesuchten Obmannstellvertreter Herlinde Rothauer von der Wirtschaft und Walter Strobl vom ÖAAB belassen und lediglich den einzigen Bezirksverantwortlichen auf Görgs Wahlvorschlag, den Döblinger Vorsteher Adi Tiller, einen der offensten und ehrlichsten Kritiker Görgs, durch den Uraltmeister Primarius Günther Wiesinger ersetzt. Der Kandidat verzichtete auf jedwede aktionistische Stimmungsmache, zu welcher der 08/15-Parteitag reichlich Gelegenheit geboten hätte, und einigte sich schließlich sogar mit seinen Gegnern auf eine Beschränkung der Pro- und Kontraredner. Die Folge war, daß in der Debatte vier idealistische junge Anhänger Suppans, die ein erfreuliches Lebenszeichen der Partei darstellen, von kalten Profis der Gegenseite auf ziemlich unsympathische Art heruntergemacht wurden. Das Wahlergebnis brachte nicht einmal ein 30%-Quorum für den Herausforderer (*„Du kläglicher, vorwitz'ger Narr, fahr wohl! Du siehst, zu viel Geschäftigkeit ist mißlich."*)

Bernhard Görg hätte es nicht besser treffen können. Hätte dieser Operettenputsch nicht stattgefunden, wäre er wohl an jener 90-Prozent-Marke gescheitert, an der ein allein kandidierender Parteiobmann bei seiner Wiederwahl üblicherweise gemessen wird. Mit mehr als 70 Prozent der Delegiertenstimmen trotz Gegenkandidaten hat sich Bernhard Görg endlich über jede Art von Kritik an seiner Obmannschaft erhoben. Der Advokat Suppan war als Kandidat ein treuer Förderer seines vermeintlichen Gegners, so daß manche im Scherz mutmaßten, seine Kandidatur sei im Auftrag des Parteichefs erfolgt.

Als ich Bernhard Görg einige Monate vor der jüngsten Gemeinderatswahl einen Besuch abstattete, kündigte er mir an, auch bei Fortbestand der rot-schwarzen Rathauskoalition nur mehr kurze Zeit Vizebürgermeister bleiben zu wollen, um sich anschließend ganz der Reform der Wiener ÖVP zu widmen! Und so ist dem Prinzen von Wien, der einst mit den Blauen den König vom Thron stürzen wollte, später als einziger gegen deren Beteiligung an der Bundesregierung protestierte und sich nun der Partei widmen möchte, der er seit zehn Jahren als Obmann voransteht, sein Schicksal gewiß. Er wird ganz im Sinn einer Shakepearschen Tragödie diese Partei bis zum letzten Akt führen, an dessen Ende der gemeinsame Untergang steht. Und dennoch wird ihm die Nachwelt Ruhmeskränze flechten. Hat er die Wiener ÖVP doch nach vielen Jahren wieder in die Stadtregierung geführt und wäre auch höchst erfolgreich dort verblieben, wenn ihn der Wähler nur verstanden hätte. *(„Laßt vier Hauptleute Hamlet auf die Bühne gleich einem Krieger tragen: denn er hätte, wär er hinaufgelangt, unfehlbar sich höchst königlich bewährt!")*

Heimat am Grund und im Grätzel

Durch die neugotischen Fensterschlitze fällt die Nachmittagssonne auf die schläfrigen Gesichter der in der Rathausstube um den Sitzungstisch versammelten Politiker. ÖVP und SPÖ sind nach den Gemeinderatswahlen 1996 zu Regierungsverhandlungen zusammengetreten. Heute soll es in einem Unterkomitee um die politische Zukunft der Wiener Gemeindebezirke gehen. Auf Seiten der SPÖ hat es sich der alte Haudegen, der damalige Klubobmann und nunmehrige Landtagspräsident Johann Hatzl, nicht nehmen lassen, für seine Fraktion die Verhandlungen zu leiten. Schon seit zwei Stunden ermüden die Verhandlungsteilnehmer einander mit stetiger Wiederholung ihrer Standpunkte, so als ob sie ernsthaft dächten, durch immer neue rhetorische Facetten ihr Gegenüber für ihre Meinung gewinnen zu können. Plötzlich, wie aus heiterem Himmel, erklärt der SPÖ-Klubchef, man werde den Anteil der Wiener Bezirke am Gesamtbudget der Stadt von knapp einer Milliarde Schilling auf das Vierfache erhöhen. Während die ÖVP-Verhandler ob dieses Meinungsschwenks noch in ungläubigem Staunen verharren, gebärden sich die Mitstreiter Hatzls wie die Chorjungfrauen einer griechischen Tragödie. Mit besorgten Gesten, verzweifelten Blicken und warnenden Worten malen sie das Bild der zerstörten Einheit unserer Wiener-Stadt an die Wand, falls die ÖVP dieses verschwenderische Anbot tatsächlich annehmen sollte. Doch Hatzl läßt sich scheinbar nicht davon beirren, als altersdementer, entmündigungsreifer Erbonkel dargestellt zu werden, der im Begriffe ist, boshaft das Familienvermögen an schlechte Menschen zu verschleudern. Mit ruhiger und fester Stimme wiederholt er, daß die Vervierfachung der Budgetmittel für die Wiener Gemeindebezirke ein notwendig zu zahlender Preis für den gewünschten Eintritt der ÖVP in die Wiener Stadtregierung sei.

Der alte Fuchs hatte richtig spekuliert. Die ÖVP würde sich angesichts eines solchen „Verhandlungserfolges" nicht trauen, noch mehr zu verlangen, und die Abmachung würde ohnedies in die geduldige Bedeutungslosigkeit politischer Papiere versinken. Er sollte recht behalten. Bernhard Görg erklärte mir in den fraktionsinternen Vorgesprächen der Koalitionsverhandlungen unmißverständlich, daß er die Zusammenarbeit mit der SPÖ, auf die man so lange habe warten müsse, ganz sicher nicht an der Frage der Bezirksautonomie werde scheitern lassen.

Da die SPÖ jedwede Zuständigkeit der Bezirke auf dem Gebiet des Sozial- und Gesundheitswesens, der Jugendförderung, der Musikschul- bzw. Erwachsenenbildung oder gar des Personals kategorisch ablehnte, war die von der Regierungskoalition beschlossene Vervierfachung des Budgets von vornherein undurchführbar. Die Beamten bemühten sich zwar ebenso wacker wie erfolglos, die politisch ausgehandelte Vorgabe zu erfüllen, und verfielen dabei auf so abstruse Ideen wie die Übertragung des gesamten Kanal- und Wasserleitungsnetzes in die Zuständigkeit der Bezirke. So als ob die 23fache Entscheidung, ob man das Rohrnetz reparieren oder lieber eine Überschwemmung in Kauf nehmen solle, eine nach Wiedner, Döblinger oder Simmeringer Lokalkolorit zu entscheidende Antwort erheischte. Schließlich brachte man statt der beschlossenen Vervierfachung gerade eine Verdoppelung der Budgetmittel zustande, und auch das nur, weil man die Bezirke mit Budgetaufgaben ausstattete, die jeden lokalen Bezug vermissen lassen, wie etwa die Erhaltung der städtischen WC-Anlagen oder des überregionalen Wiener Straßennetzes. Die daraus resultierende Begehrlichkeit der „Bezirkskaiser", auch Durchzugsstraßen nach eigenem Gutdünken zu gestalten und abzusperren oder selbständig über den Bestand Wien-weiter Radwege zu entscheiden, führte sehr bald zu beachtlichem Frust bei Stadtregierung und Bürgern. So erfand man allerhand Ausreden, um sich über die Beschlüsse der Bezirke hinwegzusetzen und ihnen nur die Bezahlung, nicht aber die Entscheidung dieser Angelegenheiten zu überlassen: Irgendwelche Gesetze, die Verkehrssicherheit, das Fachwissen zentraler Mitarbeiter, die Verwaltungsvereinfachung und was dergleichen mehr an Argumenten ist, stellte sich den Zentralisten zeitgerecht ein, um die erst vor kurzem beschlossene Dezentralisierung wieder rückgängig zu machen. Von der Vervierfachung der Bezirksaufgaben blieb kaum etwas übrig. Johann Hatzl und die Wiener SPÖ hatten sich wieder einmal durchgesetzt.

Der teils hinhaltende, teils unverhohlene Widerstand der Wiener Sozialdemokraten gegen eine echte Verwaltungsautonomie der Wiener Gemeindebezirke mag verständlich scheinen. Die Sozialdemokratie ist schon von ihren historischen Wurzeln her alles andere als eine föderalistische Partei. Der Sieg der sozialistischen Idee läßt sich eben nicht verwirklichen, wenn – außerhalb der Partei – kleinräumige Einheiten für ihren Bereich autonome politische Entscheidungen treffen dürfen. Schon bei der Entstehung der österreichischen Bundesverfassung war es den sozialdemokratischen Verhandlern zu „danken", daß die Konstruktion eines österreichischen Bundesstaates auf halbem Weg steckenblieb, so daß sich in der Bevölkerung, zumindest im Osten des Bundesgebietes, eine föderalistische Gesinnung bis heute nicht recht entwickeln konnte. Zum Unterschied von der Wiener ÖVP haben die Wiener Sozialisten aber immer gewußt, daß in den gewählten Vertretungen der Bezirke ein Machtpotential steckt, welches man – wenn es nur irgendwie geht – nicht mit bürgerlichen Gruppierungen teilen möchte.

Diese Erkenntnis führt mitunter zu merkwürdigen Verhaltensmustern. So ersucht etwa seit Jahren die jeweils zuständige Sozialstadträtin in Bezirken mit ÖVP-Vorstehern ausdrücklich den der SPÖ angehörenden Bezirksvorsteherstellvertreter, bei den Weihnachtsfeiern in den Pensionistenklubs den Klubbesuchern ihre Weihnachts- und Neujahrswünsche zu überbringen. Wohlgemerkt, in ihrer Funktion als Amtsührende Stadträtin, nicht als SPÖ-Mandatarin, und in den gemeindeeigenen, nicht in den SPÖ-Klubs. Auch die derzeitige Amtsinhaberin und Vizebürgermeisterin Grete Laska hat diesen eigenartigen Brauch übernommen. Zur Ehre meiner sozialdemokratischen Stellvertreter sei gesagt, daß diese sich und mir diese Peinlichkeit vor den ahnungslosen alten Herrschaften ersparten und mich um die Erwähnung der stadträtlichen Grüße ersuchten, was ich auch in gebührender Form befolgte. Eine unbedeutende Kleinigkeit gewiß, aber symptomatisch für sozialdemokratisches Machtverständnis.

Deshalb ist die Dezentralisierung in Wien von allem Anfang an schiefgelaufen. Man hatte nämlich ganz offensichtlich niemals die Absicht, den Organen der Bezirke dort, wo schnelle und bürgernahe Maßnahmen gefordert sind, ein Entscheidungsrecht einzuräumen. Die Mehrheit im Rathaus mußte sich ja darüber im klaren sein, daß der direkte Kontakt mit den Bürgern sonst in einigen Bezirken den Exponenten einer anderen Partei obläge. Man beschränkte die Bezirksautonomie daher fast ausschließlich auf die budgettechnischen Entscheidungen über Anordnung und Vergabe ganz bestimmter Ausgabenposten, ohne administrative Entscheidungsgewalt. Und auch diese dürfen nur getroffen werden, wenn die zuständige Magistratsabteilung den vom Bezirk gewünschten Antrag auch tatsächlich vorlegt.

Eine Wiener Bezirksvertretung darf zwar bestimmen, wieviel Geld im Bezirk für Pensionistenklubs ausgegeben wird, die individuelle Entscheidung über einen konkreten Sozialfall trifft aber die Magistratsabteilung 12, und das zunehmend zentral und nicht in Bezirksstellen. Der Bezirk entscheidet neuerdings sogar finanziell über die Reparaturen in seinem Amtshaus, aber dem Portier desselben darf ein Bezirksvorsteher nicht den kleinsten Auftrag erteilen. Der Bezirk ist jetzt sogar finanziell für die Erhaltung der Hauptstraßen zuständig, darf aber in der kleinsten Sackgasse keinen Verkehrsspiegel aufstellen, ohne daß die Magistratsabteilung 46 dazu ihren Sanktus gibt. Der Bezirk finanziert die Erhaltung der städtischen Parkanlagen, aber zur Beschäftigung von Langzeitarbeitslosen mußte ich vor einigen Jahren noch einen eigenen Verein gründen. Auch das Angebot einer privaten Werbefirma, dem Bezirk für Transporte oder Seniorenausflüge mittels Leasingvertrag einen Kleinbus zur Verfügung zu stellen, wie dies in vielen kleinen Gemeinden gang und gäbe ist, konnte ich als Wiener Bezirksvorsteher nur dank diesem Verein annehmen. Denn ein Wiener Gemeindebezirk genießt nicht einmal die Rechtsstellung eines unmündigen Minderjährigen, und selbst wenn er Buntstifte oder Papier für Kindermalaktionen einkauft, tut er dies im Namen der großen Gemeinde Wien.

Dem von der ÖVP im Zuge der Regierungsverhandlungen 1996 vorgebrachten Begehren, den Bezirken auch Mitspracherechte bei den Hunderten Millionen einzuräumen, die die Stadt Wien jährlich für soziale Dienste, Erwachsenenbildung und Jugendförderung bereitstellt, da die Strukturen in diesen Bereichen nachweislich von Bezirk zu Bezirk verschieden seien, wurde von den Rathaussozialisten bzw. den ihnen willfährigen Beamten glatt abgelehnt. Es handle sich dabei um Einrichtungen, die schon lange aus der Gemeindeverwaltung ausgegliedert seien und von dieser daher nicht an die Bezirke weitergegeben werden könnten. Peinlich nur, daß inzwischen ausgerechnet die den Bezirken obliegende Erhaltung der Pensionistenklubs an eine solch ausgegliederte Institution, das Kuratorium der Wiener Pensionistenheime, angebunden wurde.

Vom Standpunkt der Sozialdemokratie her gesehen ist es konsequent und richtig, die formelle, rechtlich verankerte Macht der Bezirksvorsteher und Bezirksvertretungen auf das für deren Existenz unumgänglich notwendige Ausmaß zu beschränken, deren informelle und tatsächliche Wirksamkeit aber den Vertretern der eigenen Fraktion vorzubehalten. Diese müssen mit ihren Wünschen nur zu den „eigenen" Stadtregierungsmitgliedern pilgern, und schon können sie mit wohlwollender Behandlung ihrer Anliegen rechnen.

Zwar war und ist es auch den ÖVP-Vorstehern möglich, ihre und ihrer Bürger Begehren an die Zuständigen im Rathaus heranzutragen, das „Wohlwollen" der Rathausgewaltigen ist aber naturgemäß meist weniger ausgeprägt als bei ihren roten Amtskollegen. Wenn die ÖVP-Vorsteher auch oft nichts erreichen, können sie dabei aber bisweilen interessante Charakterstudien betreiben. Die Reaktionen der Stadtoberen reichen nämlich vom schlichten „Njet" über eine ausgefeilte Hinhaltetaktik bis zur hoffnungsvollen Zusage („Mach' ma, Herr/Frau Bezirksvorsteher/in"). Allen diesen Verhaltensweisen ist gemeinsam, daß sie zu keinem Ergebnis führen. Oft scheitern die wackeren Bezirkspolitiker freilich schon am Beamtenapparat. Im Erfinden von Vorschriften, die so gut wie jeden Bezirkswunsch zwar verständlich, aber leider, leider rechtlich ganz und gar unmöglich machen, erweisen sich manche Wiener Gemeindediener als wahre Meister.

Der Liebe Augustin für die originellste Behandlung parteifremder Bezirkspolitiker gebührt aber zweifellos jenem Stadtoberen, welcher einem prominenten ÖVP-Bezirksvorsteher zunächst die Erfüllung eines Wunsches zusagte. Als sich dieser später beschwerte, trotz alleroberster Zusage an einem Spitzenbeamten des Magistrats gescheitert zu sein, begnügte sich der Stadtgewaltige damit, dem erwähnten Beamten – freilich in dessen Abwesenheit – in typisch wienerischer Ausdrucksweise die Entleerung seines Darminhaltes zu befehlen. Zurück blieb ein verdutzter Bezirksvorsteher, der nicht einsah, wie diese möglicherweise medizinisch indizierte oberste Empfehlung seinem Begehren förderlich sein könnte.

Die Wiener ÖVP hatte jahrzehntelang, bis 1996, in der Stadtregierung nichts mitzureden und wird dies auch in Zukunft nicht können. Kein auch noch so kleines Ressort der sogenannten Amtsführenden Stadträte durfte und darf man selbständig verwalten, über keinerlei Budgetmittel verfügen, nirgends zeigen, was und wie man es besser machen könnte. Die ganze Zeit hindurch stellte man aber einige der 23 Wiener Bezirksvorsteher, seit Buseks Zeiten sogar neun, ab 1991 sieben und jetzt immerhin noch sechs. Ein unbefangener politischer Beobachter möchte vielleicht meinen, daß eine Partei mit einem derart eklatanten Mangel an jedweder politischer Macht diesen rettenden Strohhalm dankbar ergreifen und alles tun würde, um Einfluß und Bedeutung jener politischen Bereiche zu stärken, wo man von Rechts wegen tatsächlich etwas anzuschaffen hat und sich nicht allein auf propagandistische Behauptungen stützen muß. Denn der Wähler will bekanntlich Taten sehen und nicht Worte hören. Nichts von alledem tat aber – abgesehen von ein paar mehr oder weniger glaubhaften Beteuerungen – die Wiener ÖVP in all diesen Jahren. Ganz im Gegenteil: Als ich etwa bei einer Klausur des ÖVP-Gemeinderatsklubs dafür eintrat, Beschlüsse einer Bezirksvertretung, die sich an den Gemeinderat richten, dortselbst auch zu behandeln und nicht von einem Ausschuß an den Amtsführenden Stadtrat abzuschieben, erntete ich bei den meisten Gemeinderatskollegen Unverständnis. Der Gemeinderat hätte schließlich Wichtigeres zu tun, als sich mit Beschlüssen einer (gewählten) Bezirksvertretung zu befassen.

Für dieses seltsame politische Betragen muß es Ursachen geben. Eine davon liegt wohl darin, daß die Wiener ÖVP zum Unterschied von anderen ÖVP-Landesorganisationen in ihrem innersten Kern zentralistisch eingestellt ist. Sie verstand sich immer als regionale Parteiorganisation der Bundeshauptstadt, also der Zentrale, der Metropole und nicht als ÖVP-Repräsentantin eines von neun Ländern. Auch heute noch kann man bei Besprechungen von ÖVP-Bundesländervertretern erleben, daß der Vertreter der Wiener ÖVP sich als einziger gegen mehr Verfassungsfreiheit oder eigene Wahlrechts- bzw. Regierungssysteme in den Bundesländern ausspricht. Dies allein vermag freilich nicht zu klären, warum die ÖVP niemals die Chance ergriff, ihre politische Bedeutungslosigkeit im Wiener Gemeinderat durch eine stärkere Forcierung ihrer Bezirkspolitik wettzumachen.

Tatsache ist vielmehr, daß es die Repräsentanten der Bezirke oftmals selbst an einer leidenschaftlichen Verteidigung der ihnen vom Wähler guten Glaubens aufgetragenen Verantwortung fehlen lassen. Auch „Bezirkskaiser" unterliegen nämlich der zeitgeistigen Tendenz, politisch plakative Ziele zu formulieren, dieselben aber jederzeit um eines vermeintlichen Vorteils willen zu verleugnen. Jener Tendenz, die Politik und politische Repräsentanten bei Menschen mit gesundem Verstand und wachem Instinkt so verächtlich macht. Wie oft habe ich in den eigenen Reihen die ängstliche Ablehnung einer stärkeren politischen Machtverlagerung auf die Wiener Bezirke erleben müssen. Insbesondere bei den örtlichen Bau- und Raumordnungsangelegenheiten wurde immer dieselbe Überlegung laut: *„Wenn wir wirklich zuständig sind, dann müssen wir auch selbst entscheiden und dann können wir es nicht jedem recht machen. Sind wir aber nicht zuständig, können wir gegenüber unseren Bürgern fesch sein und auf die Entscheidungsträger im Rathaus schimpfen."*

Das zynische Kalkül jener, die so dachten, schien höchst einfach und bestechend. So lange nämlich die politischen Machtverhältnisse in Stadt und Land stabil und berechenbar waren wie der Lauf der Gestirne und ein roter eben ein roter und ein schwarzer ein schwarzer Bezirk waren, genügte es für einen

Bezirksvorsteher tatsächlich vollauf, als Grüßaugust die Gassen und Plätze zu durchwandern, um wiedergewählt zu werden. Jede Übernahme von Verantwortung oder Entscheidung wäre da ein sinnloser Aufwand gewesen. Seit der Abwahl Erhard Buseks als Wiener ÖVP-Obmann hat sich die Sache – zumindest für ÖVP-Vorsteher – schlagartig geändert. Die Wahlchancen bei den von der SPÖ überfallsartig im Herbst 1991 um ein Jahr vorverlegten Gemeinderatswahlen waren für die ÖVP unter ihrem damaligen Obmann Heinz Wille dermaßen schlecht, daß unter Berücksichtigung des üblicherweise weitgehend gleichen Wahlverhaltens bei Gemeinderats- und Bezirksvertretungswahlen mit dem Verlust von acht der neun ÖVP-Vorsteher (mit Ausnahme des damals noch mit absoluter Mehrheit regierenden City-Vorstehers) gerechnet werden mußte. Die ÖVP-Bezirksvorsteher versuchten daher in Kenntnis der Umfragen verzweifelt, die Wähler darauf aufmerksam zu machen, daß sie ja in Gemeinde und Bezirk unterschiedlich wählen konnten, und stellten in ihrer Wahlwerbung die eigenen Leistungen in den Vordergrund, um den (bürgerlichen) Wähler zu animieren, wenigstens mit seiner Bezirksstimme einen ÖVP-Vorsteher zu wählen. Den Vogel schoß der Hietzinger Bezirksvorsteher Heinz Gerstbach ab, der unter Anspielung auf den Namen des ÖVP-Spitzenkandidaten plakatieren ließ: „Wenn Ihnen der Wille zur ÖVP fehlt, dann wenigstens in Hietzing Heinz Gerstbach".

Am Samstag vor dem Wahltag 1991 trafen einige untereinander befreundete ÖVP-Bezirksvorsteher in einem Gasthaus im 7. Bezirk zusammen. Im Mittelpunkt der Gespräche stand nur eine Frage: Wie wird die morgige Wahl ausgehen, und wen von uns wird es morgen abend noch als Bezirksvorsteher geben? Die Gemeinderatswahl ging am Tag darauf für die ÖVP wirklich so schlecht aus wie erwartet. Bei der gleichzeitig stattfindenden Wahl der Bezirksvertreter zeigte sich jedoch ein interessantes Phänomen. Während in den roten Mehrheitsbezirken kaum ein Unterschied im Wahlverhalten zwischen Gemeinderats- und Bezirksvertretungsstimme zu erkennen war, gaben die Wähler in den von der ÖVP dominierten Bezirken der Bezirks-ÖVP einen um zehn oder sogar manchmal mehr Prozentpunkte höheren

Stimmenanteil als der Wiener ÖVP im Gemeinderat. Dank diesem überraschenden, aber aufgrund der zunehmenden Wählermobilität durchaus plausiblen Ergebnis konnte die ÖVP trotz einer vernichtenden Wahlschlappe im Land auf Bezirksebene sieben ihrer neun Vorsteher erhalten. Es „erwischte" lediglich den Vorsteher vom Alsergrund, Wolfgang Schmid, der in Panik um die Mehrheit einen scharfen Anti-Ausländerkurs verfolgt und damit einen guten Teil seiner katholischen Wählerschaft verschreckte hatte, sowie den 7. Bezirk, wo man in einem Anfall strategischer Dummheit den langjährigen und äußerst beliebten Bezirkskaiser „Pepi" Karrer kurz vor der Wahl durch einen neuen Mann ersetzt hatte. Dieser hatte sich dank bündischer Gesetzmäßigkeiten vorher nicht einmal in der Funktion eines Stellvertreters den Wählern ausreichend bekannt machen dürfen, weil er von der selben Teilorganisation wie Karrer gekommen war. Das Wahlergebnis des Jahres 1991 hat jedenfalls deutlich gezeigt, welch vielleicht einzigartige Chance selbständige, freigewählte und mit konkreten Aufgaben versehene Bezirksorgane für die Verlebendigung eines demokratischen Wettbewerbes in Wien bedeuten könnten.

Die Wienerinnen und Wiener hatten nämlich längst erkannt, welchen Nutzen eine dezentrale Verwaltung zu bringen vermag. Plötzlich sahen nicht mehr alle Parkanlagen, alle Kinderspielgeräte und Verkehrsinseln in ganz Wien gleich aus. Der Bürger merkte, daß in seiner unmittelbaren Nähe entschieden wird und daß es daher auch Sinn hat, auf diese Entscheidung Einfluß zu nehmen. Die Dezentralisierung der Wiener Stadtverwaltung hat nicht nur die öffentlichen Bereiche der Stadt bunter und lebendiger werden lassen, sondern den Menschen Gelegenheit gegeben, ihre Wohnumgebung, zumindest teilweise selbst zu gestalten. Wenn beispielsweise die Schulgemeinschaft einen neuen Sportplatz oder Turnsaal wünscht, der Bezirk aber in seinem Budget nicht über ausreichende Geldmittel verfügt, tun sich Bezirksvertreter, Schulleiter und Eltern zusammen. Der Bezirk gibt so viel Geld, wie er aufbringen kann, der Elternverein legt etwas dazu, einige Eltern bieten ihre besonderen Kenntnisse und Fertigkeiten an, ein örtlicher Sponsor wird gefunden, und schon ist ein Projekt zustande gekommen, welches in der zentralen Verwaltung mangels persönlicher Betroffenheit der öffentlichen Stellen, mangels Zugänglichkeit für die Eltern und mangels Phantasie nie oder erst Jahre später möglich gewesen wäre. Zahlreiche solcher Beispiele könnte ich aus meiner eigenen Tätigkeit erwähnen, wie die zum Schutz der Kinder vor Drogensüchtigen sehr notwendige Anlegung eines Spielplatzes im Resselpark. Wäre die Spielplatzgestaltung damals nicht schon Bezirkssache gewesen, hätte der Elternverein der Evangelischen Schule daher nicht auf die Gestaltung Einfluß nehmen und gleichzeitig auch einen namhaften Beitrag dafür leisten „dürfen" – wer weiß, ob und wann dieses Projekt verwirklicht worden wäre. Oft mußte ich feststellen, daß die notwendige Reparatur oder Neugestaltung von Räumlichkeiten auf Wunsch von Lehrern und Eltern in einer Volks- oder Hauptschule gemeinsam mit dem Bezirk innerhalb kurzer Zeit verwirklicht wurde, während ein ähnliches Erfordernis in einer höheren Schule, für die die Bezirksverwaltung nicht zuständig ist, trotz Bemühungen aller Beteiligten jahrelang auf sich warten ließ.

Auch die gutwilligen, positiv zu ihrem Beruf eingestellten und nicht mit parteipolitischen Scheuklappen ausgestatteten Gemeindebediensteten bewiesen, wie sehr sie die neue Gestaltungsfreiheit trotz aller Schwierigkeiten mit Freude zu nutzen wußten. Auf einmal mußte ein Bezirksreferent des Stadtgartenamtes nicht mehr jene Blumen einpflanzen lassen, die für ganz Wien nach einheitlichem Plan vorgesehen waren und gekauft wurden. Plötzlich sah sich der Bezirksverantwortliche der städtischen Schulverwaltung mit der Aufgabe konfrontiert, eigene Vorschläge für die Gestaltung des Schulhofes zu machen usw. Die für die Bezirke zuständigen Beamten hatten nicht mehr einheitsgraue Erlässe und Weisungen zu befolgen, sondern sahen sich mit teils gewiß ausgefallenen, teils aber sehr innovativen Ideen der Bezirksmandatare konfrontiert und mußten argumentieren, improvisieren, vor allem aber oft selbsttätig gestalten. Für jene, die ihr Amt mit größtmöglicher Routine und geringstmöglichem Aufwand ausüben wollen, sicherlich eine unwillkommene Belastung, für jene, die an ihrer Arbeit auch Freude haben, eine neue Motivation.

Wäre die Verwaltung einer Gemeinde nichts anderes als die strenge Vollziehung von Gesetzen wie die der Gerichte oder Polizeibehörden, die Führerscheine oder Reisepässe ausstellen, könnte es den Bürgern gleichgültig sein, ob diese Verwaltung zentral oder dezentral organisiert ist, solange er nur genügend Ansprechpartner für sein Begehren vorfindet. Die Verwaltung einer Stadt läßt genug Möglichkeiten offen, um empfindsam, mitunter auch phantasievoll auf die lokalen Unterschiede der typischen Grätzel, der im Bezirk beheimateten Bürger und auf die Einzelfälle des täglichen Lebens eingehen zu können. Nicht die Selbstinszenierung irgendwelcher Orts- oder Bezirkskaiser und auch nicht die Möglichkeit der politischen Parteien, ein paar bezahlte oder jedenfalls ehrenhafte Funktionen mehr zu verteilen, vermag die Wiener Bezirke als eigenständige Einrichtungen zu rechtfertigen, sondern die bürger- und lebensnahe Besorgung der öffentlichen Angelegenheiten, die eine große Verwaltung – und sei sie auch noch so bemüht – niemals bewerkstelligen kann. Denn auch wenn der frühere Bürgermeister Zilk sich noch so sehr öffentlichkeitswirksam um jedes niedergetretene Grashälmchen, jede kleinste soziale Tragödie und um jeden umgeworfenen Fingerhut Altöl gekümmert hat: Auf zehn Mängel, die er solcherart beseitigen konnte, kamen Tausende, die seiner bürgermeisterlichen Aufmerksamkeit nicht teilhaftig wurden.

Die Erledigung kommunaler Aufgaben in den Bezirken ist freilich nur dort sinnvoll, wo der lokale Bezug individuelle Entscheidungen erfordert und Wünsche und Anliegen der Bezirksbürger von lokalen Behörden besser wahrgenommen werden können, weil diese mit den örtlichen Gegebenheiten vertraut und den Bürgern des Bezirks persönlich verantwortlich sind. Die Finanzierung und Entscheidung über Hauptdurchzugsstraßen den Bezirken zu überlassen, ist Nonsens. Ebensowenig sachgerecht ist es hingegen, die Bezirke **nicht** entscheiden zu lassen, in welcher Richtung die Einbahn einer Seitengasse verläuft, wie lang ein Amtshaus für den Parteienverkehr offen hält, wo ein Schanigarten errichtet werden darf und wann eine Ausnahmeregelung beim Parkpickerl gewährt wird.

Die regierenden Sozialdemokraten haben den Bezirken zwar die Entscheidung über finanzielle Mittel überlassen, ihnen aber gleichzeitig verboten, einem Magistratsbeamten bei Ausübung ihrer Zuständigkeiten einen Auftrag zu erteilen. Sie haben sich damit jedweder Glaubwürdigkeit beraubt, an der Autonomie der Bezirke interessiert zu sein. Die von ihnen bereits vor Jahren ausgegebene Parole, die Einheit der Stadt müsse gewahrt bleiben, wirkt angesichts der Schwierigkeiten, die sich der Verkehrsstadtrat bei Bezirksentscheidungen über Hauptstraßen eingehandelt hat und die ihn schon mehrmals zu einem Veto gegen Bezirksbeschlüsse veranlaßt haben, nur mehr grotesk. Und wo bitte wäre die Einheit der Stadt gefährdet, wenn den Bezirken beispielsweise Mittel der Jugendförderung zur eigenverantwortlichen Vergabe übertragen werden würden?

Der Dissertant Wolfgang Ulm schrieb vor Jahren in einer an der Wiener rechtswissenschaftlichen Fakultät bei den Professoren Bernd Raschauer und Günther Winkler eingebrachten Doktorarbeit über die Kompetenzen der Bezirke in der Bundeshauptstadt Wien: „*Der Gesetzgeber wird in Zukunft nicht umhin kommen, dem steigenden Bedürfnis der Bevölkerung nach Anteilnahme an der kommunalen Verwaltung Rechnung zu tragen. Den Bezirken sind echte Mitbestimmungsmöglichkeiten in kommunalen Angelegenheiten einzuräumen, auf direktem Weg durch die Bürger in Form von direkter Demokratie und indirekt durch einen vergrößerten Wirkungsbereich der Bezirksorgane. Denn nur der Bürger, der realistisch Anteil am öffentlichen Leben nehmen kann, wird, im Wissen um seine Gestaltungsmöglichkeiten, Entscheidungen auch mittragen und mitverantworten und sich so in dem Gemeinwesen wieder finden.*“ Ob sich der Wiener ÖVP-Gemeinderat Dr. Wolfgang Ulm im Jahr 2001 noch in diesen Worten wiederfindet?

Im Arbeitsübereinkommen von SPÖ und ÖVP für die Legislaturperiode von 1996 bis 2001 ist noch von der „bürgernahen Stadt“ die Rede, von der Verstärkung des Bürgerservice und der beratenden Funktion der Verwaltung, von mehr Bürgernähe und besserem Zugang der Menschen zu lokalen Entscheidungen. Volksbegehren und Volksbefragung sollen erleichtert und ausgebaut werden. Die beiden Parteien stimmten darin überein, auf Bezirksebene Volksbefragungen zu ermöglichen, nur die Modalitäten wären noch zu klären. Nichts von alledem ist geschehen. Im Gegenteil: Bezirksaußenstellen der Magistratsabteilungen werden zusammengelegt, Bezirksrechte an überregionale Kuratorien angebunden, und letztlich plant man auch, die einzig verbliebene behördliche Aufgabe der Bezirke, unwesentliche Abänderungen des Flächenwidmungsplans wie Mauervorsprünge, Dachausbauten und dergleichen wieder durch zentrale Behörden besorgen zu lassen. Sparsamkeit der Verwaltung ist angesagt, und Verwaltungskonzentration gilt als der beste Weg hierzu. Diese Theorie, mit der manche auch die Abschaffung der jahrhundertealten österreichischen Bundesländer begründen, klingt zwar gut, ist aber grundfalsch, wie bei einem Vergleich der Verwaltungskosten von zentralistisch und föderalistisch geführten Staaten Europas leicht bewiesen werden kann. Wer jemals erlebt hat, wie viele Aktenvorgänge und Unterschriften ein Ministerialakt benötigt, wer an einer kommissionellen Verhandlung des Wiener Rathauses mit 15 bis 25 Magistratsbeamten teilgenommen hat, dem leuchtet wohl ein, was gemeint ist. Nur ein kleines Beispiel aus der Wiener Praxis: Die Stadt Wien hat es immer kategorisch abgelehnt, über Ausnahmegenehmigungen für Unternehmensfahrzeuge zur Erlangung eines Parkpickerls die Bezirke entscheiden zu lassen. Da die Entscheidungen vom grünen Tisch aber oft als unbefriedigend kritisiert wurden, hat man einen Beirat eingerichtet, um dort die strittigen Fälle einzeln zu besprechen. Teilnehmer: die Beamten des Magistrats, die Bezirksvorsteher, die Mitglieder mehrerer Interessenvertretungen, Autofahrerorganisationen, Polizei usw., insgesamt etwa 20 bis 25 Personen.

Ein beliebtes Argument gegen das Selbstbestimmungsrecht der Wiener Gemeindebezirke ist deren behauptete Erpreßbarkeit. Die Autofahrerlobby will keinen Radweg, der den Platz für ihr Lieblingsspielzeug einengt, und flugs unterbrechen die Bezirksverantwortlichen das Wiener Radwegenetz. Die Anrainer sind dagegen, daß der wunderschöne Park des alten Palais verbaut wird, und schon legen die Bezirksmandatare die vom Eigentümer gewünschte und von den Planungsexperten befürwortete

Bauwidmung aufs ewige Eis. Auf den ersten Blick ist man geneigt, der Sorge der Stadtväter beizupflichten, daß die kleinen Bezirksmandatare vor lauter Angst um ihre Wählerstimmen zu keiner sachlichen Entscheidung fähig wären. Aber abgesehen davon, daß jeder Kenner der österreichischen Politszene genug Fälle aufzuzählen weiß, wo selbst hohe und höchste Repräsentanten ihr Fähnlein nach dem Wind richteten, der ihnen freilich nicht von ein paar Bürgern, aber vielleicht von einer großen Zeitung, einer nahestehenden Kammer oder irgendwelchen Meinungsforschern entgegenblies: Was soll denn eigentlich schlecht daran sein, daß sich ein lokaler Politiker nach der Meinung der Leute richtet?

Wien muß endlich eine Entscheidung treffen, wie es verwaltet werden will. Ringt man sich dazu durch, im Interesse bürgernaher, schneller und den Einzelfall berücksichtigender Entscheidungen einen Teil der Verwaltung nach dem Muster kleiner Gemeinden in ganz Österreich den Bezirken zu überlassen, dann soll man diese Angelegenheiten aus der Stadtverwaltung ausgliedern und auch wirklich der Verantwortung der Bezirksorgane überlassen. Zur Verhinderung befürchteter Mißbräuche dieser Verantwortung durch „wildgewordene Bezirkskaiser oder -Kaiserinnen" kann man den Gemeindeorganen ein Aufsichtsrecht geben. Noch besser wäre es freilich, dem demokratisch gewählten Bezirksparlament gegenüber dem Bezirksvorsteher zumindest jene parlamentarischen Kontrollrechte zuzugestehen, die dem Gemeinderat gegenüber dem Bürgermeister und dem Stadtsenat eingeräumt sind.

Will aber diese Stadtführung partout nicht einmal auf einen geringen Teil ihrer politischen Macht verzichten, dann möge man die Organe der 23 Wiener Gemeindebezirke auflösen. 23 Wiener Bezirksvorsteher mit je zwei, also 46 Stellvertretern und in jedem dieser Bezirke 40 bis 60 Bezirksräte, Klubobmänner, Ausschußvorsitzende, Kommissionsvorsitzende usw. verursachen jährlich – ohne Dienstgeberbeiträge – einen Personalaufwand von ca. 160 Millionen Schilling. Zuviel Geld für Menschen, die nicht einmal über ein Fahrverbot in einer Sackgasse selbständig entscheiden dürfen und deren „Mitspracherechte" und Budgetentscheidungen über Kindergarten-, Turnsaal- oder WC-Renovierungen jederzeit vom zuständigen Stadtrat aufgrund seiner „politischen Verantwortung" korrigiert werden dürfen. Als Klagemauer und kommunales Salzamt genügen wohl die vom machtbewußten früheren SPÖ-Stadtrat Hatzl in den Bezirken eingerichteten Bürgerbüros, die den politischen Organen der Bezirke ihre wichtigste informelle Aufgabe entzogen haben, nämlich kompetente Ansprechstelle für die Anliegen der Bürger zu sein.

Um kein Mißverständnis aufkommen zu lassen: Ich bin für eine dezentrale Verwaltung in den Wiener Gemeindebezirken durch demokratisch gewählte Politiker und für die Kontrolle dieser Verwaltung durch ein demokratisch gewähltes Parlament, und man soll diese Leute auch für ihre Leistung angemessen entlohnen. Aber welchen Sinn hat es, 23 Bezirksvorsteher zu haben und ihnen so wenig wie nur möglich selbständige Entscheidungsgewalt zu lassen, so daß sie zu Tätigkeiten als Veranstaltungsmanager, Fitneßanimatoren oder Spieleonkel Zuflucht nehmen müssen. Kampagnen wie „Wir wollen uns gemeinsam das Rauchen abgewöhnen", „Jedem Bezirksbewohner eine neue Lesebrille" oder „Wo kauft man günstig ein" sind nette Fleißaufgaben, rechtfertigen jedoch nicht die Existenz öffentlicher Organe.

Noch wesentlich problematischer ist die Einrichtung der Bezirksvorsteherstellvertreter. In alten Koalitionstagen, als neben SPÖ und ÖVP eine andere Partei kaum etwas zu sagen hatte, hatte jeder rote Bezirksvorsteher einen schwarzen Stellvertreter und umgekehrt. Als zur Zeit Buseks die sozialdemokratischen Throne in Gemeinderat und Bezirksparlamenten zu wackeln begannen, sann man auf Ersatz und führte einen zweiten Bezirksvorsteherstellvertreter ein, der von der gleichen politischen Farbe wie der Vorsteher zu sein hatte. Abgesehen davon, daß ein Wiener Bezirksvorsteher – leider – keineswegs unter einer Aufgabenfülle stöhnt, die ihm namentlich in kleineren Bezirken die Unterstützung zweier Stellvertreter notwendig machte, bestimmt das Organisationshandbuch der Stadt Wien hinsichtlich der Bezirksvorsteherstellvertreter Folgendes: *„Die erhebliche*

Bedeutung, die den Bezirksvorstehern bei der Wahrung der Mitwirkungsrechte der Bezirksorgane, insbesondere aber beim Budgetvollzug zukommt, macht es notwendig, in eindeutiger Weise klarzustellen, daß Bezirksvorsteher-Stellvertreter nur dann befugt sind, Verfügungen namens des Bezirksvorstehers zu treffen, wenn sie die Vertretungsfunktion – etwa wegen Abwesenheit des Bezirksvorstehers – ausüben."

Für eine Vertretung des Bezirksvorstehers, die nur auf dessen ausdrückliche Anordnung ausgeübt werden darf, ist knapp die Hälfte des Bezirksvorstehersalärs eine wahrhaft fürstliche Rente, wobei man noch zu bedenken haben wird, daß dem nicht der Fraktion des Bezirksvorstehers angehörenden Stellvertreter nur in den seltensten und wohl auch nicht bedeutendsten Fällen die Ehre einer Vertretungshandlung zuteil wird.

Die Bezirksräte sind dem gegenüber mit 5000 Schilling monatlich recht bescheiden abgegolten, wenn man berücksichtigt, daß sie davon Einkommensteuer, Parteiabgaben und Spesen zu bezahlen haben, da frühere Benefizien, wie Freifahrt auf den Wiener Linien, längst der Vergangenheit angehören. Wenngleich freilich nicht einzusehen ist, daß manche Mandatare, insbesondere von den im Bezirk nicht „regierenden" Fraktionen, diese Aufwandsentschädigung für eine lediglich vierteljährliche Teilnahme an einer Bezirksvertretungssitzung genießen, während andere dafür aktive Arbeit in der Bezirksvorstehung leisten. In den österreichischen Gemeindestuben kennt man die Einrichtung der „geschäftsführenden Gemeinderäte", die den Bürgermeister bei seiner Arbeit unterstützen und dafür selbstverständlich eine höhere Aufwandsentschädigung erhalten als normale Gemeinderäte, die nur ein Sitzungsgeld bekommen. Auch in Wien hat man nach den letzten Verhandlungen über Bezirksrechte diese Unstimmigkeit erkannt. Geschehen ist freilich nichts.

Im Herbst 1997 habe ich nach 16jähriger Tätigkeit in der Wiener Bezirkspolitik, davon zehn Jahre als Wiedner Bezirksvorsteher, meinen Abschied genommen. Mir war klar geworden, daß auch die neue SPÖ-ÖVP-Koalitionsregierung nicht gewillt war, irgendetwas an der Organisation der Wiener Gemeindebezirke zu ändern. Die im Koalitionsübereinkommen groß angekündigte Reform des Bezirksvorsteherwahlrechts (die Zuteilung des Bezirksvorstehers an die jeweils stärkste und der beiden Stellvertreter an die stärkste und zweitstärkste Partei, ohne Einfluß der Wähler oder des Bezirksparlamentes, ist eine demokratiepolitische Groteske) würde ebensowenig kommen wie die angekündigte Möglichkeit der Bezirke, selbständig Geld zu erwerben und auszugeben, wie sie jeder kleine Verein hat. Weil mir die Unehrlichkeit zahlreicher Politiker verschiedener Couleurs zuwider war, die damals kurz vor einer Bezügereform den „schon lange geplanten, wohlverdienten Ruhestand" in Anspruch nahmen, habe ich damals auch offen gesagt, daß neben meinem Frust über die Unbeweglichkeit der Bezirksdemokratie auch die Bezügereform Grund meines Rücktrittes war. Die ÖVP-Unterhändler, Klubobmann Prochaska und sein Klubdirektor Wawra, hatten sich nämlich in den Verhandlungen von einer Rot-Grün-Koalition über den Tisch ziehen lassen und einem Berufsverbot für Bezirksvorsteher zugestimmt. Für eine bürgerliche Partei ein echter personeller Aderlaß, da kein Geschäftsmann, Freiberufler oder erfolgreicher leitender Angestellter oder Beamter eine solche Funktion fürderhin anstreben wird, die ja nun wahrlich nicht mit dem Posten eines Ministers oder Amtsführenden Stadtrats vergleichbar ist. Demgemäß stieß auch diese Lösung im ÖVP-Rathausklub mehrheitlich auf vehemente Kritik, schließlich aber akzeptierte man, weil's eben schon ausgemacht war. Hauptbetreiber dieser Regelung waren damals die Grünen, die inzwischen selbst zum ersten Mal in Wien-Neubau einen Bezirksvorsteher stellen, für den als Trafikanten natürlich eine Ausnahme gesucht und wohl auch gefunden werden muß, da man von ihm kaum verlangen kann, für das unsichere Geschäft eines Bezirksvorstehers seine Existenz aufzugeben.

Ich stand vor der Alternative, als 50jähriger das Risiko einzugehen, bis zu meiner Pension Wiedner Bezirksvorsteher zu bleiben, oder in meinen Beruf zurückzukehren, und entschied mich selbstverständlich für Zweiteres. Die meisten haben das verstanden, einige wenige haben mir nachgesagt, mir sei das Gehalt eines Bezirksvorstehers zu wenig. Am interessantesten war die

Reaktion der politischen Kollegen auf meinen Rücktritt. Vertreter aller (!) Fraktionen versicherten mir, wie recht ich habe, daß man so etwas aber nicht sagen dürfe. Die Unwahrheit als der gute Ton in der Politik.

Von den derzeit die Wiener Politik bestimmenden Parteien ist keinerlei Bewegung in Richtung einer demokratisch legitimierten, bürgernahen und wahrhaft kompetenten Selbstverwaltung unserer historisch gewachsenen Bezirke zu erwarten, jener Grätzeln und Dörfer also, die die menschliche Wärme einer Stadt bewahren. Auch die Freiheitlichen, die ehemals furchtlosen Ritter gegen Privilegierte, sind – von einigen löblichen Ausnahmen abgesehen – recht still geworden, seit sie selbst in der Mehrheit der Bezirke den Bezirksvorsteherstellvertreter stellen dürfen. Die Grünen, die Basisdemokratie vornehmlich in protestierenden Bürgerinitiativen verwirklicht sehen, konnten bisher mit einem – demokratisch legitimierten – Vertretungskörper auf Bezirksebene nicht viel anfangen, sie werden jetzt aber ebenfalls Gefallen an dieser Einrichtung finden.

Ein exemplarischer Fall politischen Zwiedenkens ist die Ankündigung der Wiener SPÖ, in der nächsten Periode das Wahlrecht zur Bezirksvertretung für Ausländer durchsetzen zu wollen. Ausgerechnet jener Vertretungskörper, den die Mehrheitspartei seit Jahren konsequent von jeder nennenswerten politischen Bedeutung fernhält, soll den Nicht-Österreichern als (einzige) Mitbestimmungsmöglichkeit feilgeboten werden.

Ansonsten ist zu erwarten, daß alles beim alten bleibt und weiterhin ein enormer Aufwand an personellen und finanziellen Ressourcen dafür vergeudet wird, den Wienerinnen und Wienern die Schimäre einer lokalen Vertretung ihrer Interessen vorzugaukeln. Und deshalb ist es wohl hoch an der Zeit, daß sich die kritischen Bürger dieser Stadt des plebiszitären Mittels des Volksbegehrens entsinnen, welches in der Demokratie allein geeignet ist, die gewählten Vertreter zum Handeln zu zwingen. Um es ganz offen zu sagen: Ein Volksbegehren entweder zur Abschaffung oder – besser – zur Verwirklichung einer bürgernahen Bezirksverwaltung in Wien tut dringend not.

Der Honoratiorenklub

Ältere Funktionäre der Wiener ÖVP haben das Bild noch gut in Erinnerung. Im großen Wappensaal des Wiener Rathauses tagte regelmäßig, zumindest vor jeder Landtags- oder Gemeinderatssitzung, der Klub der Wiener ÖVP, den zu Zeiten Buseks noch die stattliche Anzahl von ca. 70 Mitgliedern repräsentierte. Dem Klub gehörten traditionellerweise nicht nur die damals gegenüber heute etwa doppelt so starke Zahl von ÖVP-Gemeinderäten, sondern auch neun Bezirksvorsteher und 23 Bezirksvorsteherstellvertreter an, da die ÖVP bis zur Wahlniederlage Heinz Willes in jedem Wiener Bezirk zumindest einen Bezirksvorsteher-Stellvertreter innehatte. An der Spitze der riesigen U-förmigen Tafel präsidierte der Klubobmann und dritte Landtagspräsident Fritz Hahn die Sitzung, räsonierte über die mangelnde Bereitschaft der Medien, die von der ÖVP aufgedeckten tatsächlichen oder vermeintlichen Skandale publik zu machen, und besprach Punkt für Punkt die mindestens 120, oft aber auch 150 Punkte umfassende Tagesordnung des Gemeinderates. Da er nur gelegentlich – sei es aus heiligem Zorn gegenüber irgendjemandem oder zur Disziplinierung des allzu laut gewordenen Auditoriums – seine Stimme hob, war er für die in dem großen Saal weit hinten sitzenden Klubmitglieder angesichts des Grundgeräuschpegels der miteinander tratschenden Schar nur schwer zu verstehen. Dadurch wurde die Aufmerksamkeit der Teilnehmer so weit herabgesetzt, daß ein gegen Ende einer solchen Sitzung zufällig hereinkommender Besucher nicht mehr hätte sagen können, ob hier noch eine Tagung stattfinde oder die Teilnehmer sich bereits nach deren Beendigung im lockeren Abschiedsgeplauder befänden.

Erhard Busek saß während der teilweise weitschweifigen Erörterungen der einzelnen Tagesordnungspunkte – im wahrsten Sinne des Wortes – daneben. Seinen Part in jeder Klubsitzung, eine brillante Analyse der bundes- und kommunalpolitischen

Lage, hatte er zu diesem Zeitpunkt schon erledigt, blätterte in Zeitschriften, blickte gelegentlich leicht genervt zu seinem Klubvorsitzenden oder holte sich den einen oder anderen der Klubmitglieder zu einem vertraulichen Gespräch zu den an der Wand des großen Saales aufgestellten Stühlen, von wo aus er immer noch – wenn es ihm notwendig schien – in das Geschehen eingreifen konnte. Der ÖVP-Rathausklub in der Ära Busek: ein stattlicher Verein honoriger Herren und Damen der Wiener Wirtschaft und Gesellschaft, vermehrt um ein paar unkonventionelle Typen, auch bunte Vögel genannt.

Der parlamentarische Klub einer Oppositionspartei hat ganz besondere Aufgaben. Ist er doch mangels Regierungsgeschäften die einzige offiziöse Möglichkeit der Partei, ihre Vorstellungen und Ziele einer breiteren Öffentlichkeit bekannt zu machen. Man kann schwerlich behaupten, daß der Wiener ÖVP-Gemeinderatsklub in der Zeit, da die Partei auf die Oppositionsbänke verwiesen war, dieser Rolle hervorragend gerecht geworden ist. Die Gründe hierfür sind gewiß auch in der besonderen Eigenart des Wiener Stadtparlaments zu suchen. Die hundert Wiener Mandatare üben nämlich gleichzeitig die Rolle eines Landtages und eines Gemeinderates aus. Der Wiener Landtag hat zwar formell die gleiche Bedeutung wie die Landtage der anderen acht österreichischen Bundesländer und er leistet sich auch wie diese drei Präsidenten. Damit sind aber die Gemeinsamkeiten schon weitgehend erschöpft. Im wesentlichen beschränkt sich seine Tätigkeit auf die eher seltene Beschlußfassung von Landesgesetzen wie etwa der Wiener Bauordnung oder auf die Diskussion irgendwelcher Berichte oder Anfragen. Budgethoheit hat er keine, denn diese kommt so wie sonst alle wichtigen Angelegenheiten dem – aus den gleichen Personen zusammengesetzten, aber mit eigenen Vorsitzenden ausgestatteten – Gemeinderat zu. Letzterer tagt daher entsprechend öfter und bringt es gut und gerne auf 100 bis 150 Tagesordnungspunkte pro Sitzung. Wo soll man da die großen oppositionellen Leitlinien diskutieren? Im Landtag, der eigentlich für nichts als ein paar technokratische Gesetzesbeschlüsse zuständig ist, oder im Gemeinderat, der aufgrund der Vielzahl handfester kommunaler Akte von der

Vereinssubvention bis zur Flächenwidmung auch nicht gerade für politische Grundlagendiskussionen taugt?

Damit allein läßt sich freilich nicht erklären, warum die Wiener ÖVP die Möglichkeiten eines parlamentarischen Klubs nicht wenigstens so zu nutzen versteht wie andere Oppositionsparteien. Die ÖVP ist, wie sich schon in der Zeit der SPÖ-Alleinregierung unter Kreisky zeigte, völlig untauglich für die Oppositionsrolle. ÖVP-Funktionäre sind für das Regieren und für das Verwalten geschaffen, kaum aber für die Kritik, die kreative Planung und Ausführung ungewöhnlicher Strategien, für den Populismus bis hin zur Obstruktion. Auch dort, wo sie in der Minderheit ist, muß diese Partei regieren, und sei es nur über die Friedhöfe, die Leichenbestattung oder die kommunalen WC- und Kanalanlagen. Eine Partei, deren führende Mitglieder den Dachverband der wichtigsten Interessenvertreter des Landes bilden könnten, hat immer ein vernünftiges Argument zur Hand, muß immer auf irgendjemanden Rücksicht nehmen, blickt immer verantwortungsvoll auf das Wohl des Staates. Für eine politische Opposition, die mit schlichten, allgemein verständlichen und deshalb verallgemeinernden Forderungen die Menschen zu einem Umdenken bewegen soll, werden solche Rücksichtnahmen zu schweren Steinbrocken einer politischen Sisyphusarbeit.

Jahrelang überlebte die ÖVP diesen Zwiespalt mit Hilfe der wenigen, ihr überlassenen Ressorts Amtsführender Stadträte. Im Jahr 1969 freilich hatte die SPÖ genug und stellte den schwarzen Mitregierern den Sessel vor die Tür. Nun hätte der ÖVP-Landtagsklub zur Kommandobrücke der bürgerlichen Opposition, zu einer Denkfabrik der besseren Ideen oder wenigstens zur wirksamen Kontrolle jener Bereiche werden müssen, in denen man noch bis vor kurzem Regierungsverantwortung getragen hatte. Nichts dergleichen geschah. Die Klubführung erging sich vielmehr in stetiger Larmoyanz über die widrigen Umstände und über die Medienvertreter, die ganz offensichtlich nicht bereit waren, das Jammern über das selbstverschuldete Los stetig zu apportieren. In dieser traurigen Situation kam Erhard Busek als Wiener Landesparteiobmann an die Macht. Zwar am Beginn seiner

Karriere als Klubsekretär im Österreichischen Nationalrat tätig, ist er in der politischen Typologie jenen zuzuordnen, die das handfeste Zupacken den parlamentarischen Wortgefechten vorziehen. Obwohl ein Meister des gesprochenen Wortes, lief er lieber bei Veranstaltungen und Vorträgen zu rhetorischer Hochform auf als bei parlamentarischen Scharmützeln im Gemeinderat. Überdies war der Posten des Klubobmannes mit dem bei der Gemeinderatswahl 1973 mäßig aber doch erfolgreichen Spitzenkandidaten Fritz Hahn besetzt. Und so ist es zu verstehen, daß der Wiener ÖVP-Gemeinderatsklub auch unter Erhard Busek nicht jenes politische Feuer entfachte, das die Wiener Volkspartei in dieser Phase sonst erleuchtete. Busek benutzte den Klub im Gemeinderat gewiß auch für seine politischen Kabinettstücke, aber die Fraktion war nicht das Hauptwerkzeug seiner erfolgreichen Politik. Er begegnete der Klubführung, wie manch ältere Ehepaare einander begegnen. Man schätzt und achtet einander, verläßt sich auf den anderen, erwartet und bekommt auch dessen Unterstützung, wenn man sie braucht, die Flamme der Leidenschaft fehlt jedoch.

Auf Fritz Hahn folgte sein früherer Klubsekretär Günther Goller in der Fraktionsführung. Der Osttiroler mit der Wahlheimat Wien machte nie ein Hehl daraus, daß Politik für ihn nicht das Endziel des Lebens war. Sein Ehrgeiz kannte Grenzen, und mit dieser gesunden Distanz zur Politik brachte er es auch zuwege, so unterschiedlichen Parteiobmännern wie Erhard Busek und danach Wolfgang Petrik in gleicher Weise treu zu dienen. Kein anderer als er hätte dieses Kunststück vermocht. Aber Günther Goller ist eben auch als Klubobmann Klubsekretär geblieben, und dies ist keineswegs abwertend gemeint. Goller kannte alles, wußte alles, studierte alle Akten im Stadtsenat und im Gemeinderat, soweit sie der ÖVP nur überhaupt zugänglich gemacht wurden, war über alle Vorgänge in den gemeindenahen Betrieben und Organisationen informiert und hat dieses politische Kapital seines enzyklopädischen Wissens über Jahrzehnte Wiener Kommunalpolitik nie zu seinem persönlichen politischen Vorteil mißbraucht. Günther Goller war der (gute) Geist des Wiener ÖVP-Gemeinderatsklubs.

Mit Günther Gollers Resignation ging eine, wenn auch nicht übertrieben bedeutende, so doch ruhige, konstruktive und vor allem fachlich erfolgreiche Ära der Klubarbeit zu Ende. Als er überraschend das Handtuch warf, brach das Chaos aus. Der letzte aktive Wiener ÖVP-Kommunalpolitiker hatte das politische Parkett verlassen, der bei den verfeindeten Lagern der Busek- und Petrik-Anhänger gleiches Ansehen genoß. Gerade in dieser Stunde einer total zerstrittenen Partei wäre eine starke Führung des Klubs bitter nötig gewesen, die den verfeindeten Brüdern klar gemacht hätte, daß der politische Gegner nicht im eigenen Lager, sondern bei den anderen Gemeinderatsparteien, insbesondere bei der SPÖ zu suchen sei. Leider war eine solche Persönlichkeit, die dem schleichenden Untergang der Wiener ÖVP eine Trendwende hätte geben können, unter den Klubmitgliedern entweder nicht vorhanden oder sie stellte sich nicht zur Verfügung. Und so entstand einmal mehr die für eine Personalauswahl in der Wiener ÖVP so typische Situation: Statt gemeinsam nach dem bestmöglichen Kandidaten zu fahnden, versuchten die traditionell verfeindeten Gruppen irgendjemanden aus ihren Reihen zu nominieren, von dem man die Hoffnung hegte, daß er auch für den einen oder anderen der wenigen nicht fest einem der Streitlager verbundenen Funktionäre wählbar sei. Die Busek-Anhänger schlugen nach einiger Zeit krampfhaften Nachdenkens den langjährigen Landesparteisekretär Anton Fürst vor, die Petrik-Jünger entschieden sich für Hannes Prochaska.

Prochaska ist der Prototyp eines Berufspolitikers. Seine Karriere entspricht dem Berufsbild, wie man es in früheren kommunistischen Diktaturen und auch hierzulande nicht selten vorfand bzw. vorfindet. In jungen Jahren Landesobmann der Jungen ÖVP, Generalsekretär des Familienbundes, daraufhin Gemeinderatsabgeordneter, ÖAAB-Landessekretär auf Vorschlag Buseks, hat er sich vor allem im Intrigenkrieg gegen Letzteren jene Sporen verdient, die ihn zu höheren Weihen berechtigten.

Anton Fürst, der Kandidat der „Busekisten", erlitt, wie meistens, wenn man eine Personalentscheidung besonders klug vorbereitet zu haben glaubt und dabei die rudimentären Kenntnisse der Grundrechnungsarten vermissen läßt, eine klare Niederlage.

Prochaska wurde vom Klub zum neuen Chef gekürt. Teamfähigkeit und Kameradschaftlichkeit, zwei für einen Klubchef wichtige Charaktermerkmale, sind seine Sache nicht. Er schaffte es durchaus, sich bei Klubklausuren während des abendlichen gemütlichen Beisammenseins mit finsterer Miene und einigen Klubsekretären in einem Seminarraum zu verbarrikadieren und jeden Eintrittheischenden rüde wegzuweisen, oder sich bei einer Gemeinderatsausschußreise, jedweden Kontakt mit den eigenen Fraktionskollegen meidend, unausgesetzt dem Studium lokaler Sehenswürdigkeiten zu widmen. Schon nach seinem Amtsantritt verweigerten Klubmitarbeiter das übliche Gruppenfoto mit dem neuen Chef, und wer bei Besuchen im Klubbüro das dortige Betriebsklima miterleben und vor allem mithören konnte, wußte auch, warum. Aufgrund dieses Psychogramms, vor allem aber wegen seiner radikalen Zugehörigkeit zu einer der beiden nach wie vor verfeindeten Gruppen der Wiener ÖVP war Hannes Prochaska als Klubobmann damals eine Fehlbesetzung.

Aber wer hätte einen anderen, besseren Vorschlag für die angesichts der tristen Lage der Wiener ÖVP so entscheidende Position des Fraktionsführers machen sollen? Die ÖVP war fast bis zur Trennung gespalten, die Wahlchancen gering, der Parteiführer Petrik auch bei jenen bereits unten durch, die ihn seinerzeit auf den Schild gehoben hatten. In dieser Situation hätte es einer Persönlichkeit mit weiterem Horizont bedurft als die kleinlichen Ziele der beiden Lager, einander den Garaus zu machen. Eine Person, die angesichts des drohenden Debakels hätte aufrütteln und mit der Autorität ihrer politischen Erfahrung und ihrer Anerkennung bei den kleinen Parteileuten eigene Wege beschreiten können, wäre berufen gewesen, einen Klubchef vorzuschlagen, sofern sie nicht ohnedies selbst dafür in Frage gekommen wäre. Freilich, an einer solchen Person mangelte es in dieser Krisensituation der Wiener ÖVP. Persönlichkeiten, die aufgrund ihres Alters und ihrer Erfahrung oder ihrer erfolgreichen Tätigkeit über die Wiener Partei hinaus in Betracht gekommen wären, gefielen sich in der Rolle des schweigenden Beobachters. Niemand war Mann oder Frau genug, um ein deutliches Wort zu ergreifen, auch auf die Gefahr hin, es sich mit dem einen oder anderen zu verscherzen, sein gemütliches Leben zu gefährden oder seine Aussicht auf Positionen oder Ruhestände aufzugeben. Menschlich sehr verständlich, mit der so oft beschworenen Bereitschaft, ein Opfer für die eigene Gesinnungsgemeinschaft zu bringen, aber schlechthin unvereinbar.

Unter der neuen Führung entwickelte sich der Rathausklub zu einer Art Femegericht, in welchem die Verschworenen des Klubchefs nach eigenem Gutdünken die Politik bestimmten und „Privilegien" wie Rednereinteilung, Postenbesetzungen und natürlich die Finanzen nach ihren Gesetzen verteilten. Der neue Klubobmann baute, wie er es im Grabenkampf gegen Erhard Busek gelernt hatte, ein Netz von Beziehungen auf, um seine Machtposition zu sichern. Unvergeßlich die Szene, als in einer Klubsitzung von einigen Mitgliedern Auskunft über die Klubgebarung verlangt wurde und ein Klubmitarbeiter auf Geheiß seines Chefs aufstand, umständlich ein zerknittertes Stück Papier aus seiner Hosentasche zog und daraus drei, vier Zahlen vorlas.

Bei der Neukonstituierung der Fraktion nach der Gemeinderatswahl 1991 entschlossen sich die nicht von den Gnadenstrahlen des Klubobmannes umspielten Klubmitglieder zu einer Demonstration. Sie kamen vor der Wahl überein, Prochaska einstimmig zu wählen. Der zur Wiederwahl anstehende Klubobmannkandidat sah sich zu seiner Verblüffung mit der Tatsache konfrontiert, in geheimer Wahl keine einzige Gegenstimme bekommen zu haben. Leider nutzte er diese demonstrative Geste seiner ehemaligen Gegner nicht, um die Fraktion wieder zu einer verschworenen Gemeinschaft werden zu lassen. Er bemühte sich vielmehr, seinen Parteichefs, erst Heinz Wille, dann Bernhard Görg bei jeder ihm günstig scheinenden Gelegenheit zu zeigen, wo der Bartl den Most holt. So vergaß er niemals festzustellen, daß bestimmte politische Entscheidungen wie etwa Personalfragen formaljuridisch von der Fraktion und nicht von der Parteiführung zu treffen seien, und auch in Fachfragen ließ er seinen Obmann gerne spüren, daß letztlich die Gemeinderatsfraktion zu bestimmen habe, was Sache ist.

Die Zweifirmentheorie feierte fröhliche Urständ, jener unselige Spaltvirus zwischen Parteiobmann und Fraktionschef einer politischen Partei, der, wenn er einmal eine politische Gruppierung befallen hat, fast naturnotwendig ein langes, leidvolles Dahinsiechen bewirkt. Diese Zweifirmentheorie, gegen die keine Partei gefeit ist, hat in der Wiener ÖVP historische Wurzeln. Sie stammt aus einer Zeit, da sich die Landespartei als örtlicher Zweigverein der großen Kanzlerpartei eines Julius Raab oder Josef Klaus verstand und die Landesparteivorsitzenden wie Franz J. Bauer oder vor ihm der legendäre Polizeioberst Hartl standesgemäß der A-Liga, also dem Nationalrat angehörten. Was sich in der Gemeinderatsfraktion abspielte, war unter deren Wahrnehmungsschwelle. Zwei Firmen können gut zusammenarbeiten und in einer Holding verbunden sein, sie können einander aber auch in ruinöser Konkurrenz gegenüberstehen. Das Ganze hängt mit dem wohlbedachten Selbstverständnis des Klubs einer parlamentarisch demokratischen Partei zusammen. Erfolgreiche Klubobmänner in den Ländern wie die späteren Landeshauptleute Schausberger oder Sauhsgruber, die Steirer Hirschmann oder Schützenhöfer, Innenminister Strasser, um nur einige zu nennen, wußten bedingungslose Loyalität zu ihrem Parteiobmann sehr wohl mit innovationsfreudiger und selbständiger Führung ihres Abgeordnetenklubs zu verbinden.

Die Verhältnisse in Wien sind gewiß schwieriger als in den erfolgverwöhnten Ländern.

Die Gemeinderatsfraktion der Wiener ÖVP, einer winzigen Regierungspartei mit minimalem Anteil an der politischen Macht, mußte das Kunststück zuwegebringen, bei aller Loyalität zum Koalitionspartner in jenen überwiegenden Bereichen harte Oppositionspolitik zu betreiben, wo man keinen Anteil an den Regierungsgeschäften hat. Finanzwesen, Förderungsvergaben, Sozial- und Jugendpolitik, Wohnungswesen, Verkehrspolitik – es gibt so viele Bereiche in dieser Stadt, die trotz Koalition weiterhin allein von sozialdemokratischen Regierungsmitgliedern verwaltet wurden und die einer harten, ideenreichen und konsequenten Oppositionspolitik des kleineren Regierungspartners bedurft hätten. Während die Zusammenarbeit gleich starker Partner in Regierung und Abgeordnetenfraktion leichter zu bewerkstelligen ist, kann ein Mißverhältnis, wie es in Wien zwischen den beiden Koalitionspartnern SPÖ und ÖVP bestand, unversehens zum lähmenden Gift für den kleineren Partner werden. Wenn die größere Partei in einer Koalition 97 Prozent des Budgets in Händen hält und dem Juniorpartner über die ihm zugestandenen Ressorts hinaus auch sonst keinerlei politische Entscheidungsmöglichkeit zugesteht, muß dieser eine Doppelstrategie wählen, um politisch erfolgreich zu sein. Es genügt dann nicht, die bescheidenen Ressorts im Angesicht der Öffentlichkeit gut zu verwalten, man muß darüber hinaus im freien Spiel der parlamentarischen Kräfte zeigen, was man auch dort vermöchte, wo man von jedweder politischen Verantwortung und Entscheidung ausgeschlossen ist. Je mehr man durch Regierungsabkommen und Koalitionsverträge geknebelt ist, um so mehr muß man dabei Kreativität, Fingerspitzengefühl und Beharrlichkeit zeigen. Vermag man das nicht, so wird man langsam aber sicher zwischen den Mühlsteinen des mächtigen Regierungspartners und einer durch keinerlei Verantwortungslast in ihrem Populismus gehemmten Opposition zerrieben.

Die Fachleute in den Reihen des ÖVP-Gemeinderatsklubs wären dafür durchaus vorhanden. Der Klub verfügt über ein paar fachlich versierte und sehr engagierte Mitglieder. Zusammen mit der erfahrenen Riege langgedienter Gemeinderäte wären sie durchaus imstande gewesen, eine Oppositionspolitik als Ergänzung zum Regierungsgeschäft ihrer Stadträte zu betreiben. Es fehlte dem Wiener Gemeinderatsklub lediglich an einer konsequenten, professionellen Führung, welche die in den Fraktionskollegen schlummernden Fähigkeiten weckt und konsequent zielgerichtet einsetzt. Denn auch wohlmeinende Klubmitglieder können sich nicht an bedeutende politische Initiativen der Wiener ÖVP erinnern, die im letzten Dezennium von der Klubführung ihren Ausgang genommen hätten. Gewiß mangelte es dem Klubobmann Prochaska nicht an kantigem ideologischen Profil und rhetorisch geschulter Ausdrucksweise. Aber wie jeder Formel-I-Fan weiß: Mit Profil gewinnt man kein Rennen, wenn der Fahrbahnbelag staubtrocken ist, sondern man zerreibt seine Kraft am Beton. Hannes Prochaska mochte noch so vehement mit geschliffener Rede und spitzer Feder gegen die linken Ideologen zu Felde ziehen. Häupl und sein Team gingen trocken ihren betonierten Weg weiter, während „Pro's" Gemeinderatsreden in den Tonbändern der Sitzungsprotokolle und seine pointierten Mails im Trash des Computers verschwanden. So hat der schwarze Klubchef jahrelang gegen die SPÖ-Dominanz in dem immer wichtiger werdenden Bereich der Erwachsenenbildung gewettert. Auch heute noch steuert – trotz aller Absichtserklärungen im Koalitionsübereinkommen – die Rathausmehrheit die Wiener Volksbildung mittels politischer Beherrschung eines Dachverbandes, der als einziger finanzielle Zuwendungen für Erwachsenenbildungseinrichtungen erhält. „Wetten, daß es trotz Regierungsbeteiligung die ganze Legislaturperiode so bleibt?" schrieb ich 1997 herausfordernd an den Klubchef. Es blieb so.

Wer sonst, wenn nicht die Fraktionsführung, hätte die Aufgabe gehabt, die penible Einhaltung des Regierungsübereinkommens von der SPÖ auf Punkt und Beistrich einzufordern und dies durch entsprechende parlamentarische Initiativen und aktionistische Maßnahmen zu unterstützen? Direktwahlen, Dezentralisierung, Bürgerrechte, weniger Parteipolitik in der Verwaltung? Stattdessen hat man sich jahrelang in Scharmützel über eine Reform der Gemeinderatsgeschäftsordnung und die Einsetzung von Untersuchungsausschüssen verstricken lassen, die den Wienerinnen und Wienern, so sie nicht als Oppositionspolitiker ihr Brot verdienen, herzlich wurscht sind.

Und so blieb die gesamte Last der politischen Arbeit auf den Schultern der ÖVP-Mitglieder in der Wiener Stadtregierung liegen, die in ihrer Funktion naturgemäß nur schwer gegen den Regierungspartner oppositionell agieren konnten.

Jetzt erst recht, da die ÖVP wieder auf die harten Bänke der Opposition zurückgekehrt ist, wäre eine grundlegende Reform der lange vernachlässigten Fraktionsarbeit unumgänglich. Die Partei benötigt eine Gemeinderatsfraktion, die nachhaltige und umfassende politische Strategien und Konzepte entwirft, diese in klugen parlamentarischen Initiativen darstellt und – unter Mithilfe der Parteiführung – mit professioneller, mitunter auch aktionistischer Öffentlichkeitsarbeit bekannt macht. Die Klubmitglieder müssen sich als Facharbeiter und unnachgiebige, emsige Kontrollorgane der gegnerischen Stadträte und nicht als Honoratioren (Ausschußvorsitzende, Klubobmannstellvertreter, Gemeinderatsvorsitzende, Beiratsmitglieder, Kammerfunktionäre) verstehen. Der Chef des Klubs hat ausschließlich für die politischen Interessen seiner Partei (und seines Obmannes) zu arbeiten, anstatt sich in der Rolle eines politischen Essayisten mit gelegentlichem Platzhirsch-Verhalten zu gefallen. Die Wiener ÖVP wird noch sehr lange Zeit hindurch zu klein sein, um sich einen Honoratiorenklub leisten zu können.

Das freuden(lose) Haus

Schrille Schreie hallen durch die schläfrige Seitengasse der Wiener Innenstadt. Eine ÖVP-Pressemitarbeiterin fühlt sich vom Landesparteisekretär des Kurzzeitobmannes Wolfgang Petrik derart in ihrer persönlichen Freiheit bedrängt, daß sie sich nur noch durch Hilferufe am geöffneten Fenster ihres Büros zu wehren weiß. Derart spektakuläre Vorkommnisse waren freilich selbst damals selten zu vermelden, als „die Falkestraße" in Wien 1 noch zu Recht diese Bezeichnung als Synonym für das Wiener ÖVP-Parteihauptquartier trug. Heute erinnert das Gründerzeithaus einer Wiener Bürgerfamilie eher an jene osteuropäischen Bahnhofsgebäude, deren imperialer Glanz vergangener Zeiten ihre geschrumpfte Bedeutung nur schlecht zu kaschieren vermag.

Falkestraße Numero 3. Ein Bürgerhaus wie viele in dieser Stadt. Von seinen Eigentümern unter Zwang aufgegeben und „arisiert", von den Nazis als Wehrkreisergänzungskommando akquiriert, wie viele andere auch. Nach dem Krieg zunächst von der Bundes- und endlich von der Wiener ÖVP übernommen. „Besonders praktisch ist sie nicht, die Falkestraße" mit ihrer räumlichen Knappheit und ihren technischen Unzulänglichkeiten, erkennt Busek, der neue Obmann, schon 1978. Damals freilich war die Partei noch viel größer, brauchte mehr Platz. Die Technik hat man inzwischen nachgerüstet, und wenn's nur die moderne Glastür mit elektronischer Eingangsicherung ist, die ungebetene Gäste abhalten soll. Eine offene Partei für eine offene Gesellschaft, wie Busek forderte?

Daß es den Parteien offensichtlich schwerfällt, Menschen für sich zu gewinnen oder gar interessante, kritische junge Leute heranzuziehen, ist nichts Neues. Dergleichen konnte ich schon als Student vor mehr als 30 Jahren erleben. Aus einem bürgerlichen Elternhaus mit damals noch üblicher fixer ÖVP-Stammwählerbindung kommend, faszinierten mich wie viele meiner

Studentenkollegen die liberalen, modernen Politthesen des Oppositionsführers Bruno Kreisky weit mehr als die ängstlich auf Machterhaltung bedachte und für jüngere Semester ziemlich eng wirkende Regierungspolitik der Alleinregierung Klaus. Ich habe daher wie viele andere jugendliche Intellektuelle die schöngedruckte Einladung des sozialdemokratischen Oppositionsführers zu einem Empfang in ein Wiener Nobelpalais interessiert angenommen. Am Eingang des Saales begrüßte Dr. Kreisky jeden von uns freundlich mit Handschlag. Die Tischrunde, in der ich zu sitzen kam, wurde vom damals erst 26jährigen und jüngsten Nationalratsabgeordneten der Republik, Hannes Androsch, geleitet. Er verstrickte uns in eine interessante und hochstehende Debatte über Fragen der Nationalökonomie, ohne dabei plumpe Werbung für seine Partei zu betreiben. Als ich beim Weggehen um Name und Adresse gebeten wurde, war mir klar, daß ich mit weiteren und gewiß nicht so hochstehenden und noblen Kontaktversuchen seitens der SPÖ zu rechnen hätte, und mir war das auch recht. Schien mir doch diese Partei eine interessante Anlaufstelle für einen jungen, politisch engagierten Studenten zu sein. Wie erwartet, flatterte mir schon wenig später die Einladung ins Haus, mich an einem bestimmten Tag zu einer bestimmten Stunde bei einer Diskussion der SPÖ Wieden in deren Parteihaus in der Wiedner Hauptstraße 60b einzufinden. Dort angekommen, irrte ich zunächst längere Zeit durch die finsteren Gänge des altehrwürdigen Wiedner Hauses, bis ich hinter einer der Türen einen Lichtschein bemerkte. „Wo ist denn hier die Diskussion?“ fragte ich eintretend die Versammlung der acht bis zehn Frauen und Männer mittleren bis höheren Alters. „Bei uns Sozialdemokraten ist immer und überall Diskussion“ war die scherzhaft gemeinte, wenn auch nicht hilfreiche Antwort, die sich wenig später überdies als unrichtig herausstellen sollte. Ich wurde nämlich an eine Gruppe jüngerer Funktionäre weitergereicht, die ganz offensichtlich nichts anderes im Sinne hatten, als den nächsten Parteiball zu organisieren und darüber nachzudenken, wer im Interesse seines Funktionärsfortkommens noch das Marxismus-Seminar besuchen müsse. Am Ende dieser Nicht-Diskussion fragte man mich, ob ich der SPÖ beitreten wolle.

Nein, das wollte ich eigentlich nicht (mehr). Weder die stetige Anrede offenkundig untereinander befreundeter Jugendlicher mit „Genosse“ noch die demonstrativ einförmige Grußformel „Freundschaft“ haben mich befremdet, sondern die – im Gegensatz zur Kreisky-Veranstaltung – so auffallende Unfähigkeit der Parteikader, sich neuen Menschen, geschweige denn neuen Ideen auf angemessene Weise anzunähern. Ich bin mir ziemlich sicher, daß auch viele andere außer mir eine derartige Erfahrung gemacht haben und in der einen oder anderen Form auch heute noch machen, einerlei, mit welcher politischen Partei sie in Berührung kommen.

Die politischen Parteien in Wien schaffen es nicht, ihr Programm und dessen praktische Umsetzung mit Menschen weiterzuentwickeln, die grundsätzlich bereit wären, mit ihnen gemeinsam ein Stück des Weges zu gehen. Stattdessen verengen sich die personellen und damit auch intellektuellen Ressourcen gleichsam wie in einem Trichter, durch welchen nur jene erfolgreich gelangen können, die bereit sind, sich klein und schlüpfrig genug zu machen. Die eher hilflosen Versuche, diesem Dilemma durch Aufstellung nicht parteigebundener Kandidaten, sogenannter Quereinsteiger, zu entrinnen, nützen da auch nichts. Entweder passen sich dieselben folgsam an, oder sie werden auf kurz oder lang von der Partei, die sie aufgestellt hat, als Fremdkörper wieder abgestoßen. Für beide Varianten gäbe es zahlreiche Beispiele der jüngeren politischen Geschichte in Stadt und Land.

Dem „Gleichgewicht des Schreckens“ nach dem großen Krieg, als die ehemals durch Bürgerkrieg verfeindeten Lager im Interesse des Staatswohles ihre Machtsphären untereinander aufteilten, folgten die zaghaft tastenden Versuche demokratischer Normalität in Form wechselnder Mehrheiten, die freilich auf die Ebene des Gesamtstaates beschränkt blieben und kaum auf Länder- oder gar Gemeindebesitztümer abfärbten. Jeder Mehrheitswechsel wurde und wird noch heute als Störfall im Politikbetrieb empfunden, den man nicht wahrhaben will. In dem Bestreben, ererbte Machtpositionen zu erhalten und verlorengegangene wiederzugewinnen, sind die politischen Lager jederzeit bereit, ihre Grundprinzipien auf dem Altar der demoskopischen Beliebigkeit zu opfern. Wie die Alzheimersche Krankheit frißt sich dieser Verlust eigener Identität in die geistigen Zentren der Parteien.

Vor allem die Wiener Sozialdemokraten bekamen diesen Identitätsverlust nach Erreichen ihrer klassischen politischen Ziele, „daß Brot und Arbeit uns gerüstet stehen, daß unsere Kinder in der Schule lernen und unsere Alten nicht mehr betteln gehen“, deutlich zu spüren. Man hatte mit dem kommunalen Wohnbau erfolgreich die Wohnungsnot in Wien bekämpft, nun wurden Gemeindewohnungen bisweilen durch parteipolitische Intervention an begüterte Prominente vergeben, während sich andere Bewerber eine menschenunwürdige obrigkeitliche Behandlung gefallen lassen mußten. Man sicherte auch den Ärmsten die Pflege im Krankheitsfall und konnte doch nicht verhindern, daß Patienten in städtischen Krankenhäusern von Schwestern ermordet wurden. Man hatte Straßen und Brücken gebaut, und die wichtigste stürzte unversehens in sich zusammen. Man hatte von sozialer Gerechtigkeit geträumt und sah sich mit der Maßlosigkeit neureicher Parteibonzen konfrontiert. Man schwärmte von Integration und Menschenrechten und verbot gleichzeitig Ausländern den Zugang zum Gemeindebau, um alteingesessene Wähler nicht zu verlieren. Die Ziele der Sozialdemokratie reduzierten sich auf die penible Absicherung aller auch noch so unbedeutenderer Macht- und Einflußbereiche.

Nur im Verhältnis zum politischen Gegner vermochte man noch seinen Standort zu erkennen. Nach dieser politischen Relativitätstheorie waren die Schwarzen für die Roten die Unternehmerpartei, der ehemalige Klassenfeind, an dessen Fortbestand ihnen zwecks Erhaltung von Wirtschaft und Wohlstand gelegen war. Für die Schwarzen wiederum waren die Roten die Arbeiterpartei, die man zwar nicht mochte, ja sogar noch immer fürchtete, aber auch nicht ganz hätte missen wollen. Waren sie doch für viele soziale Errungenschaften in dieser Stadt verantwortlich, die sonst vielleicht erst viel später erreicht worden wären. Schwarze, die keine Unternehmer waren, oder Rote, die sich für andere als soziale Anliegen einsetzten, störten dieses mühsam aufrechterhaltene Gefüge und wurden daher wechselseitig ignoriert oder als Ketzer bekämpft.

Im übrigen betrieb man mit Lust die Schau auf den eigenen Nabel. Man verzettelte sich bei Sitzungen in sinnlosen Debatten über das Schicksal der Bundesregierung oder die Zweckmäßigkeit politischer Aussagen von Spitzenpolitikern, die man lieber stärker, anders oder überhaupt nicht gewünscht hätte. Derartige Sitzungen erinnerten mich stets an die Fachsimpeleien von Fußballfans, die sich stundenlang darüber unterhalten können, wie der Trainer der Nationalmannschaft hätte aufstellen und welche Taktik er hätte anwenden sollen. Kommt man dann endlich zur eigenen politischen Aufgabe, verliert man sich gern in Auseinandersetzungen mit den politischen Mitbewerbern, die die Wähler weder wahrnehmen noch interessant finden. Kein Bürger dieser Stadt, so er nicht selbst Politiker ist, möchte wissen, ob der Gemeinderat A die Gemeinderätin B beleidigt hat, ob ein Antrag nur mit den Stimmen der C- oder auch der D- Fraktion angenommen wurde und wie die Mehrheitsfraktion E mit der Minderheit F umgeht. Die Wienerin und den Wiener, einerlei ob in Simmering, Ottakring oder in der Josefstadt zuhause, interessieren vielmehr die Zahl der Autoabstellplätze, der gefahrlose Schulweg, der Schmutz auf den Straßen, die Versorgung in den Spitälern usw., und sie wollen informiert werden, wenn sich in ihrer Wohnumgebung etwas ändert.

Mit den Programmen und Organisationen der fünfziger Jahre läßt sich nicht mehr erfolgreich um politisches Vertrauen werben. Auch in der Wirtschaft wirbt man heutzutage nicht mehr für nahrhafte, sondern für schlankmachende Lebensmittel, für sichere statt für schnelle Autos, für umweltfreundliche statt für aggressive Waschmittel.

Zwar ist davon auszugehen, daß die moderne parlamentarische Demokratie weiterhin der politischen Parteien als Vehikel zur Ordnung politischer Zielkonflikte bedarf. Aber nur als Vehikel. Ein Fahrzeug ist nicht der Weg und schon gar nicht das Ziel, zu welchem man gelangen möchte. Und auch die politischen Parteien sind nur der Weg, um politische Konflikte mit dem Ziel einer demokratischen Mehrheitsfindung auszutragen. Sie sind aber nicht der politische Konflikt und nicht dessen Lösung.

Erstaunlich ist, wie schnell die sogenannten neuen Parteien die Unarten ihrer älteren Schwestern apperzipiert haben. Als ich im

Wahlkampf 1996 in einer Pressekonferenz einen Vorschlag zur Bezirksautonomie unterbreitete, verschickte der Pressedienst des damaligen liberalen Spitzenkandidaten wenige Minuten bevor ich meine Idee vor den Medienvertretern zu erläutern begann, über die APA bereits eine ablehnende Kritik. Ich rief den guten Mann, der noch dazu als Quereinsteiger in die Politik geraten war, daraufhin an und fragte ihn, ob es denn liberal sei, Ideen abzulehnen, noch bevor sie deren Erfinder vorgetragen hat. Man müsse sich eben an die politischen Verhaltensweisen anpassen, bekam ich als trockene Antwort zu hören.

Neue politische Gruppierungen wie die Grünen predigen Toleranz gegenüber Ausländern und lassen selbst ungern die Meinung eines politisch anders Denkenden gelten. Man verteidigt die Unabhängigkeit der Gerichte und stellt diese sogleich in Frage, wenn nicht nach den Vorstellungen der eigenen Klientel entschieden wird. Man flüchtet in die traditionelle Masche der Verunglimpfung politischer Gegner und präsentiert sich selbst als einzigen Garant für das Wohlergehen der Stadt. Die Bürger und Wähler haben aber längst zwischen Schein und Sein der politischen Farbenlehre zu unterscheiden gelernt und wenden sich von Politikern ab, die ihnen in Oberlehrermanier Toleranz gegenüber Fremden und Andersdenkenden predigen, in den täglichen Aussendungen der Parteipressedienste aber ein Mindestmaß derselben gegenüber den Politikern anderer Parteien vermissen lassen.

Die österreichischen und namentlich die Wiener Parteien vermögen sich allesamt nicht von der neo-absolutistischen Staatsauffassung zu lösen, wonach die Partei alles für das Volk und nichts durch das Volk zu schaffen habe. Der Wiener Bürgermeister Leopold Gratz bezeichnete einst die Wiener SPÖ als „die größte Bürgerinitiative“. Die Wiener ÖVP ist den von Busek verordneten Bürgerdiskussionen und Grätzelbefragungen höchst unwillig gefolgt und hat sie nach dessen Abschied – abgesehen von einigen Bezirksorganisationen – flugs wieder einschlafen lassen. Die Freiheitlichen sind fest überzeugt, am besten zu wissen, was die Wiener brauchen, und die Grünen sprechen zwar gern von neuen Beteiligungsmodellen, sind aber bis jetzt den Beweis schuldig geblieben, eine Bürgermeinung auch dann zu akzeptieren, wenn sie nicht ihren ideologischen Vorstellungen entspricht. Die Wiener Parteipolitik ist nicht auf Partizipation und Eigenverantwortung der Bürger ausgerichtet.

Die Wiener ÖVP hatte als regionale Gliederung der bundesweiten Volkspartei im Vergleich mit anderen Landesparteiorganisationen von Haus aus einen schwierigen Stand. Erhard Busek hat das anläßlich einer gesamtösterreichischen ÖVP-Bürgermeisterkonferenz mit folgendem Bonmot beschrieben: „Ich tu mir schwer, wenn die Niederösterreicher und die Steirer mit je 200 Bürgermeistern aufmarschieren und Wien grad noch einen Vizebürgermeister zusammenbringt." Mit diesem Scherzwort ist die gesamte Problematik treffend umschrieben. Wien wird als eigenes Bundesland kaum wahrgenommen und ist als Gemeinde in der Anschauung der anderen Bundesländer eben eine von tausenden in ganz Österreich. Die Stärke der ÖVP, die in der Macht der von ihr beherrschten Länder und Gemeinden liegt, macht sich selbst in den chronischen Minderheitsländern Burgenland und Kärnten durch den Besitz größerer oder kleinerer Gemeinden bemerkbar.

Die Wiener ÖVP glich einem Fußballverein, der genug Spielermaterial besitzt, um die Besten in der A-Liga und die Reservisten in der B-Liga spielen zu lassen. Die Wiener ÖVP vor 1970, das waren in erster Linie die Minister, Nationalratspräsidenten und sonstige Honoratioren der Bundespolitik und erst in zweiter Linie die Wiener Stadträte und die Abgeordneten des Gemeinderates. Mit dem Verlust des Ballhausplatzes begann sich die Spirale nach unten zu drehen. Die schwindende Bedeutung der Wiener ÖVP führte zu einem Verlust an Wiener Nationalratssitzen und umgekehrt.

Wiens Schwarze mußten trotz hoffnungsloser Minderheitenposition mangels Unterstützung einer starken Bundespartei lernen, als kommunalpolitische Vereinigung auf eigenen Füßen zu stehen. Dies ist in der Zeit Erhard Buseks zwar vortrefflich gelungen, hat aber letztlich dazu geführt, daß die Wiener ÖVP und die – in Wien angesiedelte – ÖVP-Bundeszentrale, die sich damals noch in der Kärntnerstraße befand, unterschiedliche politische

Wege einschlugen. Hier die Wiener ÖVP der späten siebziger und achtziger Jahre: städtisch, modern, liberal, neu-konservativ; dort die Bundes-ÖVP: durch Machtverlust verunsichert, strukturkonservativ, ängstlich an Bestehendem festhaltend.

Die größten Meinungsverschiedenheiten bestanden in der Grün- und in der Außenpolitik. Entsprechend seiner neu-konservativen Haltung trat Busek für die Erhaltung und Bewahrung natürlicher Lebensgrundlagen auf, was ihm – meines Erachtens zu unrecht – die Punze eines Vorläufers der heutigen Grünbewegung eintrug. Zu Unrecht deshalb, weil die in den siebziger Jahren scharf zutagetretende Auseinandersetzung über die Grenzen des wirtschaftlichen und technischen Fortschrittes in der Gesellschaft nicht einer bestimmten, und schon gar nicht jener linken politischen Richtung vorbehalten war, aus der sich heute in Österreich oder anderen europäischen Ländern die etablierten Grünparteien rekrutieren. Nur gab es eben Gruppen – wie die Wiener ÖVP unter Erhard Busek –, die diesen Wertewandel frühzeitig erkannten, und solche, die ihm ratlos oder abwehrend gegenüberstanden. Die Bundes-ÖVP war zur Regierungszeit Kreiskys viel zu schwach und zu sehr von ihren eigenen Interessenvertretungen abhängig, als daß sich die Parteiführung in den damals entscheidenden Fragen der Nutzung der Kernenergie, der Rodung der Hainburger Au oder des sparsamen Umgangs mit Rohstoffen zu einer akzentuierten Haltung hätte durchringen können.

Weniger verständlich erscheint der Konflikt zwischen Bundes- und Wiener Landesorganisation in der Osteuropapolitik. Zeitzeugen wissen von nahezu peinlichen Ergebenheitsadressen und einer Hofierung kommunistischer Machthaber und der von ihnen gelenkten Einheitsgewerkschaften seitens der österreichischen Partner zu berichten. Es mag noch einsichtig sein, daß die österreichische Bundesregierung und das Außenministerium die zarten Pflänzchen des Widerstands im Ostblock aufgrund der traumatischen Ereignisse des Ungarnaufstands 1956 und der CSSR-Invasion 1968 im Interesse der noch jungen Neutralität nicht mehr unterstützten. Für andere Organisationen wie insbesondere den Gewerkschaftsbund kann diese Entschuldigung aber ebensowenig gelten wie für eine Bundes-ÖVP, die ruhig mehr Engagement und Mut vor kommunistischen Fürstenthronen hätte zeigen dürfen. Die Wiener ÖVP oder besser gesagt Erhard Busek und seine Getreuen machten sich also allein auf, um den dissidenten Gruppen ideelle und teils auch materielle Hilfe angedeihen zu lassen. Wie wichtig solcher Zuspruch aus dem Ausland sein kann, haben die Österreicher in den wenigen Monaten der EU-Sanktionen deutlich zu spüren bekommen. Es ist daher einer der so typischen Treppenwitze der ÖVP-Zeitgeschichte, daß der angeblich linke Busek, dem manche bis heute nicht das Einstimmen in die Internationale bei einem Zeltfest verzeihen können, der unbeugsamen konservativen Rechten dieses Landes erst die Hilfe für die Gegner des zerfallenden kommunistischen Weltreiches vorexerzieren mußte.

Wichtig, wenn auch in der Öffentlichkeit gewiß nicht so spektakulär, scheinen mir die Auseinandersetzungen Buseks mit der Bundes-ÖVP über Fragen der Parteireform. Erhard Busek hatte nämlich erstaunlicherweise als erster erkannt, daß das System der Massenpartei durch die langsame Auflösung der erstarrten politischen Lager und die Bereitschaft zum Wechselwählen keinen Sinn mehr ergibt. Ist es doch in einzelnen Wiener Wahlsprengeln vorgekommen, daß die Sozialdemokraten eine geringere Stimmenzahl aufwiesen als die ihrer Mitglieder. Eines Tages sprach ein Bürger bei mir wegen einer Gemeindewohnung vor, die ich ihm ohnedies nicht verschaffen konnte, und schlug mir zur Bekräftigung seines Ansuchens vor, bei Erfolg meiner Bemühungen der Partei beizutreten. Aber, fügte der Mann treuherzig hinzu: Er wisse nicht, von welcher Partei ich denn sei, aber das wäre ihm egal.

Aus der Zeit, als die ÖVP-Wahlbeisitzer noch Stricherl-Listen über die Wahlbeteiligung führten, weiß ich, daß eine nicht unbeachtliche Zahl von Mitgliedern unserer Partei es nicht für notwendig befand, die Partei, der sie angehörten, auch zu wählen. Waren aber die Mitglieder nicht einmal bereit, die eigene Partei zu wählen, so waren sie erst recht nicht gesonnen, für diese Partei irgendwelche Dienste zu leisten. Busek suchte daher seine Mitarbeiter und Vertrauensleute außerhalb der Partei, was ihm völlig zu Unrecht schwere Kritik seitens des Parteiapparats eintrug.

Hinzu kam die alte ÖVP-Krankheit der Bünde. Die ÖVP versteht sich aufgrund ihrer historischen Tradition als Integrationspartei unterschiedlicher Berufsgruppen. Ob für dieses Erfolgskonzept freilich derart verfestigte Strukturen erforderlich sind, wie sie die ÖVP beherrschen, ist zweifelhaft. Immerhin ist es den Freiheitlichen zumindest in der Vergangenheit gelungen, in gleicher Weise für adelige Großgrundbesitzer, Industrielle und einfache Arbeiter attraktiv zu sein, ohne derartige Parteistrukturen zu schaffen. Ob die Integration unterschiedlicher Gesellschaftsgruppen in einer Partei gelingt, hängt weniger von ihren Strukturen als von der Autorität ihrer Führung ab. In seiner Zeit als erfolgreicher Wiener Obmann gelang es Busek, den Spagat zwischen Einheits- und Bündepartei halbwegs zu bewältigen.

Dennoch habe ich die bündische Struktur gerade für die Wiener ÖVP als zersetzendes Krebsgeschwür erlebt. Mußte ich doch beobachten, wie die bündisch bis hinunter auf die Bezirksebene strukturierten Parteiorganisationen in sachpolitischen, vor allem aber in Personalfragen ihre Energien im Kampf gegeneinander aufrieben, statt sie gegen den politischen Widersacher zu wenden. In Personalfragen verpflichtet dieses System, auch dann einen Angehörigen einer bestimmten Teilorganisation zu nominieren, wenn von einer anderen ein besser befähigter Kandidat zur Verfügung gestanden wäre. Um kleinere Organisationen wie die Jugend oder die ÖVP-Frauen zu Mandatsehren kommen zu lassen, war es früher üblich, daß die dominierenden Bünde ein Mandat „verliehen“. Die auf ein solches Mandat Berufenen taten in der Folge – wenn sie wieder gewählt werden wollten – gut daran, der Organisation, deren „geborgtes“ Mandat sie in Anspruch nahmen, beizutreten und so die alte Ordnung wieder herzustellen.

Inzwischen haben die Bünde in der Wiener ÖVP an Bedeutung verloren, weil es vor allem in den Bezirken immer schwieriger wurde, genügend Leute zur Konservierung dieser Struktur zu gewinnen. Noch immer aber werden personelle „Ansprüche“ der einzelnen Organisationen angemeldet und auch befriedigt, so nach dem Motto: „Einerlei ob es einen besseren Kandidaten gibt, Hauptsache, es ist einer von uns."

Der bündischen Struktur der Wiener Volkspartei macht neuerdings ein anderes Phänomen zu schaffen. Bezeichnenderweise ist der Seniorenbund zur stärksten ÖVP-Teilorganisation aufgerückt. Während nämlich allgemein das Bekenntnis zur politischen Partei im Schwinden begriffen ist, treten Senioren munter dieser Organisation bei, die tatsächlich etwas anzubieten hat, wie Reisen, mannigfache Geselligkeiten, vergünstigte Eintrittskarten usw. Die Senioren könnten demnach den Anspruch anmelden, die Mehrzahl der der ÖVP zufallenden Mandate zu besetzen. Wenn – wie in diesem Beispiel – eine Partei ihre Entscheidungen nach einem vorgefertigten Korsett richten muß, wird die ganze Tragik offenkundig. Erfreulicherweise siegt – nach geraumer Zeit – aber doch die Kraft des Faktischen.

Meine eigene politische Tätigkeit in der Wiener ÖVP begann ebenfalls mit einem erstaunlichen Erlebnis. Als neues Mitglied wurde ich zur Generalversammlung der Sektion 3 der ÖVP Wieden eingeladen. So wurde mir bewußt, daß diese Wiener ÖVP, die auch am Beginn der siebziger Jahre in Wien wahrlich keine Großpartei war, allein in dem kleinen Bezirk Wieden vier territoriale Untergliederungen (Sektionen) hatte. Jede von ihnen verfügte über eigene Leitungsorgane und war auch noch in Sprengel unterteilt, für welche eigene Sprengelmitgliederlisten geführt wurden. Mit Verblüffung registrierte ich nach und nach, daß sich die – wie ich meinte – kleine ÖVP Wieden überdies noch in fünf Teilorganisationen mit jeweils eigenen Vorständen fortpflanzte, denen sich noch sogenannte nahestehende Verbände wie Soziales Hilfswerk, Kinderrettungswerk, Mieterbund, Kriegsopferverband usw. anschlossen. Als unbedarfter Neuling fühlte ich mich wie der Zauberlehrling im Märchen, der fassungslos der fortwährenden Teilung eines zur Hand genommenen Gegenstandes zusehen muß.

Bedenkt man, daß die 23 Wiener ÖVP Bezirksparteileitungen je nach Größe und politischer Bedeutung der Bezirks-ÖVP im Schnitt 30 Mitglieder umfassen, kommt man allein damit auf ca. 700 leitende Parteifunktionäre. Schätzt man hierzu die Vorstandsmitglieder der Sektionen und der einzelnen ÖVP-Bünde in den Bezirken unter Berücksichtigung von Doppelfunktionen nur vorsichtig mit weiteren 40 Personen pro Bezirk, so erhält man die stattliche Zahl von mindestens eineinhalbtausend führenden Parteivorstandsfunktionären. Mag sein, daß diese Zahl durch den Verlust der Bezirksvorsteherstellvertreter und durch die geringer gewordene Organisationsbereitschaft nach den empfindlichen Wahlverlusten heute nur mehr bei etwa 1000 liegt. Immerhin leistet sich eine Partei mit 117.000 Wählerstimmen 1000 führende Funktionäre oder anders gesagt: Auf jeden ÖVP-Funktionär kommen etwa 100 Wähler. Ein wenig erinnert dies an moderne, dem Barocktheater nachempfundene Schauspielaufführungen mit einer Unzahl von Akteuren, die quantitativ beinahe die Menge der Zuschauer aufwiegen.

Obwohl die Wiener ÖVP immer wieder vergeblich die SPÖ als Massenpartei zu imitieren trachtete, kam sie ihrer großen Gegnerin am ehesten in der Gestalt einer Honoratiorenpartei nahe. Der ÖVP-Funktionär ist immer noch öfter Kammerfunktionär, Schuldirektor, Vorstandsmitglied als der Durchschnitt selbst der noch ÖVP wählenden Bevölkerung. Wer ein ÖVP-Bezirksparteisekretariat betritt, fühlt sich mitunter geistig in die Zeit des Staatsvertragskanzlers Julius Raab zurückversetzt, dessen Konterfei auch oft die Wände ziert, soweit ihm nicht noch immer ein Bildnis vom Bürgermeister Lueger vorgezogen wird. Das Vestibül ehrfurchtgebietend, abweisend wie das Entree einer Großkanzlei, die Möblierung von altväterischer Eleganz, das Chefzimmer eines Vorstandsdirektors würdig, die Bibliothek gut bestückt mit Propagandaschriften aus besseren Tagen. Solche Büros, die oft nicht mehr als fünf oder sechs Bezirksmandatare politisch zu betreuen haben und denen kaum ein Einfluß auf die Gestaltung der ohnedies bescheidenen Bezirksadministration zukommt, erwecken eher den Eindruck eines gediegenen alteingesessenen Gewerbebetriebes als den des Aktionszentrums einer kleinen, aber ehrgeizigen politischen Bewegung.

Heinz Wille hatte sich ernstlich mit dem Gedanken getragen, die Bezirksparteiorganisationen weitgehend aufzulösen. Im Zuge seiner Rationalisierungsidee sollten administrative Angelegenheiten, wie die Ausschreibung von Parteisitzungen oder das telefonische Service für Mitglieder mittels moderner Bürokommunikation von der Zentrale in der Falkestraße aus erledigt werden. Diese ökonomisch richtige Konsequenz scheiterte am Widerstand der Funktionäre. Einem Bezirksparteiobmann, der in der Bezirkspolitik ohnedies keine wichtige Rolle mehr spielt, auch noch diese Insignien wegzunehmen und ihn mit seinen Büroerfordernissen an die Schreibstelle und Telefonzentrale der Falkestraße zu verweisen, mag zwar rationell sein, daß es mit dem von der ÖVP zumindest theoretisch hochgehaltenen Wert der Subsidiarität im Einklang steht, darf wohl verneint werden. Willes Nachfolger hat offenkundig dieselbe Auffassung von der Bedeutung der Bezirksparteien, er ist freilich klug genug, diese zu verschweigen. Und so tümpeln die Bezirksorganisationen der Wiener ÖVP dahin und werden von der Parteispitze behandelt wie Stiefkinder in früheren Zeiten. Man verstößt sie zwar nicht, verweigert ihnen aber jedes Selbstwertgefühl, schafft ihnen, wenn's not tut, irgendwelche unangenehmen Arbeiten an und läßt sie im übrigen dahinvegetieren.

Unter Parteiobmann Görg wurde zunächst Johannes Hahn Landesparteisekretär. In seinem Hang zu bedeutungsschwerer Rede versprach Görg den Parteivorstandsmitgliedern, den neuen Geschäftsführer im Sinne privatwirtschaftlichen Leistungsdenkens jeweils nach den Meinungsforschungsergebnissen der Partei zu entlohnen. Und mußte sich in Hinkunft regelmäßig bei Parteivorstandssitzungen vom vorwitzigen Döblinger Bezirkschef die Frage gefallen lassen, ob der Herr Landesgeschäftsführer Hahn schon zum Sozialfall geworden sei.

Als sich Johannes Hahn nach der Wahlniederlage von 1996 von der Position des Parteigeschäftsführers unter Beibehaltung seines Gemeinderatsmandats auf einen besser bezahlten Posten in der Privatwirtschaft zurückzog, fragte mich Görg, wen ich mir als zukünftigen Landesparteisekretär vorstellen würde. Ich schlug zwei Varianten vor: Entweder sollte man eine mit Marketing- und Managementerfahrung ausgestattete Persönlichkeit suchen, die fähig wäre, der Partei zu neuem emotionalen Schwung zu verhelfen. Andererseits hätte ich mir auch gut einen

„gestandenen" im Gemeinderat oder in seinem Bezirk erfolgreichen und allseits anerkannten Politiker denken können, der gleichsam als Geschäftsführender Parteiobmann nach dem Wechsel Görgs ins Vizebürgermeisterbüro des Wiener Rathauses die Partei zusammenhalten und in seinem Sinne die politischen Leitlinien durchsetzen könnte. Denn unter den Funktionären machte sich nach der neuerlichen, noch viel schlimmeren Wahlniederlage unter Görg eine Stimmung breit, die am besten mit jener der römischen Soldaten im Kampf gegen Asterix und seine Gallier umschrieben werden kann. Man fand sich damit ab, immer wieder wehrlos seine Prügel zu beziehen, nichts dagegen tun zu können und die Sache dennoch irgendwie zu überleben. Bei Parteiheurigen witzelte mancher ÖVP-Soldat, daß man schon bald sämtliche Wähler bei einer Veranstaltung werde unterbringen können, und in Sitzungen hörte man sich geduldig die Predigten des Parteiorganisationsreferenten an, um sich anschließend in lustigen Wortspielen über denselben zu ergehen. Im übrigen hoffte man auf ein Wunder oder verlegte sich wie die römischen Soldaten im Lager Kleinbonum auf die Erwartung der Ablöse.

Bernhard Görg hörte meinen Vorschlägen über den neuen Parteigeschäftsführer mit Interesse zu und entschied sich – für etwas ganz anderes. Mit Wolfgang Gerstl wurde ein Landesgeschäftsführer bestellt, der weder Managementerfahrung noch politische Autorität auf die Waage brachte. Dem strebsamen jungen Mann, der als Polizist begonnen und als Werkstudent seine rechtswissenschaftlichen Studien vollendet hat, kann man keinesfalls Mangel an Ehrgeiz oder Idealismus vorwerfen. Als Bezirksparteiobmann des 14. Wiener Gemeindebezirkes fehlte es ihm aber an jeder politischen Autorität, um den alteingesessenen Bezirkskaisern oder gar dem Klub der Gemeinderäte mit Erfolg etwas anschaffen zu können. Seine anfänglichen Versuche, mangelnde Autorität mit forschem Auftreten zu übertünchen, führten zu mancher Mißstimmung. Da kamen schon eher seine Bitten um solidarische Befolgung der Arbeitsaufträge bei den Funktionären an, die freilich auch nicht von politischer Durchsetzungskraft zeugten. So entwickelte sich in der Wiener Falkestraße mehr und mehr ein Hohlraum, den der selbstbewußte ÖVP-Klubobmann konsequent zu überfluten verstand.

Die Wiener Partei aber gab sich nach Übersiedlung ihres Obmannes als geschäftsführender Vizebürgermeister und Planungsstadtrat ins Wiener Rathaus praktisch selbst auf. Der Landesparteisekretär dekretierte den unabhängigen „City-Manager" und das „Stadtmanagement" als Lösung für kommunalpolitische Probleme. Es sei nicht mehr zeitgemäß, daß die Mitmenschen mit ihren Anliegen noch zu einer Partei gehen müssen. Welch tragische Verwechslung der ungesunden Parteienallmacht mit der Notwendigkeit demokratisch legitimierter Bürgervertreter! Warum dann in einer Eineinhalb-Millionen-Stadt hundert Gemeinderäte und tausende Bezirksräte?

Die Falkestraße, die gerade angesichts der tagespolitischen Geschäftigkeit der ÖVP Regierungs- und Klubmitglieder zum ruhigen, nachhaltigen Denkerzentrum für die Zukunft des bürgerlichen Wiens hätte werden müssen, degenerierte zur Schmalspur-Werbeagentur für Allerweltsprodukte. Die Bezirksfunktionäre wurden mit Zettelverteilaktionen traktiert, der Spitzenmann Görg, der aufgrund seiner Intellektualität und seiner Funktion als Planungsstadtrat durchaus befähigt gewesen wäre, den Wienern als städtischer Vordenker präsentiert zu werden, mußte auf Geheiß irgendeiner Werbeidee den Wienern auf Plakaten erscheinen, deren Sujets selbst die geringste Spur einer politischen Botschaft vermissen ließen.

Mit ähnlich oberflächlicher Darstellungsfreude veranstaltete man Kundgebungen und Diskussionen, die sich wegen der gewählten Örtlichkeiten regen Zuspruches erfreuten wie das Palmenhaus, ein Museum oder ein moderner Konsumtempel, versäumte aber gleichzeitig, die im Parteienübereinkommen der SPÖ mühsam abgerungenen Zugeständnisse penibel abzuarbeiten. Auch die zur modernen Ideologie bürgerlicher Parteien gehörende „Bürgergesellschaft" als Erscheinungsform des guten alten Subsidiaritätsprinzips wurde lediglich in einer – naturgemäß nicht sehr lang anhaltenden – PR-Show namens „Stille Helden im Alltag" absolviert, anstatt ihr durch ein kommunalpolitisches Konzept und entsprechende Anträge seitens des Gemeinderatsklubs Nachhaltigkeit zu verleihen.

Und so ist es letztendlich gelungen, „die Falkestraße" auf eine Expositur für Öffentlichkeitsarbeit des amtierenden Vizebürgermeisters schrumpfen zu lassen. Das (politische) Denken überließ man den Rathausbewohnern, die haben schließlich größere Zimmer.

Der Rückschritt in die Opposition wird keinesfalls automatisch eine Rückkehr in die Falkestraße mit sich bringen. Zu sehr ist die derzeitige Führung der Wiener Volkspartei von ihrer stadttragenden Verantwortlichkeit durchdrungen, als daß sie sich herablassen könnte, zu einer Ideen- und Aktionswerkstatt für die große bürgerliche Wiener Opposition zu mutieren. Man wird sich weiter brav und folgsam in der Beschickung der diversen Gremien und Ausschüsse üben und dortselbst für den neuen Stammtischkönig Michael den Schein demokratischer Konstitutionalität wahren helfen, anstatt mutig an einer neuen politischen Bewegung für ein bürgerliches Wien zu bauen und die Teilhabe am rathäuslichen Hofstaat auf das in der Demokratie unumgängliche und einer 16-Prozent-Partei angemessene Ausmaß zu beschränken.

Dies schon deshalb, weil eine Neuordnung der Wiener ÖVP einen nahezu übermenschlichen Kraftakt erforderte. Diese Partei bedarf vorerst einer Neuordnung ihrer Struktur. Die Wiener Volkspartei hätte zunächst einmal schonungslos Bilanz über ihre Mitglieder zu ziehen. Jede Organisation, an der der Zahn der Zeit nagt, hat ihre „Karteileichen". Menschen, die irgendwann aus welchem Grund auch immer dieser Partei beigetreten sind und das vielleicht selbst nicht mehr wissen oder einfach zu bequem sind, um auszutreten, für diese Partei aber nichts mehr empfinden, ja sie oft nicht einmal mehr wählen. Daneben gibt es zahllose Mitglieder, insbesondere in dem immer stärker werdenden Seniorenbund, die vor allem wegen der ihnen dargebotenen Dienstleistungen dabei sind. Sie stellen eine wertvolle Bereicherung einer politischen Bewegung dar, ein aktives Eintreten für deren Ziele und Aufgaben ist von ihnen freilich nicht immer zu erwarten und ihnen auch nicht zuzumuten. Bleibt schließlich die Riege der Aktiven, die sich bei der ÖVP derzeit auf Mandats- oder Funktionsträger und ein paar unverbesserliche Idealisten beschränkt.

Dieser Mitgliederstruktur müßte sich die Organisation anpassen. Ein Parteiführer, der noch dazu aus der Privatwirtschaft kommt, müßte sich darüber im klaren sein, daß mit einem – politisch kompetenzlosen – Parteipräsidium und einem rund 50köpfigen Vorstand keine politische Bewegung zu führen ist. Ich habe Bernhard Görg früher mehrmals auf diesen Umstand hingewiesen und angemerkt, daß es mir nutzlos erscheine, einem Führungsgremium anzugehören, in dem die wenigen wirklich Mächtigen meist durch Abwesenheit glänzen und dessen Beschlüsse sich nach langem Stammtischgeplauder auf die Verleihung von Parteiehrenzeichen beschränken. Görg gab mir völlig recht – um beim letzten Parteitag noch zusätzlich ein paar Sekretäre von Teilorganisationen in sein Spitzengremium wählen zu lassen.

Die Partei benötigt ein schlankes und effizientes Führungsgremium, damit wäre auch gewährleistet, daß die wichtigen Entscheidungen der Wiener ÖVP nicht vom Parteiobmann nach eigenem Gutdünken getroffen und auch nicht in irgendwelchen Direktionszimmern mit grauen Eminenzen vorweggenommen werden.

Eine Wiener ÖVP-Parteiführung müßte sich, so die programmatischen Leitsätze von Subsidiarität und Dezentralisierung nicht nur Propagandaworthülsen sind, endlich auch wieder um ihre Bezirke kümmern. Die Wiener Gemeindebezirke sind nicht die Kolporteure der Falkestraße, denen man anschafft, wann und wo sie welche Zettel zu verteilen haben, sondern verfassungsmäßig vorgegebene territoriale Untergliederungen der Stadt, in denen die ÖVP teilweise sogar noch immer über die Wählermehrheit verfügt. Diese Bezirksorganisationen, noch mehr aber jene, wo die ÖVP eine chancenreiche Minderheit darstellt, wären in jeder nur möglichen Art und Weise zu fördern, aber auch zu fordern. Es ist Pflicht und Schuldigkeit eines Wiener Obmannes, darauf zu achten, ob und was dort geleistet wird, anstatt sich bei Schwächen oder Fehlleistungen wie ein UNO-Generalsekretär in diplomatischer Nichteinmischung zu üben.

Darüber hinaus muß die Partei eine Schar von Sympathisanten organisieren, anstatt der Meinung zu huldigen, daß sich die Menschen heutzutage außerhalb von Parteien in Servicezentren zu organisieren haben. Wer sich selbst aufgibt und die Gestaltung der Politik den Bürgerinitiativen überläßt, der darf dann auch nicht den Anspruch stellen, von den Bürgern bei der Wahl das Vertrauen ausgesprochen zu bekommen. Die Wünsche der Bürger, ihre politischen Anliegen und ihre Interessen zu den eigenen werden zu lassen, das allein garantiert den Erfolg. Wer Angst vor den Bürgern hat oder ihre Meinung geringschätzt, sollte nicht in die Politik gehen und schon gar nicht zu einer sogenannten Volkspartei.

Die Falkestraße nicht mehr als Amt aller ÖVP-angehörigen Regierungsmitglieder, Mandatare und Funktionäre, sondern als Dienstleistungsbetrieb der verschiedensten Bewegungen, Initiativen und Interessengruppen des Wiener Bürgertums würde aus dem geschichtsträchtigen Haus ein Gebäude für die Zukunft machen.

Von einer Stadt erwart' ich mir ...

„Wien ist prächtig, herrlich, die liebenswürdigste Stadt, dabei revolutionär in Fleisch und Blut. Die Leute treiben die Revolution gemütlich, aber gründlich. Man geht zum Kampf wie zum Tanz, und man muß glauben, das Leben sei keinen Pfifferling wert." So der deutsche Revolutionär, Robert Blum, in einem Brief vom 17. 10. 1848 an seine Frau Jenny. Kommunalpolitik wird in Wien auch am Beginn des dritten Jahrtausends noch als sublimierter Klassenkampf betrieben. Ob sich aber die Bürger in der Tat solches „von der Stadt" erwarten?

Verkehrsalltag in Wien: Eine alte Frau tritt aus der Haustür auf den Gehsteig und wird um ein Haar von einem vorbeiflitzenden Radfahrer niedergestoßen. Ein Bahnreisender, der mittels der Straßenbahnlinie 18 seinen Zug erreichen möchte, hat seinen Reisekoffer ohne Lift und Rolltreppe zwei Stockwerke unter die Erde und auf der anderen Seite der Straßenbahngleise ein Stockwerk wieder hinauf zu befördern. Ein Autolenker, der seit 30 Minuten auf der Suche nach einem Parkplatz seinen Wohnblock umkreist, stellt sein Fahrzeug in einem Anfall panikartiger Klaustrophobie an einer Straßenecke über der Gehsteigkante ab und findet am nächsten Morgen seine Reifen aufgestochen. Ein Firmenchef beschließt, durch viele Strafen wegen Falschparkens seiner Lieferfahrzeuge entnervt, seinen Betrieb ins Wiener Umland zu verlegen.

Was die Wiener Verkehrspolitik so interessant macht, ist die Art, wie man mit ihr umgeht. Städtische Verkehrspolitik wird in Wien nicht als ein – zweifelsohne schwieriges – kommunalpolitisches Unterfangen auf der Basis wissenschaftlicher Untersuchungen und ausländischer Erfahrungen betrieben, sondern als moderne Form des Klassenkampfes, bei der die revolutionären Urtöne früherer Epochen fröhliche Urständ feiern. Daher ist die Linke, sprich die Grünen, in dieser Stadt für Rad- und gegen Autofahrer, und daher ist die Rechte, sprich die Freiheitlichen, ebenso so militant für die Autofahrer. Die ÖVP und die SPÖ tun sich in dieser beinharten weltanschaulichen Auseinandersetzung, die mitunter an nordirische Glaubenskämpfe erinnert, dank ihrem Bemühen, die politische Mitte zu besetzen, naturgemäß härter. Und demgemäß schwankt die Einstellung der regierenden Sozialdemokraten zu Verkehrsfragen seit Jahren wie ein Rohr im Winde der öffentlichen Meinung. Einmal wird der Vorrang des öffentlichen Verkehrs bis zur Vernichtung der Mehrzahl innerstädtischer Autoabstellflächen ausgereizt wie unter dem Verkehrsstadtrat Hatzl, der die bürgerlichen Wiener Innenbezirke – wohlgemerkt, nicht die der regierenden Genossen außerhalb des Gürtels – mit Busspuren entlang der Gehsteige beglücken wollte. Nach ihm kam der Verkehrsstadtrat und spätere SP-Fraktionsführer im Europäischen Parlament, Hannes Swoboda. Er ist den Wiener Autofahrern noch heute dank der zahlreichen von ihm initiierten Fahrbahnschwellen, Aufdoppelungen und Gehsteigvorziehungen in geteilter Erinnerung. Auf Swoboda folgte Svihalek. Ob auf Geheiß sozialdemokratischer Spindoktoren oder aus eigenem Antrieb: Die Wiener Verkehrspolitik wendete sich um 180 Grad. Autofahrer dürfen nicht gequält werden, beschied der neue Verkehrsstadtrat. Die Rückbauten wurden wieder rückgebaut, die Schwellen, im Jargon der städtischen Verkehrsplaner liebevoll wienerisch „Hoppala" genannt, abgesenkt oder ganz entfernt. Bis auch Svihalek selbst entfernt wurde und die Wiener Verkehrsteilnehmer mit Spannung darauf warten, was nun im Wiener Verkehrsalltag in Mode sein mag. Selten findet die bekannte Sequenz Bert Brechts „Mach du nur einen Plan, und sei ein großes Licht. Und dann mach noch 'nen zweiten Plan, gehn tun sie beide nicht" solch reale Bestätigung wie in der Wiener Verkehrspolitik.

Die regierenden Wiener Sozialdemokraten ließen nie einen Zweifel daran, daß Verkehrsplanung für sie eher ein Mittel pragmatischer Machtpolitik als Ausdruck sachorientierter Planungsarbeit ist. Exemplarisch hierfür sei die Vorgangsweise bei der Parkplatzbewirtschaftung erwähnt. Als bereits den meisten Experten – und auch mit praktischem Sinn ausgestatteten Laien – längst klar war, daß man der chaotischen Autoabstellsituation in

Wien nur so wie in anderen europäischen Hauptstädten mit Zugangsbeschränkungen oder Parkplatzbewirtschaftungsmaßnahmen Herr werden könne, dekretierte der damalige Verkehrsstadtrat Hatzl, daß das „Parkpickerl" für Wien nicht kommen werde. Kurze Zeit später wurde es in der Wiener Innenstadt eingeführt, nachdem von seinem Nachfolger Swoboda nach gutem österreichischen Brauch eine Parkpickerlkommission gegründet worden war. Mitten in der Debatte überraschte eines Tages Stadtrat Swoboda die eifrigen Kommissionsmitglieder mit der Meldung, daß der SPÖ-Klub bei seiner Klausur in Rust im Burgenland bereits entschieden habe, wie es mit dem Parkpickerl weitergehe. Ich fühlte mich, wie vielleicht auch andere Mitarbeiter der Expertenkommission, angesichts dieser vatikanischen Beendigung einer Teamarbeit („Roma locuta – causa finita", Rom hat gesprochen, die Sache ist entschieden) für dumm verkauft und legte, um einen Rest an Selbstachtung zu bewahren, den stellvertretenden Vorsitz in dieser Kommission sofort zurück. Dies änderte freilich nichts an der Tatsache, daß die Einführung der Parkplatzbewirtschaftung in Wien auch weiterhin nach altbewährter Hü-Hott-Methode betrieben wurde. Einmal hieß es, es würden nur die Bezirke 4 bis 9 ins Bewirtschaftungsgebiet einbezogen werden, dann sei endgültig Schluß. Etwas später sollten doch auch der 2. und 20. Bezirk, nicht aber der 3. und nicht der Prater drankommen, dann wurde auch dieser Vorsatz wieder geändert.

Bei der Vergabe der begehrten Ausnahmegenehmigungen für das Parkpickerl wußte die SPÖ ideologisch Haltung zu bewahren. Eigentlich sollte es klar sein, daß jemand, der in der Stadt ein Geschäft betreibt und dazu ein Auto benötigt, auch die Berechtigung zur Abstellung desselben in einer Parkplatzbewirtschaftungszone erhält. Schließlich fahren auch die regierenden Mitglieder des Wiener Stadtsenates – aus Rationalitätsgründen durchaus verständlich – meist nicht mit der U-Bahn, sondern mit dem Wagen von einem Termin zum anderen, wobei sie freilich zum Unterschied von den meisten Geschäftsleuten ein Chauffeur der lästigen Sorge um den Autoabstellplatz enthebt. Es hat lange Zeit gedauert, bis man sich entschließen konnte, sogenannte „Nahversorger" zu bevorzugen, wenngleich unerfindlich ist, warum Betriebe, die nicht nur die tägliche Milch und das Kipferl verkaufen, an den Stadtrand gedrängt werden und damit zur Vermehrung des Verkehrsaufkommens beitragen müssen. Wer je miterleben konnte, daß eher ein Kamel durch ein Nadelöhr als ein Mercedes- oder BMW-Fahrer durch die über die Vergabe der begehrten Ausnahmegenehmigungen entscheidenden Kommissionen geht, der weiß, wo heute noch der Klassenkampf tobt.

Die Verkehrspolitik der ÖVP steht jener der Wiener Sozialdemokraten an Inkonsequenz freilich um nichts nach. Erhard Busek bemühte sich zwar im Rahmen seiner Grün-Politik, den Wienerinnen und Wienern die Binsenweisheit zu vermitteln, daß hemmungsloser Egoismus und faule Bequemlichkeit sowohl die Umwelt als auch das Verkehrsgeschehen in die Sackgasse führen. Sein Weggefährte, der Gemeinderat Robert Kauer, stürzte die Wiener Rathausverwaltung in beachtliche Turbulenzen, als er eines Tages in den damals noch für die Kraftfahrzeuge der Gemeindemandatare geöffneten Arkadenhof des Wiener Rathauses mit dem Fahrrad einzufahren begehrte. Die Partei aber nahm die verordnete Selbstkasteiung beim Autofahren nie ernst. Die Nachfolger Heinz Wille und Bernhard Görg machten nie ein Hehl daraus, begeisterte Anhänger des Automobils als Fortbewegungsmittel zu sein. Demgegenüber mußte das ehrgeizige Bestreben der Wiener ÖVP, als die U-Bahn-Partei zu gelten, naturgemäß verblassen. Sich in dem Bewußtsein zu sonnen, für Wien eine U-Bahn gefordert zu haben, als die Sozialdemokraten eine solche noch strikt als unnötig ablehnten, und später immer auf Erweiterung des Liniennetzes gedrungen zu haben, weil man als Nicht-Regierungspartei keinerlei Verantwortung für die Finanzierung übernehmen mußte, ist ein bisserl wenig für eine Oppositionspartei, die doch den Wähler überzeugen sollte, wie sie es in der Verkehrspolitik besser machen würde, wenn man sie nur ließe. Und so wanden und winden sich noch heute die Stadtschwarzen bei Fragen wie der Erweiterung der Parkplatzbewirtschaftung, des Vorrangs für den öffentlichen Verkehr oder der autogerechten Stadt und sind heilfroh, für das Verkehrsressort keine Verantwortung zu tragen.

Gewiß, keine Großstadt hat das Verkehrsproblem zufriedenstellend gelöst. Wenn einige Idealisten vor Jahren immer wieder

Zürich als leuchtendes Beispiel hingestellt haben, so kann man diesen Vergleich angesichts der Größenverhältnisse von Wien und Zürich wohl nur belächeln. Richtig ist auch, daß andere Großstädte unter viel gravierenderem Verkehrsaufkommen und demgemäß auch Staubildungen leiden als Wien. Und natürlich ist es schwer, in einer Großstadt wie Wien, die aus historischen Gründen nicht über die breiten Boulevards von Paris verfügt, eine vernünftige Verkehrspolitik zu betreiben. Ein paar Grundwahrheiten könnten da aber förderlich sein.

Zunächst müßte man aufhören, Verkehrspolitik als ideologisches Sandkastenspiel zu betreiben. Weder ist ein Autofahrer ein notorischer Umweltverbrecher, noch jeder Radfahrer ein gefährlicher linker Anarchist, und schon gar nicht ist der städtische Fußgänger ein Paria der modernen Zeit. Die tägliche Verkehrsmittelwahl der städtischen Bürger (im Fachjargon „modal split" genannt) kann man auch als permanente Volksabstimmung über die städtische Verkehrspolitik bezeichnen. Der ehemalige Wiener Bürgermeister Helmut Zilk hat einmal angesichts eines sogenannten Trampelpfades durch eine Wiese am Karlsplatz gegen Beamte gewettert, die solchen „Übertretungen" durch die Erfindung zusätzlicher Gitter oder dorniger Sträucher zu begegnen suchen. Man solle lieber darüber nachdenken, warum dort so viele Leute durch die Wiese gehen, zum Beispiel weil der vorgesehene Weg zu weit, zu beschwerlich oder sonst falsch angelegt ist. Gleiches gilt auch für die Verkehrsorganisation. Die Verkehrsplaner und Politiker sollen endlich einmal ihre Ideologie über Bord werfen und stattdessen darüber nachdenken, warum sich die Menschen so und nicht anders verhalten. Dann werden sie erkennen, daß für die Verkehrsmittelwahl keine weltanschaulichen Überlegungen Pate stehen.

Radfahren ist beispielsweise eine wunderbare Sache. Man macht Bewegung in frischer Luft, kommt überall durch und hat keine Parkplatzsorgen. Freilich, bei Regen, wenn man schön angezogen sein will oder nicht mehr zu den Jüngsten und Sportlichsten gehört, ist's halt doch nicht das geeignetste Fortbewegungsmittel. Straßenbahnfahren ist umweltfreundlich, spart Benzin und Ärger über Staus oder mangelnde Stellplätze. Wenn man freilich für eine Fahrt mit zweimaligem Umsteigen genauso lang benötigt wie mit dem Auto nach St. Pölten oder Wr. Neustadt, überlegt man sich's. Die langen Straßenbahnlinien, mit denen man noch in den fünfziger Jahren ohne Umsteigen von Kaisermühlen nach Erdberg oder von Hernals in den Prater gelangen konnte, sind längst eingestellt. Und Verkehrsbetriebe, die einem Kunden, der aus Wieden oder Margareten mit einer Reisetasche zum Südbahnhof gelangen möchte, zumuten, ohne Lift oder Rolltreppe zwei Stockwerke unter die Erde und ein Stockwerk wieder hinauf zu gehen, erwecken nicht den Eindruck, wirklich Interesse an mehr Zuspruch zu den Massenverkehrsmitteln zu haben.

Städtische Verkehrspolitik sollte die Bedürfnisse der Stadtbewohner einfach zur Kenntnis nehmen, anstatt ihnen in Oberlehrermanier vorzuschreiben, was sie als gut zu empfinden hätten. Gewiß ist es auch eine Aufgabe städtischer Verkehrspolitik, Steuerungsmechanismen zu verwenden und Schwerpunkte zu setzen, denn wenn alle sich fortbewegen, wie sie es sich wünschen, bewegt sich bald gar nichts mehr. Solches setzt freilich voraus, daß die politisch Verantwortlichen wissen, was sie wollen, und nicht nach den Ergebnissen der Meinungsumfragen einmal die Auto- und dann wieder die Straßenbahnfahrer oder Fußgänger hofieren. Wer unter Bedachtnahme auf die Bedürfnisse der Menschen vorsichtig und umsichtig ohne ideologische Scheuklappen Verkehrsplanung betreibt und den einmal eingeschlagenen Weg auch beibehält, der wird Verständnis bei den Leuten ernten. Die Lippenbekenntnisse der Wiener ÖVP zum Vorrang des öffentlichen Verkehrs bei augenzwinkernder Übereinstimmung, daß man selbst keine Sekunde auf seinen fahrbaren Untersatz verzichten wolle, werden diesem Anspruch freilich ebensowenig gerecht wie die an Orwells „Farm der Tiere" gemahnenden sozialdemokratische Beteuerungen, nachdem ein als streitbarer Kämpfer für Tram- und Busvorrang bekannter Verkehrsstadtrat von listigen Autofahrerspionen bei Geschwindigkeitsübertretungen mit seinem Dienstwagen enttarnt wurde.

Ganz ähnlich ist es um die Wiener Wohnbaupolitik bestellt. Der (soziale) Wohnbau galt lange Zeit hindurch als Domäne der

Wiener SPÖ. In der Tat schuf das Wiener Wohnbauprogramm in der ersten Republik für minderbemittelte soziale Schichten menschenwürdige und für damalige Verhältnisse sogar komfortabel ausgestattete Unterkünfte. Diese historische politische Leistung der Wiener Sozialdemokratie zog in der Folge eine bis in die heutigen Tage andauernde Ideologisierung nach sich. Waren die Gemeindebauten doch im Ansehen der Wiener von allem Anfang an weniger Volkswohnbauten als Schutz- und Trutzburgen des Proletariats, was sich nach ihrer tragischen Beschießung mit schweren militärischen Waffen im Bürgerkrieg ins Mythische steigerte. Die Gemeindemieter waren in ihrer überwiegenden Mehrheit nicht nur einkommensschwache, wohnungssuchende Wiener, sondern die Kernschicht der Linken, die ihre Dankbarkeit in treuer Mitgliedschaft zur Partei, mindestens aber in der Beflaggung ihrer Wohnungsfenster am 1. Mai zum Ausdruck brachte. Noch in den ersten beiden Nachkriegsjahrzehnten erfreute an diesem Festtag der rote Fahnenschmuck der Gemeindebauten das Auge der Wiener. Bis vor einigen Jahren zahlte auch jeder Gemeindewohner mit seiner Miete gleich den Mitgliedsbeitrag bei der SPÖ-nahen Mietervereinigung, ohne je gefragt worden zu sein, ob er dieser Organisation überhaupt angehören wolle. Die Hausversammlungen in Gemeindebauten wurden und werden noch immer nach Art von Familienfesten abgehalten, bei denen – wie es sich für Familienfeste gehört – Fremde nicht zugelassen sind. Es wurden daher von Amts wegen (!) die SP-nahe Mietervereinigung, aber keine andere Mieterorganisation, und der jeweilige SPÖ-Bezirksvorsteher oder Bezirksvorsteherstellvertreter, nicht aber ein solcher von der ÖVP eingeladen.

Die Erlangung einer Gemeindewohnung war daher auch kein normaler Verwaltungsakt aufgrund geprüfter Anspruchsvoraussetzungen wie etwa die Zuerkennung einer Wohnbauförderung, sondern eine Prädikatisierung in der Art eines Weiheaktes. Auf diese Weise geadelt, gehörte der glückliche neue Wohnungsbesitzer gleichsam einem Lebensbund, einem Orden an. Verständlich daher, daß niemand eine Gemeindewohnung aus der Hand gab, sondern diese dank entsprechender mietengesetzlicher Regelungen an Kind und Kindeskinder überbunden wurde, so daß nach

Ablauf dreier Jahrzehnte statt eines sozial bedürftigen Arbeiters ein wohlbestallter Gemeinderatsabgeordneter oder die studierende Tochter des Vorstandsdirektors eines staats- oder gemeindeeigenen Unternehmens die proletarischen Freuden des billigen Wohnens genoß. Alle Versuche, diese durch ein freundliches Mietenrecht begründeten Eintrittsrechte vermögender Personen in die für Wohnungsbedürftige geschaffenen Kommunalwohnungen zu unterbinden oder wenigstens einen angemessenen, marktgerechten Zins zu verlangen, scheiterten an der Verhinderungstaktik der Sozialdemokraten, welche dadurch wesentlich erleichtert wurde, daß ja auch Honoratioren anderer Parteien, wenn auch in vergleichsweise sehr bescheidenem Umfang, recht gerne ihre einmal erworbene Sozialwohnung für sich behielten.

Wie es sich für Mitglieder eines Ordens gehört, war das notwendige Ausleseverfahren, um zu den begehrten Schlüsseln zu gelangen, sehr streng. Keineswegs unähnlich diversen Männerbünden, war die Empfehlung durch einen oder mehrere Prominente äußerst hilfreich. Als Paten kamen nicht nur Mitglieder des Wiener Stadtsenates oder Bezirksvorsteher, sondern auch lokale Parteifunktionäre in Betracht. Nicht nur einmal hat mir ein Wohnungswerber glaubhaft versichert, von einem Magistratsbeamten, bei dem er um wohlwollende Erledigung seiner Wohnungssache vorstellig wurde, an den Bezirksvorsteher verwiesen worden zu sein. Der Beamte hatte sich offenbar nicht die Mühe gemacht, nachzudenken oder nachzuschauen, ob für den Wohnungssuchenden ein SPÖ-Vorsteher örtlich zuständig ist. Denn der von der Sache her gut gemeinte Ratschlag ist nichts anderes als die unverfrorene Aufforderung, sich um eine politische Intervention zu kümmern. Ein offizielles Mitspracherecht bei der Vergabe von Gemeindewohnungen kam den Bezirksvorstehern nämlich niemals zu.

Und so war die Vergabe von Wohnungen und damit die Entscheidung über die wichtigste Grundlage der Existenz jener Wienerinnen und Wiener, die sich nicht selbst eine private Miet- oder Eigentumswohnung leisten konnten, viele Jahre hindurch das stärkste Faustpfand in der Hand der regierenden Sozialdemokraten. Gewiß, auch die ÖVP verfügte in der guten alten Zeit der Proporzmentalität am Anfang der Zweiten Republik über ein gewisses Kontingent an Gemeindewohnungen. Dies wird zwar von niemandem gern bestätigt, das Bewußtsein darüber hielt sich aber so hartnäckig, daß mich sogar noch Mitte der neunziger Jahre ÖVP-Funktionäre fragten, „auf wie viel Gemeindewohnungen wir denn eigentlich Anspruch hätten".

Erst in jüngster Zeit begann dieses Gespenst neuzeitlicher Feudalherrschaft langsam zu verblassen. Nicht weil sich die herrschenden Politiker eines Besseren besonnen hätten, sondern schlicht und einfach dank der Gesetzmäßigkeiten des Marktes. Denn einerseits erforderten die neuen, teilweise recht luxuriös mit Schwimmbad am Dach ausgestatteten und mit Wohnbauförderungsmitteln erbauten Gemeindewohnungen einen Mietpreis, der kaum noch dem sozialen Zweck des kommunalen Wohnbaues gerecht wurde, andererseits wurden derartig voluminöse und aufwendige Projekte in eher entlegenen Regionen der Stadt errichtet. Da sich sozial wirklich bedürftige Wohnungswerber diese Mieten nicht leisten konnten und daher wiederum mit Wohnbeihilfen gestützt hätten werden müssen, versuchte man in diese Wohnungen Vormerkscheinbesitzer mit besser gefüllter Brieftasche einzuweisen. Diese wiederum baten händeringend, nicht auf die grüne Wiese verdammt zu werden, wofür etliche in Form einer pflegebedürftigen Großmutter oder einer Ausbildungsstätte der Kinder in den Innenbezirken durchaus triftige Gründe vorbringen konnten. Die politischen Interventionen verlagerten sich in die Richtung, eine Gemeindewohnung möglichst in zentraler Lage zu erhalten, obwohl dort die meist aus der Zwischen- oder Nachkriegszeit stammenden Bauten nicht die gleiche Wohnqualität aufwiesen. Wenn ihr Wunsch nach einer zentrumsnäheren und meist auch billigeren Altgemeindewohnung ungehört blieb, zogen es die Wohnungssuchenden vor, sich am genossenschaftlichen oder privaten Sektor mit einer Wohnung zu versorgen. Dies wiederum führte zu einer Schrumpfung der Vormerklisten, freilich aber auch zu zahlreichen Leerstehungen neugebauter Wohnsilos in den Randgebieten. Ein ungewünschter Volksentscheid gegen jene regierenden Stadtplaner und Architekten, welche gemeint hatten, daß die „Wohnqualität" ihrer Häuser die oft trostlose und von den typischen Erscheinungsformen einer städtischen Randlage geprägte Umgebung vergessen lassen werde. Die Instinkt- und Verantwortungslosigkeit, außerhalb des gewachsenen Stadtgebietes Siedlungssaurier in Form von tausenden Sozialwohnungen anzulegen und damit die Menschen neben dem wirtschaftlichen noch in ein geografisches Ghetto zu zwingen, hat jene Folgen gezeitigt, die sich jeder mit fünf Sinnen ausgestattete Kommunalpolitiker an der gleichen Anzahl seiner Finger hätte abzählen können. Die Ghettoisierung sozial schwacher, wohnungsbedürftiger Menschen führte zu schweren sozialen Schädigungen, deren Aufarbeitung den Einsatz zusätzlicher öffentlicher Mittel erforderte. Ein bis heute unaufgeklärter Mädchenmord machte die Problematik der breiten Öffentlichkeit bewußt. Die Anonymität der Bauten verhindert jedwede Chance, die Entladung sozialer Spannungen rechtzeitig zu erkennen, abzubauen oder wenigstens ihre Folgen zu mildern. Recht plastisch hat die langjährige Familiensprecherin der Wiener ÖVP, Eva Petrik, die öde Gleichförmigkeit solcher Anlagen einmal mit dem treffenden Hinweis skizziert, daß kleine Kinder mangels Unterscheidbarkeit der Häuser keine Chance hätten, „ihr“ Wohnhaus zu finden, so sie nicht bereits die Enumeration der Blöcke lesen und verstehen können.

Während das sozialistische Adelsprädikat der Gemeinschaft der Gemeindebaumieter seinen Niedergang erlebte, begann die Wiener Volkspartei diese zu entdecken. Jahrelang hatte man es nicht gewagt, an diese feste Burg zu pochen. Schließlich gelang es dem VP-nahen Mieterbund doch, den einen oder anderen Bewohner zu gewinnen, der sich über unkontrollierbare Betriebskostenabrechnungen Dutzender von Stiegen, bürokratische Schikanen bei der Verfolgung auch nur winziger individueller Wünsche oder die Zwangsmitgliedschaft bei der Mietervereinigung dermaßen ärgerte, daß er sich ein Herz faßte und den „Klassenfeind“ mit seiner rechtsfreundlichen Vertretung betraute. Die Wiener SPÖ reagierte auf diesen Erosionsprozeß verschreckt mit der Einführung von Mieterbeiräten und Wohnungskommissionen. Was auf den ersten Blick als fortschrittlich demokratischer Schachzug erschien und auch als solcher propagiert wurde, war freilich nichts anderes als das Eingeständnis, die uneingeschränkte politische Herrschaft über den Gemeindebau und seine Bewohner verloren zu haben. Denn wenn die Vergabe der Wohnungen seitens des Magistrats und der diesem übergeordneten Politiker ohnehin objektiv erfolgte, warum dann eine Beschwerdekommission, in der überdies wiederum SP-Funktionäre die absolute Mehrheit hielten? Erhard Busek versuchte sich selbst einzureden, bei diesen Wohnungskommissionen könne es sich um eine Art Bürgerwehr gegen Willkür der Wohnungsverwaltung nach Art der Geschworenen- und Schöffengerichte mit Laienrichtern handeln. Er suchte deshalb die der ÖVP zugedachten Positionen mit Persönlichkeiten zu besetzen, die keine Funktionäre oder Mandatare seiner Partei waren, konnte mit diesem Vorhaben allerdings nicht einmal bei den eigenen Leuten reüssieren, und so entpuppten sich die Wohnungskommissionen als kommunales Salzamt, freilich mit dem Vorteil, daß über manch glamourösen Vergabefall zumindest geredet und bisweilen einem zunächst kaltschnäuzig abgewiesenen armen Bürger auf diesem Wege zu einer Wohnung verholfen werden konnte, weil selbst bei Aufbietung aller magistratischen Dialektik kein überzeugender Grund für eine Ablehnung gefunden wurde.

Bernhard Görg verordnete seiner Partei schließlich die politische Forderung, Gemeindebauten für Ausländer zu öffnen. Damit kam er im ÖVP-Rathausklub freilich nicht durch. Es gäbe doch, wenn auch nur wenige, ÖVPler in Gemeindebauten, und man habe doch erst mühsam dort ein paar Mieter für die parteinahe Interessenvertretung anwerben können, die wolle man doch nicht mit dem Schreckgespenst eines ausländischen Mitbürgers wieder verlieren.

Die Wiener ÖVP hat unter Bernhard Görg sogar den Verkauf von Gemeindewohnungen ins Eigentum zu ihrem politischen Programm erhoben. Diese Forderung scheint für eine bürgerliche, eigentumsfreundliche Partei folgerichtig zu sein. Da man ohnedies kaum verhindern kann, daß Gemeindewohnungen mit oder auch ohne den mietrechtlichen Kündigungsschutz von Generation zu Generation wie eine Erbschaft weitergegeben werden, sollen die Nutzer wenigstens dafür mehr zahlen, womit gleichzeitig die notleidende Gemeindekasse gefüllt werden kann. So logisch dieser Vorschlag auch klingen mag, man muß sich über seine Konsequenzen im klaren sein. Gemeindewohnungen zu verkaufen und damit der Herrschaft ihres bisherigen Eigentümers zu entziehen, heißt nichts anderes als das Eingeständnis, daß keine oder nur mehr weniger Wohnungen in Wien erforderlich sind, um das Wohnbedürfnis jener zu befriedigen, die sich nicht selbst eine Wohnung leisten können. Das stimmt zwar, wie sich an dem Zaudern mancher Besitzer eines fälligen Vormerkscheins erweist, die partout nicht in stadtferne Häuserblöcke einziehen wollen, stellt gleichzeitig aber jenes kommunale Wohlfahrtsdenken auf den Kopf, das man den Leuten Jahrzehnte hindurch eingeredet hat. Denn für viele, vor allem jüngere Menschen, war es – wie jeder Kommunalpolitiker aus zahllosen Interventionsbriefen weiß – klar, daß sie ihr erspartes Geld für Autos, Reisen, High-Tech-Geräte ausgeben dürfen, für eine billige Wohnung würde dann schon die Gemeinde sorgen.

Der Verkauf von Gemeindewohnungen bedeutet natürlich auch, daß diese zum „kapitalistischen Handelsobjekt" werden. Denn wer sich entscheidet, für eine Gemeindewohnung gutes Geld abzulegen, der erwirbt ja mit dem Eigentum das alleinige Verfügungsrecht. Vielleicht wird er schon bald eine andere Bleibe finden, die er sich bisher nicht leisten und jetzt mit dem Verkauf der Eigentumswohnung finanzieren kann. Der Meistbietende wird aber dann nicht immer ein Wohnungssuchender sein, sondern jemand der ganz gerne eine – vielleicht in guter Lage gelegene – städtische Bleibe neben seiner niederösterreichischen Wohnvilla haben möchte. Wie gesagt, der Verkauf von Gemeindewohnungen an Private ist wahrscheinlich eine angesichts zurückgehender Wohnungsnot in Wien ökonomisch äußerst vernünftige Forderung. Wie lange aber mag es dauern, bis die in dieser Stadt an den Hebeln der Macht sitzende SPÖ diese Entwicklung erkennt, die an den Wurzeln ihres politischen Selbstbewußtseins nagt?

Nicht nur in der Verkehrs- und Wohnungspolitik Wiens herrscht revolutionärer Geist statt professioneller Sacharbeit. Die Stadt Wien hat es nie geschafft, ein unverkrampftes Zusammenleben mit den vielen tausenden Trägern ihrer wirtschaftlichen Lebensgrundlagen zustandezubringen. Das mag angesichts der

Zusammenarbeit zwischen den Stadtoberen und den führenden Interessenvertretern der Wiener Wirtschaftskammer verwunderlich scheinen. Natürlich wußten früher Gratz, später Zilk und Mayr und nunmehr Häupl um die Wichtigkeit und Notwendigkeit einer friedlichen Koexistenz zwischen Stadtregierung und Wirtschaftsspitzen und richteten sich danach. Doch hinter der Fassade des vielstrapazierten „Wirtschaftsstandortes Wien" sieht es recht unordentlich aus. Die Marketingzwillinge Bürgermeister und Kammerpräsident können nicht darüber hinwegtäuschen, daß in Wien auf dem Gebiet der Wirtschaft ein heftiger, permanenter Kleinkrieg tobt. Wer in der Wiener Kommunalpolitik zu tun hat und die Dinge nicht nur aus dem sicheren Hafen der politischen Theorie beobachtet, weiß das. Von unflexibler bis schikanöser Auslegung arbeits- und gewerberechtlicher Betriebsvorschriften, von unternehmerfeindlicher Handhabung verkehrspolizeilicher Regelungen, von einer Zwei-Klassen-Gesellschaft des Wiener Unternehmertums: der Klasse jener, die aufgrund ihrer finanziellen Lage behördliche Forderungen locker erfüllen können oder denen solche wegen des Arguments gefährdeter Arbeitsplätze erlassen werden, und der anderen, denen derlei Mittel nicht zur Verfügung stehen.

So sieht sich der Wiener Unternehmer, der Kleinhandel in einer Geschäftsstraße, der Gewerbebetrieb im dichtverbauten Gebiet, angefangen von den Schwierigkeiten bei der Erlangung eines Parkpickerls, Strafen beim Ein- und Ausladen von Waren über penible Führung von Kontrollen und Evidenzen bis zu Konflikten mit diversen Anrainern, bei seiner Tätigkeit immer wieder von Vorschriften behindert, die zwar alle rechtens und auch zu einem guten Teil im Interesse anderer notwendig sein mögen, in ihrer Gesamtheit aber ein Klima erzeugen, welches dem phantasiebegabten und risikofreudigen Unternehmer seine Arbeit verleidet und nur jenen gerecht wird, die sich in ihrer Tätigkeit nur allzu gern an der Griffstange von Leitlinien und Verordnungen entlanghanteln.

Ein Problem der besonderen Art ist in Wien wie auch in anderen städtischen Metropolen das Geschäftssterben. Es gibt dafür mehrere Ursachen, und alle sind sachlich begründbar. Der heutige

Konsument ist anspruchsvoll und mobil. Wer früher im Delikatessengeschäft mitnahm, was eben gerade da war, erwartet sich heute zumindest die gängigen Käsesorten aller europäischen Länder, eine Auswahl von Mineralwassern nach Preis und Kohlensäuregehalt und Fleisch- und Wurstwaren, deren Erzeugung in vertrauenerweckender Nähe, deren Ablaufdatum hingegen in möglichst weiter Ferne liegt. Der nostalgisch umschwärmte, vielbesungene kleine Greißler kann auf der durchschnittlichen Geschäftsfläche alter innerstädtischer Geschäftslokale von 40 bis 50 m^2 solche Bedürfnisse nicht befriedigen. Dazu kommt, daß die Masse der kaufkräftigen Bevölkerung Einkäufe, die den täglichen Bedarf übersteigen, mit dem Kraftfahrzeug erledigt. Warum längerfristige Konsumgüter in den ehemaligen Bezirkshauptstraßen mit unvollkommenem Branchenmix und ohne Autoabstellmöglichkeit kaufen, wenn dieselben in Hülle und Fülle in Einkaufszentren dargeboten werden, wo man (meistens) einen Parkplatz, das Dargebotene in vollendeter Auswahl und darüber hinaus auch noch eine Subkultur volkstümlicher Belustigungen für Alt und Jung vom Kinderspielplatz über das Kaffeehaus bis zum Großkino vorfindet?

Schon die Tatsache, daß das Phänomen des Geschäftssterbens in den innerstädtischen Regionen innerhalb und außerhalb Österreichs in gleicher Weise beobachtet werden kann, sollte eigentlich klarmachen, daß es sich um eine zeitgeistige Erscheinung handelt. Aber nein, ähnlich wie in der städtischen Verkehrspolitik schaffen wir es auch da, ideologische Grabenkämpfe auszutragen. Die feindlichen Linien verlaufen freilich etwas anders. Der Feind ist einerseits der Geschäftsmann, der für sein „Unternehmen" Freiheiten fordert, die das Gemeinwohl oder besser gesagt das, was die Bürokratie dafür hält, stören. Feind ist auch der Hausbesitzer, der für die Geschäftslokale hohe Mieten verlangt, Feind ist schließlich der Großmarktunternehmer, der sich die Spielregeln der Marktwirtschaft zunutzemacht und die Menschen in seinen Konsumtempel lockt, und Feind ist nicht zuletzt der Konsument, der sich lustvoll in diese modernen Vergnügungsstätten begibt, anstatt sich mit dem Notwendigsten beim guten alten Händler ums Eck einzudecken.

Auch im Bereich der Wirtschaft verfehlte die Stadtpolitik lange Zeit die Aufgabe, die ihr seitens der Bürger gestellt ist, und flüchtete sich teils in romantische Träumereien von der guten alten Greißlerzeit oder betrieb den Schaukampf gegen böse Kapitalisten, statt frei von weinerlicher Nostalgie den Paradigmenwechsel im städtischen Handel anzuerkennen. Meine ersten Versuche, durch die Anmietung leer stehender Geschäftslokale das Aussehen einer Geschäftsstraße zu verbessern und dort Bilder auszustellen oder ein Informationslokal für Bürger einzurichten, stießen nicht gerade auf Unterstützung. Einen Telefonanschluß in solch einem Lokal außerhalb des Amtshauses einrichten? Da könnt ja jeder (Bezirksvorsteher) kommen! Dank der größeren Flexibilität Privater gelang schließlich doch so manches.

Inzwischen scheint sich die Lage zu bessern. Weniger wohl wegen der zur Verfügung gestellten finanziellen Mittel als dank der Regulierungskraft des Marktes werden in den dichtverbauten Gebieten vermehrt jene Produkte und Leistungen angeboten, die der Bürger dort zu konsumieren bereit ist. Auch die lange Zeit als Ketzertum gebrandmarkte Möglichkeit, Geschäftslokale befristet zu vermieten, dürfte zur Entspannung beitragen, weil sie, was eigentlich selbstverständlich sein sollte, auf unvorhersehbare Entwicklung Rücksicht nimmt.

Wo soviel Ideologie gespielt wird, darf die Kulturpolitik nicht fehlen. Erhard Busek, der zu Beginn seiner Ära mit dem Aufstand der jungen Szene in der Arena St. Marx konfrontiert war, sprach von „Kulturpolitikern, die ihre Klientel schön domestiziert haben“. Er selbst hat sich mit seiner liberalen Einstellung zu Fragen der Kultur gewiß keine Freunde gemacht, bei den eigenen Leuten nicht und bei den politischen Gegnern, die sich in ihrem zurechtgezimmerten Weltbild gestört fühlten, erst recht nicht. Die langjährige SPÖ-Stadträtin für Kultur Ursula Pasterk machte nie ein Hehl daraus, Kulturpolitik als Mittel der Parteipolitik zu verstehen. Dann kam Peter Marboe mit dem Anspruch, Kulturpolitik und Parteipolitik auseinanderzuhalten, freilich um den Preis, sich damit selber in Frage zu stellen. Was spätestens mit seiner händeringenden Unzuständigkeitsbeteuerung anläßlich der Provokation Christoph Schlingensiefs vor der Wiener Staatsoper allgemein bewußt wurde. Auch ein noch so liberaler Kulturpolitiker wird nicht um die Bestimmung seines Gegenstandes herumkommen. Wenn Kunst nach gegenwärtigem Verständnis nicht als Ausdruck objektiven Könnens, sondern subjektiven Wollens gesehen wird, ist die Politik umsomehr gefordert, die Grenzen der Freiheit des einzelnen innerhalb der Gemeinschaft und die Kriterien staatlicher Förderung zu definieren. Das unschuldige Händewaschen hat schon vor 2000 Jahren einem öffentlichen Funktionsträger nicht geholfen, mit einer als unerträglich empfundenen Provokation fertigzuwerden.

In weiten Bereichen halten aber trotz aller Bemühungen Marboes die Mächtigen ihre Klientel sorgfältig domestiziert. Die Vergabe der Kulturmittel an die Bezirke, die in der letzten Periode verdoppelt wurden, erfolgt nach wie vor ohne von der Politik unabhängigen Fachbeirat und ohne die – bei aller Anerkennung der Bezirksautonomie – für die kulturelle Vielfalt notwendige Evaluierung der Vergabemodalitäten. Der neue Wiener Kulturchef wird sich aller Voraussicht nach auf einem Mittelweg zwischen Pasterk'scher ideologischer Domestizierung des Kulturschaffens und Marboes Liberalität zu bewegen suchen.

Die Ausländer-Integrationspolitik, das Sozial- und Gesundheitswesen, der Umgang mit dem Drogenproblem, alles wird nach ideologischen Gesichtspunkten abgehandelt. Grotesk, wenn man berücksichtigt, daß die überwältigende Mehrheit der Wiener Bevölkerung in all diesen Fragen eine weitgehend übereinstimmende Meinung hat. Und der Schlüssel zur Beantwortung der Frage, warum so viele gerade bei Gemeinderatswahlen den Wahllokalen fernbleiben.

Von einer Stadt(führung) erwarte ich mir, daß sie die ihr gestellten Aufgaben für eine möglichst große Mehrheit und unter Berücksichtigung der Rechte der Minderheit zufriedenstellend löst und mich mit weltanschaulichem Eiferertum verschont. Denn solches stört mich schon genug bei meiner eigenen Kirche.

Wann stürzt die nächste Brücke ein?

Als ich mich am 25. März 2001 von Erhard Buseks Geburtstagsfest in Tisnov vorzeitig verabschiede, um rechtzeitig beim Eintreffen der ersten Wahlresultate in meinem Heimatbezirk Wieden zu sein, ist meine Stimmung gedrückt. Ob es das naßkalte Wetter sein mag, das über den von jahrzehntelanger Kommunistenherrschaft schwer gezeichneten Mauern des südmährischen Klosters hängt, oder die – an eine bessere ÖVP-Vergangenheit gemahnende – honorige Tischgesellschaft, daß mir spontan der Gedanke kommt, der Geist Jörg Mauthes hätte bei dieser Veranstaltung Regie geführt? An der Grenze erreicht mich der Anruf eines Freundes: Obwohl es die sonst mit Umfragen so freigiebige Falkestraße noch leugnet, würden die Ergebnisse der üblichen Wählerbefragungen nach Verlassen des Wahllokals nichts Gutes verheißen. Ich fühle mich wie aus unruhigem Schlummer mit der bedrückenden Erkenntnis erwacht, daß der überwunden geglaubte Albtraum harte Wirklichkeit ist.

Während die für einen Wahlabend der Wiener ÖVP nunmehr bereits seit Jahren üblichen und daher abstumpfenden Katastrophenmeldungen Schlag auf Schlag eintreffen (absolute Mehrheit der SPÖ, Verlust des Bezirksvorstehers in Mariahilf, ÖVP in mehreren Wiener Bezirken nur mehr viertstärkste Partei), schaffe ich es auch dieses Mal nicht, auf Bernhard Görg richtig wütend zu werden. Dieser Mann erweckt keine Gefühle, zumindest in der Politik nicht. Keiner und daher auch nicht der Wiener Wähler läßt sich von ihm begeistern, und wohl deshalb tritt auch niemand gegen ihn auf.

Am nächsten Abend im Wiener Landesparteivorstand in der Falkestraße: Bernhard Görg, der Meister in der Analyse verlorener Wettkämpfe, erklärt seinen Vorstandsmitgliedern das Wahlergebnis und bietet seinen Rücktritt an. Die Partei bittet ihn kniefällig, zu bleiben. Manchen stehen Tränen der Rührung in den Augen. Ein Parteivorstandsmitglied aus dem Kreis der ehemaligen

Görg-Förderer spricht nachher von einer „Penetranz an Loyalitätserklärungen".

Man wähnt sich wie mit einer Zeitmaschine viereinhalb Jahre zurückversetzt, als die Partei 1996 nach der ersten Niederlage Görgs am selben Ort und zu gleicher Stunde den Obmann ebenfalls zum Bleiben aufforderte. Das gleiche Ritual wie damals? Nein, doch nicht ganz! Einige besonders schwach begabte Parteifunktionäre bestreiten doch tatsächlich, daß man eine Wahlniederlage erlitten habe, und betonen stolz den Zugewinn von einem Mandat und einem Stimmprozent. Kraft absoluter Mehrheit des Regierungspartners nach viereinhalb Jahren Teilnahme an der Wiener Stadtregierung wieder hinausgewählt und nicht einmal die Hälfte des desaströsen Verlustes von 1996 wettgemacht: Keine Wahlniederlage?

In demselben Geist werden wieder die oppositionellen Nebenrollen im Spiel der Wiener Rathaus-Mächtigen in Besitz genommen. Der ÖAAB-Obmann Matthias Tschirff wird geschäftsführender Klubobmann, für den Wirtschaftsbund übernimmt die langjährige Wiener Handelskammerangestellte und Nettig-Vertraute Herlinde Rothauer die Partie einer nicht amtsführenden („kontrollierenden") Stadträtin an und findet sich dort im Duett mit Peter Marboe, der nach der Heldentenorära eines Wiener Kulturstadtrates im kleinen Rollenfach des Kontrollierenden sein Engagement behält. Der Parteiobmann, der schließlich auch eine Rolle im Rathaus spielen muß, wird (nicht geschäftsführender) Klubobmann, was immer das heißen mag. Nur Hannes Prochaska, der für seine schauspielerische Leistung als erfolgreicher Klubobmann von der Direktion mit der Glanzrolle eines Landtagspräsidenten bedankt zu werden hoffte, muß sich widerwillig mit der „Wurzen" eines Parteibeauftragten der Wiener ÖVP für mittel- und osteuropäische Länder anfreunden. Wie er sie wohl anlegen wird, die Schmalspurimitation des Bundesregierungsbeauftragten Busek?

Ein wenig erinnert diese Besetzungspraxis an einen Witz aus der Zeit der kommunistischen Diktatur, in dem sich der Fremdenverkehrsdirektor verwundert zeigt, daß die Bardamen des verstaatlichten Vergnügungsetablissements bei den Besuchern so wenig Anklang fänden – wo sich doch alle bereits seit mindestens 40 Jahren gut geschulte, treue Genossinnen seien.

Während sich die Partei nach der Wahlniederlage 1996 noch zum Versprechen einer „Reform an Haupt und Gliedern" aufraffen konnte und einen baldigen Reformparteitag ankündigte, ist man heute nicht einmal mehr dazu imstande. Die Führung der Wiener ÖVP teilt sich in einen Personenkreis, der nur mehr seinen baldigen Ruhestand im Sinn hat, in einen solchen, der mit seiner persönlich erreichten Position rundum zufrieden ist und deshalb keiner großen Veränderung bedarf, und schließlich in den der Restlichen, die nicht zu raten vermögen, wie man es besser machen könnte. Und wenn sie nicht inzwischen in Pension gegangen oder sich in eine andere aussichtsreichere Profession verfügt haben, werden sie auch in vier oder fünf Jahren wiederum zu klären suchen, warum die Wiener ÖVP bei der Wahl nicht besser abgeschnitten hat.

Wäre diese Partei irgendeine Privatfirma, könnte man sie getrost ihrem Schicksal überlassen. Der Wiener ÖVP darf man hingegen nicht länger gestatten, ihre Mitglieder und Wähler, das gesamte bürgerliche Wien und damit auch die politische Zukunft dieser Stadt in die Geiselhaft ihrer Ratlosigkeit zu nehmen.

Diese Wiener Volkspartei bedarf einer Neugründung, und das ist nicht die Meinung eines frustrierten oder allzu kritischen Beobachters, sondern ein empirisch nachweisbarer Befund. Denn kein Obmannwechsel, weder Opposition noch Mit-Regierung, weder bemühte Sachpolitik noch kritiklose Sympathiewerbung vermochten bisher etwas an ihrer chronischen Erfolglosigkeit zu ändern.

Auch die ÖVP-Bundesführung wird irgendwann einmal ihre noble Zurückhaltung und diplomatische Nichteinmischung in Wiener Angelegenheiten ablegen und erkennen müssen, daß man trotz wiedererrungener Kanzlerschaft auf Dauer keinen Erfolg haben kann, wenn in der Bundeshauptstadt mit fast einem Drittel aller österreichischen Wähler die eigene Partei in Agonie liegt. Und daß man nicht ewig dem verhängnisvollen B-Liga-Denken huldigen und warten kann, bis wieder irgendeiner der untereinander verfehdeten Stämme in der Wiener ÖVP seinen Retorten-

Häuptling in Stellung bringt, sondern – wie in anderen Ländern üblich – einen der Besten aus den eigenen Reihen für die Hauptstadt abzustellen hat. Denn man muß kein großer Rechner und Meinungsforscher sein, um zu erkennen, daß auch das bestangesehene Bundesregierungsmitglied die Erfolglosigkeit einer der bevölkerungsstärksten Landesgruppen seiner Partei nicht aufzuwiegen vermag.

Es ist aber eine verhängnisvolle, wenn auch leider weit verbreitete und bisweilen liebevoll gepflegte Irrlehre, die Wiener Volkspartei allein mit einem Obmannwechsel und mit einem neuen Statut erneuern zu können. Wenn es auch banal klingen mag: Die Wiener ÖVP müßte zu einem Mindestmaß an Ehrlichkeit gegenüber den Wienern finden. Wer „mein Wort drauf" plakatieren muß, hat offenkundig Probleme mit demselben. Und: „Küß die Hand" ist keine Wahlaussage. Wer aus Ängstlichkeit Inhalte durch Formen ersetzt und politische Visionen durch Werbesignale, kann auch lediglich an letzteren gemessen werden. An Signalen etwa wie der Erzwingung des Betriebes öffentlicher Verkehrsmittel am 1. Mai. Gewiß ist nicht einzusehen, warum gerade an diesem Feiertag Straßenbahnen und Busse in der Remise stehen bleiben, während sie doch auch am Weihnachtsabend verkehren, wenn vielleicht mehr Gemeindebedienstete die Arbeit als Belastung empfinden als am „Tag der Arbeit". Die bürgerlichen Wiener Wähler scheinen es jedenfalls nicht honoriert zu haben, in Hinkunft frühmorgens am 1. Mai-Feiertag öffentliche Verkehrsmittel erklimmen zu dürfen.

Natürlich ist es leichter, solcherart politischen Einfluß vorzutäuschen, als grundlegend gegen die Herrschaft der mächtigen Rathausherren anzukämpfen. Vor allem dann, wenn sich der von Davids Steinchen getroffene Riese Goliath gleich selbst auf den Boden wirft. Denn die recht gemächliche Reaktion der Wiener SPÖ machte deutlich, daß man dort die Botschaft verstanden hat. Ein paar Wiener Verkehrsbedienstete müssen in Zukunft am 1. Mai zeitig aus den Federn, die ÖVP durfte lautstark einen wesentlichen Einbruch in den sozialistischen Machtbereich bejubeln, und im übrigen bleibt alles beim alten. Wo sind die Versprechungen des ÖVP-Parteiprogramms geblieben, die in das

Koalitionsübereinkommen von 1996 Eingang gefunden hatten? Die Antwort weiß ganz allein der Wind, der als Mailüfterl jeden Ersten dieses Monats den Wienerinnen und Wienern vom historisch bedeutsamsten Sieg des Wiener Bürgertums seit der Türkenbelagerung kündet.

Die Politik der Wiener ÖVP, mehr zu scheinen als zu sein, setzt sich auch nach den jüngsten Wahlen munter fort. Im besten Boulevardstil berichtet der Parteipressedienst von der „überraschenderweise höchsten Zustimmung" unter allen Gemeinderäten bei der Stadtsenatswahl für die Oppositionellen Rothauer und Marboe. Statt sich in Grund und Boden zu schämen, daß man von den anderen Fraktionen offenkundig wegen Harmlosigkeit mitgewählt wurde, während man selbst dem politischen Gegner engstirnig die Zustimmung verweigerte.

Die Parteiführung zeiht die FPÖ vollmundig der Wählertäuschung, weil sich die Spitzenkandidatin Partik-Pablé nach schlechtem Wahlergebnis wieder in den Nationalrat zurückzieht. Als wenige Tage später der Bezirksparteiobmann der ÖVP Wieden die amtierende Bezirksvorsteherin, mit der er auf der Namenliste er in den Wahlkampf gezogen war, um ihren Amtsbonus zu nutzen, einfach durch eine andere Kandidatin ersetzt, kann sich der Landesparteichef nur die Bemerkung abringen, daß dies zwar nicht die feine englische Art sei, findet aber ansonsten keinerlei Grund, gegen diesen Wählerbetrug einzuschreiten. Der Wähler merkt sich solche Diskrepanzen zwischen Reden und Tun und verzeiht sie selten.

Die ÖVP ist auch in der Zeit der so sehnsüchtig angestrebten Beteiligung an der Wiener Stadtregierung durch das Duo Görg und Marboe das geblieben, was sie seit dem verhängnisvollen Parteitag von Oberlaa gewesen ist: Helmut Qualtingers berühmter Motorradfahrer aus den Fünfzigern, der zwar nicht weiß, wo er hin will, sich dafür aber krampfhaft bemüht, schneller dort zu sein. Die Wiener ÖVP konnte auch in der abgelaufenen Periode nicht deutlich machen, warum eine Wienerin, ein Wiener, der nicht zeit seines Lebens immer die gleiche Partei wählt, dieses Mal der ÖVP seine Stimme geben soll. Die ordentliche Ausübung der anvertrauten Stadtsenatsämter ist eine Pflicht, mit der man – nicht nur im Eiskunstlauf – keinen Lorbeer erringt. Wo aber blieb die Kür?

Dazu müßte die ÖVP zuallererst die meilenweite Distanz überwinden, die sie sogar von jenen Wienerinnen und Wienern trennt, die grundsätzlich bereit wären, einer bürgerlich-konservativen Partei ihre Stimme zu geben. Fairerweise muß man hier einflechten, daß diese Distanz historische Dimensionen aufweist. Als in den fünfziger Jahren die Kärntner Straße zur Einbahn erklärt wurde, sahen die ÖVP-Wirtschaftsvertreter das Ende des Geschäftslebens in der Innenstadt gekommen. Nur ungern wird man heute noch daran erinnert, daß die Wiener ÖVP den Bau des Entlastungsgerinnes mit dem Wiener Freizeitparadies Donauinsel ebenso auf das schärfste bekämpft hat wie die Freimachung des Rathausplatzes von parkenden Autos. Und auch der politisch zweifellos erfolgreiche Kampf gegen das UNO-Konferenzzentrum mutet angesichts der gegenwärtigen Hochhaus-Gründerzeiteuphorie an der schönen blauen Donau recht skurril an.

Auch die „Wahlschlager" der Gemeinderatswahl 2001 vermochten diese Distanz nicht zu überwinden. Ob wohl viele Wienerinnen und Wiener die „Privatisierung" der Bank Austria in Form des Verkaufes an die bayrische Hypobank als Erfolg der ÖVP-Regierungsbeteiligung in Wien nachvollziehen können? Und die Gemeindewohnungsmieter, die ihre Wohnung gern kaufen möchten und zu diesem Zweck als erstes einmal die Wiener ÖVP wählen, dürften auch nicht gerade häufig gewesen sein.

Die Wiener ÖVP litt als Regierungspartei unter dem Dilemma, einerseits Wien als gut verwaltete Stadt preisen zu sollen und andererseits Motor für Fortschritt und Veränderung sein zu wollen. Verwaltet man brav die von den Machthabern überlassenen Ressorts, wird man von den Bürgern als fester Bestandteil des Wiener Magistrats erlebt. Aber – wie Franz Morak einmal sagte – es ist zu wenig für einen Stadtrat, Haberer des Bürgermeisters zu sein. Vor allem dann, wenn einem dieser kaltschnäuzig die Liebe aufkündigt, sobald es ihm opportun erscheint. Die Verantwortung einer Wiener Minderheitspartei darf sich auch dann, wenn sie gelegentlich an den Futtertrögen der Macht riechen darf, nicht in braver Verwaltungstätigkeit erschöpfen, in der Funktion von Ober-Obersenatsräten mit dem Ehrgeiz, besser „verwalten" zu können. Dafür darf man sich zwar – wie das Beispiel des allseits beliebten Kulturstadtrates Marboe zeigte – des überparteilichen Lorbeers sicher sein, nicht aber der Zustimmung bei den Wahlurnen, und findet sich daher flugs, von Krokodilstränen begleitet, auf den harten Oppositionsbänken wieder. Die Aussagen nach der jüngsten Gemeinderatswahl, man wolle Oppositionspolitik betreiben, aber um Himmels willen ja nicht um jeden Preis, zeigt, daß die Wiener ÖVP meilenweit davon entfernt ist, ihre politische Rolle in dieser Stadt in einer für den Wähler und Bürger nachvollziehbaren Weise zu definieren. Und Presseaussendungen, in denen Vorhaben der SPÖ als eigene Erfindung reklamiert werden, die man sich allerdings ein bißchen weniger radikal gewünscht hätte, lassen, soweit sie überhaupt wahrgenommen werden, eher Ratlosigkeit zurück.

Wie wäre es, wenn eine moderne Stadtpartei ernsthaft versuchte, „das Gemeinsame vor das Trennende zu stellen", wie dies in Sonn- und Neujahrstag-Ansprachen so gern beschworen wird? Eine Stadt, in der rund zwei Drittel der Bewohner in ebenso vielen kommunalen Fragen gleiche Vorstellungen und Ziele haben und das restliche Drittel bei nur einigermaßen gutem Willen ebenfalls friedlich gelöst werden könnte, braucht keine politischen Parteien, die ihr Heil ausschließlich in weltanschaulichen Auseinandersetzungen suchen. Wer die haßerfüllten gegenseitigen Attacken freiheitlicher und grüner Mandatare im Wiener Stadtparlament je erlebt hat, die jeglichen Bezug zu einer kommunalen Frage vermissen lassen, der fragt sich, ob der Bürger länger bereit wäre, dafür mit seinen Steuergeldern einzustehen, sofern er von diesen Vorgängen Kenntnis hätte. Sollen sie doch ins Bundes-Parlament gehen mit ihrer Ideologie – noch besser auf den modernen Marktplatz ins Fernsehstudio oder sonst wohin –, mögen sie aber jedenfalls die vom Bürger teuer bezahlten Gremien des Gemeinderats und der Bezirksvertretungen mit ihren Ergüssen verschonen.

Ich habe nie verstanden, warum der sachlich fundierte Vorschlag eines Mandatars unter Aufbietung sämtlicher rhetorischer und intellektueller Fähigkeiten schlechtgemacht werden muß, nur weil er vom politischen Gegner stammt. Nicht nur einmal habe ich mitanhören müssen, daß ein politischer Funktionär, der eine gegnerische Idee als diskussionswürdig erachtet hat, deshalb von einem Vorgesetzten kritisiert und der politischen Unerfahrenheit geziehen wurde. Man lobt den politischen Gegner nicht. Wenn man gegen seine Meinung so gar nichts einwenden kann, dann schweigt man besser. Jeder weiß zwar, daß es keine Partei gibt, die nur recht oder unrecht hat. Dennoch kritisieren wir unsere Mitbewerber oft ohne Grund und predigen unseren Wählern jene Toleranz gegenüber anderen, die wir selbst nicht zuwegebringen. Wie rüpelhafte Erwachsene, die von ihren Kindern gutes Benehmen fordern. Stünde es nicht gerade einer modernen bürgerlichen Stadtpartei gut an, aus diesem Teufelskreis auszubrechen?

Visionen haben, die Stadt nach ihnen gestalten wollen, erfordert Inhalte, nicht Werbesprüche. Und es erfordert Nachhaltigkeit, an einer politischen Idee festzuhalten oder zumindest auf ihr aufzubauen. Friedrich Achleitner spricht von „Kindesweglegung“, wenn er sich darüber wundert, daß die Wiener ÖVP nie versucht hat, aus der Wohnbauinitiative des Trios Mauthe-Busek-Wippel politisches Kapital zu schlagen. Bisweilen hat man den Eindruck, die Wiener ÖVP wechsle ihre Anschauungen nach ihren Parteiobmännern. Umgekehrt wäre es wohl richtig. Die Wiener Bau- und Planungspolitik ist ein anschauliches Beispiel hierfür. Nach Stadtreparatur unter Busek, Hochhausverdammung unter Wille nunmehr die neue Skyline an der Donau und der Gasometer unter Görg. Teilen die Wienerinnen und Wiener den neuen „Taumel der Begeisterung für das Hochhaus“? Wenn man die teuren Farbprospekte und Zeitungsinserate für moderne Wohnungen betrachtet, mag man daran zweifeln. Wo hat die ÖVP Wohnbau- und Stadtentwicklungspolitik grundsätzlich und nach allen Richtungen hin diskutiert? Wo sind die Konzepte für die Zukunft der innerstädtischen Bezirke? Gibt es Ideen für unvermietbare Geschäfte und Souterrain-Lokale? Können diese zu neuen innerstädtischen Kommunikationszentren werden? Und was tun wir überhaupt gegen die „postmoderne Beliebigkeit “ des neuen Menschen in der

Stadt, gegen die soziale Desintegration? Erhard Busek träumte zu seiner Zeit von der Wiedererrichtung der „Fürsorgeräte". Heute beschränken wir uns auf die gelegentliche Ehrung „stiller Helden". Auch hier muß die Form für fehlende Inhalte einstehen.

„Stadtluft macht frei", sagt ein altes Rechtssprichwort. Von dieser individuellen Freiheit ist in Wien wenig zu merken. Wenn man nicht die Anonymität der Großstadt, die Möglichkeit, sechs Jahre tot in einer Gemeindewohnung zu liegen, als solche Freiheit mißversteht. Vorschriften und Bürokratien beengen jeden Schritt, vor allem jedes wahrhaft freie Unternehmertum.

„Die Volkspartei habe in jahrzehntelangem Bemühen durchgesetzt, daß die Bürger als Kunden und nicht mehr als Bittsteller behandelt werden", schreibt Hannes Prochaska anläßlich seines zehnjährigen Jubiläums als Klubobmann im November 2000 in einer Presseaussendung. Eine Selbstverständlichkeit als politischer Erfolg? Daß sich die Wiener Volkspartei in ihrer Regierungszeit für keineswegs bürgerfreundliche Verwaltungsreformprojekte und polit-technokratische Geschäftsordnungsreformen erwärmen konnte, aber für kein einziges der im Regierungsprogramm enthaltenen Demokratiemodelle auf die Barrikaden gestiegen ist, hat mich am meisten enttäuscht. Wer, wenn nicht die Volkspartei, soll für Bürgerbeteiligung und Bürgernähe eintreten in dieser Stadt? Die Freiheit der Bürger wäre auch ein interessantes Experimentierfeld für die Zusammenarbeit mit den Grünen, bei der beide Seiten den Wahrheitsbeweis für ihre demokratische Gesinnung zu erbringen hätten, die erst dort beginnt, wo der Wille des Bürgers nicht den eigenen Interessen der Partei dienlich ist. Warum schaffen wir nicht fernab von rechtlichen Formen eine Art Tribunal, das objektiv und unabhängig aufzeigt, wo ein Bürger dieser Stadt in seiner individuellen Freiheit beschnitten wird?

Diese Stadt hat eine beachtliche liberale Vergangenheit aufzuweisen, der leider keine entsprechende Gegenwart gefolgt ist. Wenn man von dem aus parteiinternen Streitigkeiten entstandenen liberalen Experiment absieht, das diese Bezeichnung kaum verdient, weil es seine fehlende intellektuelle Basis durch tagespolitisch motivierte Extremstandpunkte wettzumachen suchte.

Damit konnte man zwar vorübergehend potentielle Nichtwähler an sich ziehen, das liberale Bürgertum dieser Stadt, welches einst Busek für einige Zeit an sich binden konnte, blieb aber weiter unvertreten. Wären diese Menschen wirklich nicht für eine bürgerliche Partei zu gewinnen, die die persönliche Freiheit der Bürger und seine Partizipation an der öffentlichen Willensbildung nicht nur in parlamentarischen Geschäftsordnungsregelungen zu verwirklichen trachtet? Mit solcher Offenheit wäre gewiß ausreichend Platz zwischen rot-grünem und blauem Eiferertum. Der Kampf um die politische Mehrheit spielt sich aber ganz sicher nicht in den windgeschützten Ecken der Berufsstände und Interessenvertretungen ab, sondern in der offenen Auseinandersetzung mit der egozentrischen Eventkultur der Postmoderne in den Städten.

Gehörte es nicht auch zu einem Merkmal einer neuen bürgerlichen Partei, diese Stadt in ihrer bunten Vielfalt zu verstehen, anstatt in falsch verstandenem Rationalisierungswahn alles von oben herab bestimmen zu wollen? „Wien besteht aus vielen Städten, von denen man wenigstens einige kennengelernt haben muß, wenn man behaupten will, daß man Wien kennengelernt hat", schrieb Jörg Mauthe in seinem „Wiener Knigge". Ein Wiener Parteiführer, der die Stadt aus dem Blickwinkel der Rathaussäle und der trendigen Konsum- und Kulturtempel betrachtet, anstatt sich ständig mit den Eigenheiten – und auch Egoismen – der Wiener Bezirke, Grätzel, Vereine und Zirkel liebevoll und aus ehrlichem Herzen zu befassen, kann diese Stadt nicht kennen und schon gar nicht regieren.

Schließt sich der Kreis einer wechselvollen 25jährigen Geschichte der bürgerlichen Wiener Stadtpartei? So wie im Sommer 1976 ficht die Wiener ÖVP einen Rückzugskampf gegen städtische Tariferhöhungen und verlangt, jetzt wieder in Opposition, einen Gebührenstopp gleich für die ganze, eben erst beginnende Funktionsperiode. Ein Ansinnen, welches man als Regierungspartei vom politischen Gegner als hemmungslose Lizitation zurückweisen würde. Im übrigen wird man sich diebisch freuen, wenn es gelingt, dem politischen Gegner den einen oder anderen Nadelstich zuzufügen, und stolz auf „Erfolge" verweisen, die auch ohne den Zuspruch der Opposition von der Regierung geleistet worden wären. Und letztlich darauf warten, ob die Wiener Sozialdemokratie beim nächsten Mal vielleicht wieder einen Mehrheitsbeschaffer benötigt, weil ihre Wähler aus Ärger wieder einmal einem politisch talentierten Populisten zugelaufen sind.

Nein, es muß, es darf nicht wieder eine Brücke einstürzen oder sonst ein Unglück passieren, damit in dieser Stadt eine neue bürgerliche Bewegung Fuß faßt, die den Mut zu wirklichen Veränderungen aufbringt. Denn diese wunderschöne Stadt hat sich eine solche politische Erneuerung schon längst verdient.

Personenverzeichnis

Venedigs Via Triumphalis ist der Canal Grande oder der „Canalazzo“, wie ihn die Venezianer liebevoll nennen. Selbst in dieser märchenhaften Stadt stehen nur hier an dieser einzigartigen Wasserstraße derart viele prachtvolle und geschichtsträchtige Bauwerke so dicht nebeneinander. **ALLE** Gebäude am Canal Grande, ohne jede Ausnahme, sind in diesem Buch beschrieben und abgebildet. Der Autor erzählt die Geschichte der Paläste und die Geschichten, die sich um ihre Bewohner ranken, und berichtet von den historischen Ereignissen, in die diese Menschen während der über tausendjährigen Geschichte der Republik Venedig verwickelt waren. Dort wo diese Menschen auch Weltgeschichte gemacht haben, führt er den Leser in einem weiten Ausgriff in die Geschichte Europas und des Vorderen Orients.

Auch viel historische Prominenz gibt sich in diesem Buch über den Canal Grande ein Stelldichein. Gekrönte Häupter wie Kaiser Barbarossa, Kaiser Joseph II., Kaiser Franz Joseph I., Kaiser Wilhelm II. oder auch Napoleon treffen wir ebenso wie berühmte Politiker, Metternich oder Lord Kitchener, oder Päpste – die als Venezianer in einem Palazzo am Canal Grande geboren wurden – und andere, die in Venedig nur zu Besuch waren.

Wir begegnen Künstlern, Musikern – geborenen Venezianern – wie Vivaldi, oder begeisterten Besuchern wie Richard Wagner und Franz Liszt. Dichter wie Goethe, Lord Byron, Stendhal und Gabriele D'Annunzio oder Ernest Hemingway haben am Canal Grande gewohnt. Über diese Menschen und viele andere erzählt uns der Autor zum Teil amüsante und zum Teil auch tragische Geschichten, die sich alle entlang des Canal Grande zugetragen haben.

Ibera

Österreichs Nationalheld Niki Lauda lebte, litt und log für seine beiden Fluglinien, die Wiener Lauda Air AG und die Mailänder Lauda Air S.p.A. Am Ende hatte er beide Fluglinien hart an den Rand des wirtschaftlichen Ruins geflogen. Der österreichischen Lauda Air hinterließ er im Geschäftsjahr 2000 einen Verlust in der Höhe von 1,1 Milliarden Schilling. Bei seiner wesentlich kleineren italienischen Lauda Air war Ende 2000 der Jahresverlust von 160 Millionen Schilling höher als das Geschäftskapital.

Sein Chefsessel in Wien wurde für einen guten Zweck versteigert, auf dem Pilotensitz ist er nicht mehr geduldet, die AUA wird den letzten Rest seiner Anteile an der Lauda Air aufkaufen.

Ein Tycoon der Lüfte wollte er werden. Von seiner Karriere zwischen Himmel und Erde zurückgeblieben ist ein gerahmter Poster im Flughafenbüro. Es zeigt das Filmidol der fünfziger Jahre, James Dean, und trägt den Titel „Boulevard of broken dreams" – ein melancholisches Motiv, ein treffender Text.

Man hätte sein Lebenswerk kaputtgemacht, klagt er: „Ich pfeife auf Österreich und wandere aus. Was soll mich noch halten? Man hat mich brutal rausgeprügelt wie einen Hund, nur weil ich mich nicht dressieren lassen wollte."

Ernst Hofbauer

Ich pfeif' auf Österreich

Tricky Nikis Heimniederlage

312 Seiten, gebunden, Schutzumschlag 4fbg.

ISBN 3-85052-121-4

Weitere Bücher von Ernst Hofbauer:

Der Verrat

Eine europäische Farce

296 Seiten, gebunden, Schutzumschlag 4fbg.

ISBN 3-85052-103-6

Verwehte Spuren

Von Lemberg bis Czernowitz: Ein Trümmerfeld der Erinnerungen

224 Seiten, gebunden, Schutzumschlag 4fbg.

ISBN 3-900436-82-7

Alex Weiss ist 27 und hat neun Millionen Schilling Schulden. Ein Inserat erregt seine Aufmerksamkeit: Börse – Millionen – Brokerausbildung – hohes Einkommen (1 Million und mehr im Jahr) – Partner einer der größten Banken Europas. Nichts wie hin. Schon der erste Eindruck ist faszinierend, als er die Wiener IBB betritt und sich bei Direktor Karl-Heinz Karst vorstellt. Alex hat keine Ahnung von Börsengeschäften, doch eines ist ihm sofort klar: Er will hier arbeiten. Um jeden Preis. Gemeinsam mit einem Haufen von Verlierern wird er von Jens Fleischer, dem Verkaufsleiter, ausgebildet. Zum Finanzhai, der Anlegern am Telefon Traumrenditen verspricht und ihnen mit perfekter Rhetorik Millionen entlockt. Die kriminellen Machenschaften der Firmenleitung durchschaut Alex zu spät – Razzia in der IBB, die Wirtschaftspolizei hat zugeschlagen. Anstatt sich aus dem Warentermingeschäft zurückziehen, gründet er seine eigene Firma, die BIC. Immer mehr gerät der junge Selfmademan in einen Teufelskreis aus Alkohol- und Kokain-Exzessen, Sexbesessenheit und groß angelegten Betrügereien. Vom Wahnsinn geblendet, erkennt Alex nicht, dass er nur eine Marionette ist – und wer die Puppenspieler wirklich sind. Dann wird einer seiner Mitarbeiter erschossen. Der Killer hat auch Alex im Visier. Es beginnt ein Rennen auf Leben und Tod.

»Der Broker« – basierend auf einer wahren Geschichte – ist Roman und Sachbuch zugleich. Aufgezeigt werden alle Tricks der Telefonhaie, die sich als Börsenprofis ausgeben und ahnungslose Sparer um ihr Geld bringen – eine neue Art des Verbrechens, die derzeit im deutschsprachigen Raum ausgeübt wird. **Jährlicher Schaden: 60 Milliarden Mark in Deutschland, 40 Milliarden Schilling in Österreich, 5 Milliarden Franken in der Schweiz.**

Zusammen 500 Milliarden Schilling oder 36,34 Milliarden EURO
die dem Volksvermögen entzogen werden!